KB191130

그래서 지금 기분은 어때요?

And How Does That Make You Feel?
by Joshua Fletcher

Copyright © Joshua Fletcher 2024
Korean translation copyright © Gimm-Young Publishers, Inc. 2025
All rights reserved.

Korean edition published by arrangement with Rachel Miss Literary Ltd. through Shinwon
Agency co, Ltd.

이 책의 한국어판 저작권은 신원 에이전시를 통한 저작권사와의 독점 계약으로 김영사에 있
습니다. 저작권법에 의해 한국 내에서 보호를 받는 저작물이므로 무단전재와 무단복제를 금
합니다.

그래서 지금 기분은 어때요?

1판 1쇄 인쇄 2025. 6. 3.
1판 1쇄 발행 2025. 6. 18.

지은이 조슈아 플레처
옮긴이 정지인

발행인 박강휘
편집 태호   디자인 유향주   마케팅 박유진   홍보 반재서
발행처 김영사
등록 1979년 5월 17일 (제406-2003-036호)
주소 경기도 파주시 문발로 197(문발동) 우편번호 10881
전화 마케팅부 031)955-3100, 편집부 031)955-3200 | 팩스 031)955-3111

값은 뒤표지에 있습니다.
ISBN 979-11-7332-230-3 03180

홈페이지 www.gimmyoung.com   블로그 blog.naver.com/gybook
인스타그램 instagram.com/gimmyoung 이메일 bestbook@gimmyoung.com

좋은 독자가 좋은 책을 만듭니다.
김영사는 독자 여러분의 의견에 항상 귀 기울이고 있습니다.

그래서 지금 기분은 어때요?

불안장애를 겪은
심리치료사의 상담 일지

조슈아 플레처
정지인 옮김

차례

파티에서 심리치료사를 (어쨌거나 괜찮은 심리치료사를) 만나
는 즐거운 경험을 한 적이 있다면, 아마도 당신은 우리가 매
우 주의 깊은 사람들이라는 인상을 받았을 것이다. 우리는
최선을 다해 사람들의 말에 귀 기울인다. 하지만 당신이 저
지른 모든 잘못의 증거를 찾거나, 남에게 보여주기 싫은 당
신의 숨겨진 부분을 들춰내려거나, 당신과 부모 간의 문제
를 통해 드러나는 성격적 특성을 파악하려고 그러는 건 아
니다. 우리는 당신의 어두운 생각을 들여다보지도 않고, 당
신의 마음을 읽지도 않으며, 적극적으로 거짓말을 잡아내려
고 하지도 않는다. 우리가 주의를 기울이는 이유는 우리가
이야기 듣는 걸 좋아하기 때문이다. 게다가 우리는 듣는 훈

런까지 받은 사람들 아닌가?

심리치료실에서든 일상생활에서든 우리가 당신에게 "그일로 당신은 어떤 감정을 느꼈나요?"라고 묻는다면, 그건 우리가 정말로 당신의 감정을 알고 싶기 때문이다. 우리는 관심이 있고, 궁금해하며, 이해하고 싶어 한다.

인테리어 디자이너는 어디에 들어가든 그 공간을 꼼꼼히 살펴볼 수밖에 없고, 건축업자는 다른 사람들이 지은 건물을 보면 벽이라도 두드려보지 않고는 못 배기는 것처럼, 심리치료사들도 자기 업무의 스위치를 끄고 빠져나오는 일을 잘하지 못할 때가 많다. 특히나 직업이 자기 정체성의 큰 부분을 정의하는 일이라면 더욱 그렇다. 사적인 자리에서 내 직업이 뭔지 말하면 불편해하는 사람이 많았다. 태도가 살짝 방어적으로 변하고, 이어서 "그러면 지금 제 정신을 분석하고 있겠네요?"라며 반쯤 농담하듯 묻기도 했다. 그럴 때 그들이 나를 경계한다고 느낀다. 자격증이 있고 경험도 많은 심리치료사로서 분명히 말하지만, 그 농담조의 비난은 진실에서 그리 크게 벗어나지 않는다. 하지만 나의 직업적 호기심은 많은 사람이 두려워하는 것과 달리 다른 사람의 내면을 파헤치는 분석 같은 것이 아니다. 오히려 나의 궁금증은 연민과 긍정적 관심과 습관에서 나온다.

나아가 파티에서든 가족 모임에서든 다른 사람들이 하

는 말을 듣고 있을 때, 우리 치료사들은 다양한 심리적 문제 해결법이 담긴 상담 이론서들을 덮지 못하고 수년간 받아온 교육의 내용이 담긴 뇌의 스위치를 잘 끄지 못한다. 사람은 누구나 자기 머릿속 도서관에서 자동적으로 참고 자료를 뽑아오기를 좋아하는데, 이 점에서는 심리치료사들도 별반 다를 게 없다. 그렇다고 해서 뇌가 제시하는 의견을 우리가 행동에 옮기거나 그 제안을 받아들인다는 의미는 아니다. 우리도 업무 시간 외에는 뇌의 이 부분이 스위치를 꺼줬으면 할 때가 많다. 특히나 와인을 한 잔 마시며 TV 앞에서 긴장을 풀고 싶을 때는 더욱 그렇다.

심리치료사들도 다른 모든 사람과 다를 게 없는 사람들임을 기억해주면 좋겠다. 심리치료실 안에서도 밖에서도 다른 사람들과 다름없이 그들을 봐도 괜찮다. 심리치료사도 모든 답을 알고 있는 건 아니다. 우리도 결점과 단점이 있으며, 항상 자신의 개인적인 문제를 해결하려 애쓰고 있다. 이 책에서 공개할 나의 나약함, 불완전함, 불안, 내면의 생각들을 보면서 당신은 우리가 얼마나 인간적인지 알게 될 것이다. 내가 이렇게 나를 드러내는 것은 내 직업의 평판을 떨어뜨리려는 것이 아니라, 당신이 만에 하나 걱정하는 것처럼 심리치료사들이 무섭거나 독선적인 사람들이 아니라는 것을 알아주었으면 해서다.

심리치료실 문 안에서 기다리고 있는 사람이, 모든 걸 훤히 다 알고 있으며 기회만 생기면 냉큼 당신을 평가하거나 창피를 주려 하는 독선적 인물이 아니라는 건 내가 장담할 수 있다. 이상적인 경우, 오히려 그 사람은 당신의 말을 듣고 싶어 하는 사람이고, 짧은 시간이나마 당신의 세계에서 함부로 비판하지 않는 진지한 손님으로 머물겠다는 의지가 있는 사람이다. 또한 당신이 다음에 그 문을 다시 열기로 마음먹을 때까지 마음 편히 자신의 삶을 살다 올 수 있음을 아는 사람이다. 나의 내담자들도 나와 나의 심리치료에 대해 이렇게 느낀다면 좋겠다.

나는 불안장애를 전문으로 다루는 심리치료사다. 나는 나의 직업을 정말 좋아한다. 불안은 모든 사람이 어느 정도 공감할 수 있는 감정이며, 과거에 나를 몹시도 힘들게 했던 감정이기도 하다. 지금도 내 불안이 완전히 사라진 건 아니다. 그래도 내 삶을 바꿔놓은 심리치료와 심리학 교육 덕분에 지금 나는 행복하고 보람된 삶을 살고 있다고 자신 있게 말할 수 있다. 나의 내담자들도 모두 행복하고 보람된 삶을 살기를 바라며, 그들이 그럴 수 있도록 돕는 것이 나의 목표다. 그들이 호전되도록 도울 수 있다는 것이 심리치료사로서 나를 움직이는 힘이다. 불안증이 닥치면 아무것도 못 할 것 같은 느낌이 들 수도 있지만, 나의 내담자들이 불확실성을 깊이 들여다보고 자신의 두려움을 직시하는 모습을 볼 때마다 내 안에는 더할 수 없이 큰 존경심이 차오른다. 그들은 고장 난 것이 아니다. 당신은 고장 나지 않았다.

우리 사회가 정신 건강에 관해 이야기하는 방식은 과거에 비해 많이 발전했지만, 아직도 갈 길이 멀다. 인스타그램 해시태그와 기업이 개최하는 웰빙데이 행사 같은 것으로는 한계가 있으며, 아직도 부끄러움이나 수치심 때문에 불편한 감정은 감춰두는 것이 상책이라고 생각하는 사람들이 훨씬 많다. 나는 심리치료가 삶의 어느 단계에서 거의 모든 사람에게 도움을 줄 수 있다고 믿지만, 치료 과정에 관해 사람들이 오해하는 부분도 아주 많다고 생각한다. 이 책을 통해 그런 잘못된 믿음이나 오해를 일부라도 떨쳐버릴 수 있기를 바란다. 전문가와 정신 건강에 관해 상담한다고 해서 당신이 그렇게 취약해지거나 한없이 자기 탐닉적인 사람이 되는 게 아니라는 말을 꼭 해주고 싶다.

이 책은 내담자 네 사람의 사례 연구로 구성되었다. 이 말을 본 치료사라면 '세상에, 말도 안 돼! 기밀유지 의무는 어떻게 된 거야?'라고 생각할지도 모르겠다. 나는 이 책으로 심리치료사로서 살아간다는 것이 어떤 느낌인지를 생생하게 전달하기를 원한다. 그래도 여전히 나에게는 내담자들의 기밀유지가 가장 중요하다. 그러므로 책에 나오는 모든 내담자의 특징, 표현, 날짜, 사건은 그 누구의 신원도 알 수 없도록 조합하고 익명화해서 창작해내었다. 이 보호 절차는 엄격한 임상 감독과 법률 자문을 통해서도 강화했다.

이 책은 정신적 안녕에 관해 더 자연스럽게 터놓고 말할 수 있는 분위기를 조성하고, 아직도 많은 부분이 신비에 싸여 있는 심리치료 분야의 내부를 들여다볼 기회를 드리고자 한 내 노력의 산물이다. 이 책에서 당신은 심리치료사로서 살아가는 일이 어떤 것인지뿐 아니라, 결함 많은 인간으로 살아가는 아주 현실적인 모습도 보게 될 것이다. 갈등, 비극, 실수 등의 조마조마한 이야기들도 담겨 있다. 심리치료사들이 차마 당신에게 말하지 않을 법한 몇몇 이야기도 포함했는데, 그중에는 나조차 과연 넣는 게 옳은지 판단이 안 서는 일들도 있다. 다만 이 책을 읽은 뒤 몇 분이라도 심리치료에 좀 더 관심을 갖게 되거나, 심리치료에 대한 무서움이 줄거나, 일상 대화에서 스스럼없이 심리치료에 관해 언급할 마음이 생긴다면, 그것으로 내가 이 책에 품었던 가장 큰 바람은 이루어지는 셈이다.

내면의 목소리들

이제 내 내면의 목소리들을 소개하려 한다. 이 책에서 내내 불쑥불쑥 끼어들, 아주 말 많은 친구들이다. 심리치료사가 되기 위한 교육을 받고, 나 역시 심리치료를 받는 과정에서 나의 자기인식 능력은 크게 발달했다. 내 마음이 종일 내게 던져대는 여러 생각과 목소리를 구별하고 알아차리는 것은, 불안증에서 회복하는 과정을 포함하여 나의 정서적 발달 과정의 일부였다. 어느 날 아침 나는 펜 하나를 꺼내고, 한 주가 지나가는 동안 떠오르는 생각들과 목소리들에게 하나하나 이름을 붙여주기로 마음먹었다. 시간이 지나면서 나에게 이 목소리들은 커다란 원탁에 둘러앉아 티격태격 논쟁을 벌이며 내 머릿속에서 서로 주의를 끌려고 싸우는 등장인물들처럼 여겨졌다.

앞으로 진행될 세션에서 당신이 만나게 될 내 내면의 목소리들을 소개한다.

분석가 매사를 상담 이론의 관점에서 바라보는 목소리.

불안이 부정적 미래에 초점을 맞춰 걱정하는 목소리.

생리 배고픔, 피로, 통증, 불편함, 요의, 체온 등의 목소리.

다정이 이해하고 도우려는 목소리.

비평가 비판하는 목소리.

탐정 이유와 의미를 찾는 목소리.

공감이 상대가 느끼는 바를 상상하고 경험해보려고 노력하는 목소리.

도망이 곤란한 감정들을 피하라고 부추기는 목소리.

직관 이성을 넘어 육감적으로 감지되는 미묘한 목소리.

엉뚱이 슬며시 스며들어오는 예상 밖의 불경하고 엉뚱한 목소리.

구원이 직업적 영역을 넘어 누군가를 구하고자 하는 목소리.

트리거 질투, 공포, 분노 등 방어성 관련 트라우마.

침착이 메타인지의 목소리. 즉 먼저 튀어나온 다른 목소리보다 더 적절한 목소리에 귀 기울이기로 선택하는 것.

# #
대프니 1

토니가 방금 자신이 내게 들려준 이야기를 반추해보는 사이, 나는 흘긋 시계에 눈길을 던졌다. 오늘 세션은 토니가 혼자 있을 때마다 자주 불안을 느끼는 이유를 밝혀내려 노력하는 과정에서 특별한 돌파구가 만들어진 시간이었다. 그런데 이렇게 깊은 치유의 순간을 내 멍청한 결정 하나가 망치려 하고 있었다. 토니가 노크를 하기 직전에 벤티 사이즈의 아메리카노 한 잔을 벌컥 다 마셔버린 것이다.

생리   너 이러다 옷에 싼다.

비평가   멍청이, 시작하기 전에 다녀왔어야지.

불안이   소변을 참는 게 전립선에 나쁘다는 건 알지?

나는 조금이라도 불편함을 가셔보려고 소파에서 어색하게

15

자세를 고쳐 앉았다. 볼일을 봐야 하니 잠시 휴식 시간을 갖자고 말하는 게 잘못된 일은 아니지만, 세션이 겨우 4분 남았고 게다가 돌파구가 막 만들어지고 있는 이 결정적 순간에 중단시킬 수는 없는 노릇이었다. 나는 토니에게 시선을 고정하고 현재 순간에 집중하려 최선을 다했다.

토니 얼마 전부터 차츰 이해되기 시작했어요. 돌아보니 제게는 혼자 있는 것과 관련해서 행복한 기억이 거의 없더라고요. 노출 치료 중에 떠오른 감정들을 점검할 때 이혼의 기억이 떠올랐어요. 제 동생의 아파트에 앉아 있었을 때였죠. 담배 냄새, 덜 마른 빨래 냄새….

토니가 말을 멈추고 내 눈을 쳐다봤다.

토니 어렸을 때도 제가 혼자 있었던 건 항상 집 안에서 벌어지던 싸움을 피하기 위해서였어요. 아래층에선 끊임없이 충돌이 일어났죠. 또 학교에서는 못된 녀석들을 피하려고 그랬고요. 그냥 조용한 곳을 찾으려고 체육관 뒤쪽을 뛰어다녔어요. 혼자 있으려는 건 위험을 피해 달아나기 위한 일이었지만, 거기엔 슬픔을 견뎌야 한다는 대가가 따랐죠.

조시 지금은 안전하지 않다는 느낌이 아니라 슬픔 자체를 느끼지 않으려고 달아나는 건지도 모르겠네요?

토니 예…. 맞아요. 아예 혼자 있는 상황이 생기지 않게 늘 계획을 세우는 건 다시 그 슬픔을 느끼고 싶지 않아서인 듯해요. 전 제 인생을 정말 좋아하지만, 슬픔은 제게 정말 강력하고 오래된 공포라는 느낌이 들어요. 겨우 5분 남짓조차 왜 그렇게 혼자 있는 게 늘 무서웠는지 이제 이해가 되네요.

조시 그러면 이제 해야 할 과제는 뭘까요?

토니 그야 혼자 있는 연습을 해야겠죠.

조시 왜죠?

토니 혼자 있는 상태에 대한 제 연상 작용을 바꾸고 싶으니까요. 전 혼자 있는 순간들을 편하게 보내고 싶거든요. 헬렌이 외출할 때마다 겁 먹고 싶지 않고, 아이들이 학교에서 돌아올 때까지 초 단위로 시간을 세고 있고 싶지도 않고요. 상상만 해도 제가 이상하네요.

직관 둘이 함께 짚어봤던 정의들을 다시 상기시켜줘.

조시 외로운 것과 그냥 혼자 있는 것 사이에는 큰 차이가 있다고 했던 얘기, 기억하시죠? 제 생각엔 그게 좋은 과제거리일 것 같네요.

토니는 불안해 보이는 미소를 지었지만, 그래도 그에게선 결단의 분위기가 풍겼다.

다정이   토니는 정말 잘하고 있어.

공감이   이 과제가 어렵겠지만, 그는 이게 바른 방향이란 걸 알고
있어.

생리   너 이러다 진짜 싼다고.

도망이   이제 이 세션 끝내야 돼. 당장.

세션을 마무리하기 위해 나는 가장 오래되고도 뻔한 심리치
료사들의 대사를 끄집어냈다.

조시   토니, 이제 보니 우리 끝날 시간이 다 됐네요. 다음
주에도 늘 만나는 시간에 볼까요? 당신만 괜찮다
면, 그때 이 과제에 관해 얘기해볼 수 있겠죠?

약간 미안할 정도로 다급히 토니를 상담실 밖으로 내보냈
다. 나로서는 절박했다. 토니가 엘리베이터에 들어가고 문
이 닫히는 사이 급히 미소를 지어 보였다. 난 방광이 수박만
하게 부푼 채 질주하는 말처럼 복도를 냅다 달려 어깨로 화
장실 문을 밀고 들어갔다. 가혹하게도 화장실에는 이미 누
군가 있었고, 유일한 소변기는 아래층 진료실의 닥터 파텔
이 쓰고 있었다. 그 순간 감각이 어찌나 예민해지는지 경이
로울 정도였다. 나는 닥터 파텔의 지퍼 소리만 듣고도 그게
지퍼를 잠그는 게 아니라 여는 소리라는 걸 알 수 있었다.
근데 닥터 파텔은 대체 왜 위층 화장실에 올라온 거야?

모든 게 아팠다. 더는 기다릴 수 없었다. 나는 세면대 쪽

을 흘긋 보고는 숨을 깊이 들이쉬었다. '선생님, 정말 죄송한데요, 지금은 긴급 상황이에요.' 그리고 난 정말로 세면대에 소변을 봤다. 세면대 위에 있는 커다란 거울이 내 만행에 형벌을 내리고 있었다. 그 거울 앞에서 내게 보이는 건 나 자신뿐이었으니까.

생리 휴, 고마워.

비평가 닥터 파텔이 너 역겹다는데?

다정이 괜찮아. 최악의 상황에서 나름 최선의 선택을 한 거야.

닥터 파텔이 재빨리 지퍼를 올리는 소리가 들렸다.

　내가 방금 더럽힌 세면대에서 손을 씻을 순진무구한 아이들 생각이 머릿속을 비집고 들어오는 걸 밀어내며 내 사무실로 돌아왔다. 세면대를 깨끗이 씻고 살균도 해뒀지만, 그래도 수치심이 계속 들러붙는 건 어쩔 수 없었다.

침착이 이제 잊어도 돼. 다시 일해야지.

심리치료 세션의 전형적인 길이는 대부분 50분으로 할당된다. 이런 시간 배정은 각 세션과 세션 사이에 우리가 안정을 취하고, 메모를 쓰고 저장하거나, 세면대에 소변을 볼 시간을 확보해준다. 평소 나는 이 10분의 쉬는 시간 동안 호흡 명상을 하거나, 앞 세션을 되돌아보거나, 아무 생각 없이 레딧에서 밈들을 스크롤링한다. 나는 사무실로 돌아가 다음 내담자가 누구인지 일정표를 살펴봤다. '대프니'라는 이름으로 예약된 새 내담자다. 성은 적혀 있지 않았다. 2분 뒤 대프니가 첫 상담을 위해 도착할 예정이다. 새 내담자를 맞이할 준비를 해야 하는데, 시간이 거의 남지 않았다는 사실에 공황 상태가 촉발됐다.

트리거　너 이렇게 방심하고 있다가 정체가 탄로 날 거야. 이 사기꾼아!

불안이　너 엄청 후줄근해 보여. 대프니가 널 전문가답지 못하다고 생각하면 어쩔래?

나는 책상 앞으로 달려가 서랍에서 솔빗을 꺼내 머리를 빗었다. 그런 다음 휴대폰 카메라를 켜서 거울 대신 들여다보며, 지금 내 몰골이 내담자를 맞이할 만한지 확인했다.

비평가　면도를 했었어야지. 이 친구야.

분석가　넌 아직도 외모로 자신을 평가하는구나. 나중에 깊이 들여다봐야 할 문제로군.

대프니와 통화했던 기억이 났다. 자기는 익명으로 남고 싶다는 말을 강조했는데, 사생활 보호를 중시하는 내담자가 엄청나게 드문 건 아니다. 나는 새 내담자를 만날 때마다 호기심을 느끼지만, 특별히 익명으로 남기를 강하게 주장하는 사람에게 더 흥미가 생기는 건 사실이다.

엉뚱이　대프니가 몇 명을 죽였는지 궁금한걸.

시간은 째깍째깍 지나가고 약속 시간에서 5분이 지났다. 대프니는 아직 도착하지 않았다. 나는 방 안을 걸어 다니며 모든 게 깔끔하고 단정해 보이는지 확인했다. 쿠션을 바로 세우고, 식물들이 방치된 것처럼 보이지 않는지 점검하고, 전화가 무음으로 맞춰져 있는지 또다시 확인했다. 그런 다음 자리에 앉아 기다렸다. 나는 주인이 집에 돌아오기를 기다리는 강아지처럼 문만 뚫어져라 쳐다보고 있었다. 이제 8분이 지났다. 여전히 대프니는 나타나지 않았다.

비평가 대프니. 이건 무례한 짓이야. 시간은 돈이라고.

공감이 대프니는 심리치료가 오늘이 처음일지도 몰라. 어쩌면 진짜 겁을 먹었을지도? 기회를 한 번 주자. 네가 처음 심리치료를 받았던 때를 생각해봐.

불안이 여기 오는 길에 버스에 치이기라도 했다면 어쩌지?

엉뚱이 대프니가 "죽어라. 버스야. 죽어!" 하면서 버스에 주먹질을 해대다가 붙잡혔을지도 모르는 일이지.

분석가 지금 안절부절못하는 건 네가 불안하기 때문이야.

생리 네 교감 신경계가 활성화됐어.

다정이 지금 당장 침착해지지 않아도 괜찮아. 좀 불안하면 어때?

탐정 대프니는 안 나타날 모양이군.

비평가 이야. 너 진짜 잡생각을 길게도 하는구나.

침착이 난 내 호흡과 바깥소리에 집중할래.

다정이 좋은 생각이야.

20분이 지난 시점에 나는 대프니가 오지 않을 거라고 결론 내렸다. 그래도 괜찮다. 이건 (나뿐 아니라 모든 치료사에게) 충분히 있을 수 있는 일이다. 예약하고 나타나지 않아서 기다리는 사람을 기운 빠지게 하는 이런 걸 '노쇼'라고 한다. 당신이 치료사에게 바람을 맞힌다면, 그들이 제일 먼저 느끼는 감정은 당신에 대한 걱정이라는 것만 알아두시라. 그들은 먼저 당신이 괜찮기를 바라고, 그런 다음 당신에 대한 미움을 털어내기 위해 슬그머니 욕을 한마디 구시렁거린다. 물론 이건 농담이다. 미움은 그들 자신에게 향하는 몫이다. 노쇼는 답답하고 기운 빠지게 하지만, 그보다는 당신의 안위에 대한 진심 어린 염려가 훨씬 크다.

대프니가 내 심리치료실에 만들어놓은 공백을 메우기 위해 나는 유튜브에서 개가 나오는 웃긴 영상 몇 편과 영화 〈후크〉의 슬픈 장면들을 찾아본 다음, 퇴근하기 위해 노트북 컴퓨터를 닫고 소지품을 챙기기 시작했다. 나는 엘리베이터의 버튼을 누르고 엘리베이터가 올라오는 동안 층수를 표시하는 숫자가 점점 오르는 것을 바라보았다. 엘리베이터 문이 열리고… 내 턱이 바닥에 떨어졌다.

마치 1990년대 게임쇼에서 베일을 벗고 나타나는 트로피처럼, 엘리베이터에서 나온 건 내가 평생 본 사람 중 가장 시선을 잡아끄는 외모의 사람이었다. 게다가 나는 보자마자 그가 누군지 알 수 있었다. 일급 유명 인사에 수많은 연기상을 받은 배우이자 내가 아주 좋아하는 TV 드라마와 영화 몇 편에도 출연했던 사람이었다. 이 사람이 누군지는… 어… 그러니까 나로서는 절대 말할 수 없다. 샐퍼드에 있는 내 사무실 건물의 엘리베이터를 타고 올라와 복도로 나온 그 사람이 누구인지, 나도 진심으로 말할 수 있으면 좋겠다. 하지만 기밀유지 의무 때문에 이 책에서 그는 그냥 대프니여야만 한다. 도대체 대프니가 여기서 뭘 하고 있는 것이며, 내 사무실이 있는 층에는 대관절 왜 온 걸까?

대프니   어, 조시, 늦어서 미안해요.

분석가   젠장.

불안이   젠장.

생리   젠장.

비평가   젠장.

탐정   젠장.

도망이   젠장.

직관   젠장.

엉뚱이   ㅋㅋㅋ

트리거   젠장.

침착이   젠장.

불안의 기원들

불안이 '어디에서 오는가'라는 질문을 자주 받는다. 불안은 우리 몸이 위협에 대해 보이는 반응으로, '위협'이 임박했을 때 다른 모든 것을 제치고 가장 먼저 우리를 투쟁 또는 도피 또는 경직 모드로 바꿔버리는 막강한 메커니즘이다. 어떤 것을 위협으로 느끼는지는 개인마다 다를 수 있다. 도끼를 휘두르며 우리에게 돌진해 오는 광인처럼 실제적인 위협일 수도 있고, 발표를 잘하지 못했거나 시험에서 떨어지는 것처럼 자존심에 대한 위협일 수도 있다. 또는 거부당하거나 모욕당하는 것에 대한 공포처럼 사회적인 위협일 수도 있다. 또 세계적으로 유명한 배우가 예고도 없이 내 상담실에, 그것도 심지어 약속 시간에서 거의 45분이나 지나서 나타나는 것일 수도 있다. 어떤 위협 때문이든 불안이 깃든 마음은 우리에게 압도적인 의심의 감정을 불어넣음으로써 우리를 보살피려 한다. 의심이 들 때 우리는 하던 일을 멈추고 잠재적인 위협에 주의를 기울임으로써 그 위협에 맞서 공격하거나 회피할 수 있도록 준비하기 때문이다.

이러한 위협 반응 메커니즘은 우리 조상들에게 크나큰 도움이 되었다. 그러니까 그들에게는 진짜 꼭 필요한 반응이었다. 그 반응이 없었다면 우리 인류는 남아 있지 않을 것이다. 우리 조상들은 주변에 사자나 늑대 같은 포식동물이 득시글거리는 환경에서 살았다. 그들은 맹수들과 일대일로 싸울 만한 능력이 없었으므로, 대신 위험을 미연에 방지하려는 위협 반응을 진화시켰다. 미어캣처럼 위험을 찾아 지평선을 훑는 일로 위협 반응을 돌린 것이다. 이렇게 함으로써 그들은 맹수를 제일 먼저 알아보고 움직임을 계획하는 이점을 갖출 수 있었다. 우리 조상들은 사자 무리가 자기를 알아차리지 못하게 살금살금 에둘러가거나, 창을 만들어 몰래 다가가 사자들을 공격해 그날 저녁 사자 바비큐 파티를 벌일 수 있었다. 또 그들의 위협 반응은 의심 메커니즘을 작동시켜 그들이 동굴 앞을 지나갈 때면 동굴 입구에서 눈을 떼지 않게 했다. 동굴 밖에서 뭔가 위험한 것이 튀어 들어와 자신들을 공격할지도 모르기 때문이다. 한 걸음 앞서가는 건 언제나 더 나은 전략이다.

현대의 생활방식은 그 옛날과 완전히 달라졌지만, 놀랍게도 우리 뇌에서 위협 반응을 담당하는 부분은 조금도 진화하지 않았다. 그때와 똑같은 위협 반응이 오늘날 우리 뇌에서도 여전히 작동한다. 하지만 위협들 자체는 현대화되었다. 물론 아직도 포식자들과 위험은 존재하지만, 우리는 과거에 비해 안전한 세상에 살고 있으며, 여기서 우리의 불안한 주의가 향하는 대상은 더욱 추상적인 것들이다. 이제 사자들이 아니라 성취에 대한 걱정, 자신이 부족하다는 염려, 남들의 비위를 맞추는 일, 자신이 사회에 내놓아도 부끄럽지 않은 상태인지 확인하는 일 등이 우리를 불안하게 한다. 조상들처럼 동굴을 응시하는 대신, 우리는 자신의 안위, 인간관계, 경력 또는 자신의 지위 등을 염려한다. 뇌 메커니즘은 그대로인 채로 위협만 달라진 것이다.

다른 사람들의 비판적 평가를 우리가 그토록 두렵게 느끼는 이유는, 거부당하고 따돌림당하고 버려지는 일이 우리 조상들에게 매우 실질적인 위협이었기 때문이라는 설도 있다. 부족 내에서 다른 사람들을 만족시키는 것은, 모든 구성원이 서로 의지하며 살아가는 공동체 안에 계속 남아 있기 위해 필수적인 특성이었다. 안전을 확보하려면 집단의 구성원으로 속해 있어야만 했다. 부족의 지도자가 무슨 생각을 하고 어떤 감정을 느끼는지 걱정하는 일에도 이점이 있었다. 그 지도자가 안전한 부족의 울타리에서 우리를 내쫓을 만큼 화가 날 경우를 대비할 수 있으니 말이다.

오늘날에도 여전히 모든 사람에게 이런 위협의 메커니즘은 작동하지만, 그런 일은 대개 사무실이라는 제한된 범위 안에서 일어난다. 예컨대 자신을 질책하는 상사의 이메일을 받을 때나, 집에 와서도 긴장을 풀지 못할 때, 또는 남들에게 거절하는 걸 어려워할 때 말이다. 결국 위협 반응은 크고 무서운 위협에 대처하도록 우리를 대비시켜줬을 뿐 아니라 사회적 관계에서도 일정한 기능을 담당하고 있었다.

# #
리바이 1

엘리베이터 문이 열리자 덩치 크고 위협적으로 보이는 남자가 나를 향해 손을 뻗었다. 그는 나와 악수하면서 내 뼈와 힘줄을 으스러뜨릴 듯 꽉 움켜잡았지만, 나는 그 악수를 가만히 받아냈다. 그리고 얼마나 아픈지 겉으로 티 내지 않으려 애썼다. 감정을 드러내지 않는 '남성성'을 우러러보며 살아온 탓에 생겨난 나의 오래된 수치심 때문이었다.

리바이 자, 내가 리바이입니다.

불안이 이 남자 무서워.

조시 안녕하세요, 리바이. 제 상담실에 오신 걸 환영합니다. 이리 오세요. 제 방이 어딘지 안내해드리죠.

나는 이 거인과 나란히 복도를 걸어가면서 그의 팔뚝과 목에 새겨진 문신을 눈여겨보았다. 희미해진 것들도 있었지만 팔뚝의 문신은 새로 새긴 것으로 아직 비닐랩으로 감싸여 있었다. 리바이는 권위적인 분위기를 풍기며 걸었지만, 동시에 자기가 막 나이트클럽 입구에서 쫓아버릴 애송이를 향해 걸어가는 경비원처럼, '으이구, 어쩔 수 없지'라는 듯한 체념의 분위기도 함께 풍겼다.

분석가   이 남자, 주먹을 꽉 쥐었다 폈다 하고 있군.

비평가   이 사람 너무 많은 공간을 차지하고 있어. 너 이러다 벽에 찌부러지겠다!

공감이   긴장해서 그러는 걸 거야. 사람마다 긴장을 드러내는 방식이 다르잖아. 너한테 개인적으로 감정이 있어서 그러는 건 아니야.

우리는 내 사무실로 들어갔고, 나는 리바이에게 앉으라고 손짓했다.

리바이   당신은 어느 의자에 앉습니까?

조시   보통 창가 의자에 앉습니다만, 어디든 앉고 싶은 자리에 앉으세요.

리바이   당신 자리에 앉을게요.

분석가   힘을 과시하려는 선택이군.

탐정   자기가 위협받는다고 느끼고 있어.

조시   네, 그러세요. 쿠션도 맘 편히 쓰세요. 편안하게 앉을 수 있도록요.

리바이는 내 의자에 털썩 앉더니 몸을 낮게 미끄러뜨려 거의 누운 것 같은 자세를 취했다. 두 손을 배 위에서 깍지를 끼고는 머리를 돌려 창밖을 내다봤다. 불편해하는 게 분명했지만, 자기는 전혀 위협을 느끼지 않는다는 메시지를 전달하려고 최선을 다하고 있었다.

리바이   자, 언제부터 내 마음을 읽기 시작할 참입니까? 내 문제는 모두 아버지가 나를 안아주지 않아서라고 말할 건가요?

조시   (살짝 웃으며) 그런 식으로 진행되지는 않습니다. 아쉽게도 저는 마음을 읽을 줄도 모르고요. 심리치료사의 주된 일은 이야기를 듣고 안전한 공간을 제공하는 거예요.

엉뚱이   항상 부모가 문제지.

분석가   그럴지도.

탐정   우리는 더 알아봐야 해. 너희 입 좀 닥쳐줄래?

리바이는 자리에서 일어나더니 사무실 안을 걸어 다니기 시작했다. 그리고 내 커다란 이케아 선반에서 물건들을 이것저것 집어 들고 빛을 향해 들어 보았다.

리바이   이건 뭐요?

조시   예전에 더 젊었을 때 잠비아에 갔다가 가져온 작은 버팔로 조각이에요.

리바이 이걸 왜 여기다 갖다 뒀어요? 당신의 여행을 자랑 하려고?

탐정 너를 위협하려 하고 있어.

도망이 나 진짜 여기서 나가고 싶다.

다정이 넌 해낼 수 있어. 그냥 계속해.

조시 그보다는 제가 두려움과 도전을 극복했었다는 걸 저 자신에게 상기시키기 위한 거죠.

그는 조각품을 손안에 굴리면서 한쪽 눈썹을 치켜 올리며 나를 흘깃 보았다.

리바이 (히죽거리며) 그런 것도 있겠지만, 분명 이게 이 말 쑥한 사무실에 잘 어울린다고도 생각했겠죠.

분석가 이걸 개인적 대화의 물꼬로 활용해.

조시 허세를 잘 집어내시는 모양이네요?

리바이 난 매일 밤 허세를 보죠. 몸의 움직임에서도 보이고, 문 앞까지 걸어와 내뱉는 헛소리에서도 보이고, 빌린 옷을 입고 빌린 차를 타고 와서 젠체하는데서도 보이고…. 돈이 있는 사람과 빌린 돈을 쓰는 사람은 쉽게 구분할 수 있어요.

리바이가 몸을 일으켜 앉았다.

리바이 나는 세네카 경비팀장이요. 북부 지구에서 가장 크

고 가장 오래된 나이트클럽. 거창하게 그리 부를
뿐 그냥 문지기요. 문지기들의 문지기라고나 할까?
그가 창밖으로 시선을 돌렸다.

리바이 14년 동안 거기서 일했어요. 내가 본 광경들을 말
해도 당신은 믿지 못할 거요.

조시 저도 제법 잘 압니다. 학생 시절, 거기서 많은 시간
을 보냈거든요.

리바이 그랬어요? 뭐, 난 기억 못 해요. 턱도 없지. 난 매주
수천 명의 얼굴을 보니까. 술에 취하고 약에 취한
얼굴들. 쫓겨난 적은 없었어요?

조시 감사하게도 그런 적은 없었네요.

리바이 그랬으면 기특하네요…. 이제는 안 그러지만, 수년
전에는 클럽 안에서 말썽을 피운 고객들을 데려가
던 골목이 있었어요. 우리는 거기를 콘크리트 법정
이라고 불렀는데, 쓰레기통들 뒤에 숨겨진 음침한
곳이었죠. 나쁜 짓을 한 놈들에게는 거기서 신속하
게 정의를 구현했죠. 불법적인 물건을 압수하기도
했고. 뭐…, 공공 안전을 위해서랄까?

탐정 그 마약들 경찰에 넘기진 않았으리라는 심증이 드는군.

조시 책임이 막중하실 것 같네요.

리바이 글쎄, 뭐, 이제는 그렇게 통쾌하게 정의를 실현하

32

는 짓은 별로 할 수 없어요. 요즘 애들은 거의 손댈 수가 없는 족속들이라. 전에는 말썽부리는 녀석들이 있을 때 냉큼 가서 혼내주면 그만이었는데, 이제는 되레 매일 밤 우리가 재판을 받고 있어요. 소셜미디어 재판 말입니다. 신분증 확인할 때 그놈의 대명사를 제대로 발음하지 않았다는 이유로! 이젠 누굴 '예쁜이'라고 불렀다가는… 거, 뭐라더라…, 여성혐오자라는 딱지가 붙는다니까.

리바이가 말을 멈췄다. 나는 불안했지만 느긋한 자세를 취했다. 내 모습을 보고 리바이도 긴장을 풀기 바라는 마음에서였다. 놀랍게도 그게 먹히는 것 같았다. 그가 숨을 깊게 들이쉬었다.

리바이   그런데 어떻게 하는 겁니까? 이 심리치료라는 거.

공감이   위협받는다고 느낄 때는 방어를 풀기 어렵지.

다정이   잘했어요, 리바이.

불안이   우린 아직 잔뜩 쫄아 있다구, 친구.

조시   사실 사람에 따라 다 다릅니다. 저는 첫 세션을 늘 우리가 서로를 알아가고, 내담자가 도움받기 원하는 게 무엇인지 들어보는 시간으로 삼습니다. 그러니까 당신이 그러고 싶기만 하다면, 무슨 일이 일어나고 있는지 함께 그림을 그려볼 수 있고, 그런 다음 함께 앞으로 나아가는 지도를 만들어갈 수 있어요. 이 모든 걸 안전한 공간, 마음 편히 속내를 털어놓을 수 있는 공간에서 하는 거죠.

리바이는 흥미와 답답함이 섞인 듯한 표정으로 나를 쳐다봤다. 그러다 느닷없이 버럭 화를 냈다.

리바이 뭐, 당연히 안전하지. 어떻게 안전하지 않을 수 있겠소? 당신이 나를 공격하기라도 할 거요? 이런 빌어먹을….

그가 말을 멈추더니 갑자기 일어나 창가로 걸어가는 행동으로 공격성을 돌렸다. 그러고는 한숨을 쉬며 아래 거리를 내려다보았다.

리바이 어…, 욕을 하려던 건 아닌데…. 난 욕 싫어해요.

공감이 그는 아마 항상 욕을 들을 거야.

조시 괜찮아요. 아마도 당신은 늘 욕을 들으실 테죠.

리바이 그래요. 욕은 정말 역겨워요.

이야기를 나눌수록 내 불안이 줄어드는 게 느껴졌다. 누구라도 새 내담자를 만날 때는 불안해지는 게 당연하다. 모르는 사람이니까. 아직 약간 불편하기는 했지만, 그래도 관찰하고 그의 말에 귀 기울일수록 내적 갈등에 짓눌린 사람의 모습이 점점 드러났다. 그가 그 갈등을 직시하려는 의지를 가지고 여기 왔다는 게 존경스러웠다.

직관   정적이 공간을 채우게 어느 정도 내버려둬.

생각에 빠진 채 얼마간 창밖을 내다보던 리바이가 내게서 몸을 돌려 내 책상 쪽으로 걸어갔다. 나는 가만히 의자에 앉아 그가 다시 얘기를 시작하기를 참을성 있게 기다렸다. 그가 좀 차분해진 것 같았다. 그런데도 나는 여전히 그가 무서웠다. 그는 내 책상 앞에 큰 덩치로 버티고 서서 문신을 감싼 비닐랩을 가다듬기 시작했다.

리바이   문신 있어요?

조시   딱 하나요.

리바이   뭔데요?

조시   '내 형제에게 신의 가호를'이라는 뜻의 게일어 문장이에요.

리바이   종교 있어요?

조시   아뇨, 딱히 그런 건 아니에요.

리바이   그런데 왜 종교적인 글귀를 몸에 새겼어요?

조시   그때는 열여덟 살이었고 그게 멋지다고 생각했거든요. 가톨릭 신앙이 아주 깊은 할머니의 화를 가라앉히는 데도 도움이 됐고요.

분석가   네 얘기 너무 많이 안 하게 조심해. 넌 여기 그를 위해 있는 거야.

직관   그냥 얘기해. 그가 물어본 거잖아.

리바이는 여전히 내 책상을 마주하고 내게는 등을 진 채로
서 있었다.

리바이   난 새로 새긴 이 문신이 제일 맘에 들어요. 맬이 솜
씨 발휘 좀 했지.

조시   여기에 오셨을 때부터 눈에 띄더군요. 뭘 표현하신
건가요?

리바이   가우나브Gaunab. 죽음을 의인화한 거요. 악의 화신.
남서아프리카 신화에서 등장해요.

말을 멈춘 리바이는 팔을 들어 쳐다보았다.

리바이   음영을 정말 제대로 표현했어.

탐정   왜 그렇게 침울한 형상을 자기 피부에 새긴 거지?

분석가   흠, 문신이 항상 깊은 의미를 담고 있는 건 아니야.

엉뚱이   대학 때 그 여자애가 '카르페 디엠' 문신했던 거 기억해?

조시   그 문신을 새긴 계기가 있습니까?

리바이는 팔을 옆으로 떨어뜨리고는 책상 위 램프에 시선을
고정했다. 여전히 내게는 등을 보인 채였다. 나는 아무 말도
하지 않고 있었는데, 이상하게 들리겠지만 그의 골똘한 생
각의 톱니바퀴가 돌아가는 소리가 귓가에 들리는 것만 같았
다. 내가 그에게 엄청나게 깊이 생각해야 하는 질문을 던진
걸까?

리바이   어, 그러니까… 내가 좋아하는 상징이라서….

느닷없이 뭔가 내 책상을 가볍게 톡톡 두드리는 소리가 났다. 하지만 리바이의 팔은 여전히 그의 옆구리에 늘어뜨려져 있었다. 내가 볼 수 있는 건 그의 등밖에 없었는데, 그의 등이 부드럽게 간헐적으로 들썩이고 있었다. 그때 나는 깨달았다. 책상을 두드리는 소리는 그의 손가락이 아니라 떨어지는 눈물에서 나는 소리였다는 걸. 리바이는 울고 있었다. 엘리베이터에서 나온 그 덩치 크고 무서운 남자가 지금 소리 없이 흐느끼고 있는 것이다.

다정이 뭔가 맺힌 게 많은가 봐. 안쓰럽네.

구원이 그를 괴롭히는 게 뭔지 알아내서 내가 문제를 모두 해결해 주겠어.

리바이는 눈물을 닦으려고도 하지 않고 그냥 자기 얼굴에서 흘러내리게 두었고, 나도 가만히 있었다. 그에겐 이 공간이 필요한 것 같았고, 나는 그에게 그 공간을 내어주었다.

고등학교 강연

심리치료사가 되어서 책도 내고 그러면 '성공한' 사람처럼 보일 수도 있지만, 당신이 다닌 고등학교에서 돈 주고 불러야 하는 동기부여 강사 대신 헐값에, 솔직히 말해서 '공짜로' 써먹을 수 있는 대타 강사로 보일 수도 있다. 따분해하는 수많은 눈이 강당 연단에 서 있는 나를 올려다보고 있었다. 내가 다니던 시절의 학생주임 선생님은 아직도 이 학교에 근무하고 있었다. 교실 창문 너머로 담배를 팔던 나를 붙잡아 정학시켰던 일을 훤히 기억하는 선생님은, 그랬던 내가 나름 성공도 하고 책임감도 갖춘 사람이 된 걸 보고 깜짝 놀랐지만, 동시에 다시 딛고 일어나 잘 살아가고 있는 나를 은근히 자랑스러워했다. 다시 만난 내 모습이 선생님의 마음속에서 오래전에 꺼져버렸던, 말썽꾸러기들도 삶에서 뭔가를 이뤄낼 수 있으리라는 낙관에 다시 불을 붙인 걸까? 본인이 어떤 식으로든 그 변화에 영향을 미쳤다는 듯이 말이다. 그리고 공정하게 말하자면 실제로 그 선생님이 준 영향이 있었다.

강연을 시작하고 얼마 안 돼서 넷째 줄에 앉은, 심한 코감기에 걸린 듯한 어느 학부모의 격한 기침 소리 때문에 내 말이 중단되었다. 이에 내 앞의 멍한 얼굴들을 보며 느끼고 있던 나의 불안감은 더욱 커졌다. 지난주에는 큰돈을 받고 어느 기업 행사에서 강연했는데, 거기 참석한 사람들 중에는 내가 쓴 책들을 읽은 이가 많았다. 강연이 끝난 뒤에는 열성적인 질문과 칭찬에 둘러싸였다. 거절했다고 말할 수 있으면 참 좋겠지만 그러지 못한 많은 양의 칵테일을 식사와 더불어 잔뜩 대접받았다. 오늘은 내가 졸업한 고등학교에서 내가 누군지 혹은 무슨 말을 할지 아무 관심도 없어 보이는 사람들 앞에서 강연하려니 우스꽝스럽게 느껴졌다.

나는 말을 더듬다가, 어설프게 마이크를 만지작거리다가 다시 마음을 가다듬었다. "저도 예전에 이 학교 학생이었어요. 애비 레인 주택단지의 한 모퉁이에서 자랐죠. 여러분의 강연 행사에 초청 연사로 서게 되어 기쁘게 생각합니다."

호기심에 사람들이 고개를 들었다. 기침 소리도 멈췄다.

애비 레인 주택단지를 언급해서 실패한 적은 없다. 내가 다닌 고등학교는 두 개의 거대한 주택단지 사이에 있었는데 그중 하나가 애비 레인이다. 나는 그들에게서 관심을 일으켰다. 나도 자기들 무리에 속한 사람이었던 것이다. 나는 단지 축하 행사보다 장례식에서 더 많이 보이는 남색 프라이마크 정장을 입은 여느 남자가 아니었다. 나는 링크드인 프리미엄 계정만 한 가치가 있는, 영감 가득한 진실의 폭탄을 떨어뜨릴 준비가 되었다. 이제 게임을 시작해보자.

나는 아무것도 아닌 밑바닥에서 시작해 뭔가를 이뤄낸 내 이야기를 좀 장황하게 늘어놓으며 생색을 냈다. 전형적인 이야기였다. 교감은 미리 나에게 내 학창 시절의 행적에 관해서는 말하지 않겠다는 약속을 받아두었다. 충분히 이해할 수 있는 일이다. 학칙을 어겨도 번영과 성공의 삶을 살수 있다는 인상을 심어주고 싶지는 않을 테니 말이다. 그래서 나는 학교의 마스터키를 훔쳐서 복사하고, 과학 장비를 '빌리고', 학교 근처 숲에서 맥주를 마시고, 누드 사진을 다운로드하고, 싸움하고, 시험 시간에 커닝하다가 걸린 이야기는 쏙 뺐다. 여기서 필요한 게 완벽한 진실은 아니니까. 대신 나는 이 거친 학교가 어떻게 나에게 연민, 자신에 대한 믿음, 도덕률, 상식의 감각을 훌륭하게 가르쳐주었는지를 이야기했다. 아쉽게도 영국 교육표준청은 당시 이런 점들을 측정할 성공적인 척도를 갖고 있지 않았고, 그래서 학교는 공적으로 비판받거나 평가절하되는 경우가 종종 있었다. 하지만 나는 잊지 않았다. 교과 과정 너머에 존재하는 무언가를, 정성스레 학교를 운영하는 사람들의 뛰는 심장 속에 자리한 무언가를….

알 수 없는 의무감이 나를 고향 마을로 이끌었다. 문제를 일으키던 소년이 말로써 '아이들의 마음에 가닿는', 비극적이지만 점잖은 치료사가 된 유익한 이야기의 흐름을 그 마을에서 완성해야 한다고 느꼈다.

강연이 끝나자 남학생 하나가 열정적으로 무대로 다가왔다. 이 학생은 '특별 초청 연사: 조슈아 플레처, 심리치료사이자 저자'라는 말이 적힌 행사 팸플릿의 첫 페이지에 자기 나름의 주석을 달아 내게 선물했다. 이 아이는 영리하게도 '심리치료사psychotherapist'라는 단어에서 두 군데를 끊어 읽으면 '강간범 사이코Psycho the Rapist'가 된다는 사실을 알아냈다. 자기 발견이 어찌나 대견했던지 그걸 내게 보여주고 자랑하고 싶었던 것이다. 내 강연과는 아무 상관도 없었다. 마음에 남는 영감의 말 같은 건 없었다. 녀석을 나무랄 일도 아니다. 그 짧은 순간, 역시 고향에 오니 참 좋다는 느낌이 들었다.

# #
자흐라 1

자흐라의 첫 세션은 드라마틱하게 시작되었다. 나와 비슷한
연배의 여성이 길고 검은 머리카락을 거의 바닥에 닿을 듯
늘어뜨린 채 사무실 소파까지 두 손 두 발로 기어 왔고, 그
동안 그의 어머니는 몹시 화가 난 상태로 상황을 설명하려
애썼다.

파이자   보시다시피 얘는 공황장애가 있어요. 지금 발작이
         온 상태고요. 몇 달 동안 집 밖으로 나간 적이 거
         의 없어요. 진작에 여기로 데려 왔어야 하는 건데!
         앤… 앤 매일 이런 상태예요!

마침내 소파에 도착한 자흐라가 소파에 몸을 기대고 숨을
헐떡였다. 얼굴은 흘러내린 눈물범벅이었고, 분명 어떤 형

태로든 공포를 경험하고 있는 게 분명해 보였다. 나는 자흐라와 눈을 맞추려고 그 앞에 웅크리고 앉았지만, 자흐라가 소파에 대고 계속 머리를 흔들고 있어서 눈을 보기가 쉽지 않았다.

다정이 더 조심스럽게 대해. 자흐라가 고통스러워하고 있어.

조시 안녕하세요, 자흐라. 저는 조시예요. 당신은 지금 공황발작을 겪고 계시지만, 그래도 괜찮아요. 여기는 안전해요. 곧 차분한 상태로 돌아오실 거예요. 뭔가 끔찍한 일이 벌어질 것 같은 느낌이란 건 저도 알지만….

자흐라가 갑자기 휘청하며 내 쪽으로 확 다가와서 나는 깜짝 놀랐다.

자흐라 이 느낌 왜 안 사라져요?! 제발 좀 멈추게 해주세요! 구급차를 불러야 할 것 같아요!

파이자 (짜증스러워하며) 우린 이미 구급차를 너무 여러 번 불렀어. 자흐라, 넌 괜찮아.

자흐라 어머닌 그렇게 말하기 쉽겠죠! 아아아악, 이것 좀 멈춰줘요!

어머니가 미안해하는 얼굴로 나를 보았다. 자흐라는 몸을 들어 소파에 앉더니 과호흡 증상을 보이기 시작했다. 한 손은 가슴에 다른 손은 이마에 얹고 있었다. 다리는 덜덜 떨렸고, 숨을 들이쉬려 애쓰는 동안 쇳소리가 났다.

파이자   죄송해요. 얘가 평소에는 이렇지 않거든요. 무슨 일이 일어나고 있는 건가요?

조시   자흐라, 제가 알아야 할 의학적 문제가 있나요?

자흐라   (숨을 고르려 애쓰며) 아뇨…. 저는 의사가 되어야 하는 사람인데, 아직 이렇게…. 제게 무슨 문제가 있는지 모르겠어요. 혈액 검사도 했고 심장 검사도 했는데…, 제 생각엔… 뇌가 고장난 것 같아요. 세상에, 저 정신병원에 입원해야 하려나 봐요. 맙소사, 제발 도와주세요. 이것 좀 멈춰주세요!

`분석가`   그래. 이건 공황발작이 맞아.

`직관`   자흐라가 감정과 감각에서 초점을 돌리게 해.

`분석가`   어쩌면 공황의 순환 고리에 갇혀버린 건지도?

파이자   인터넷에서 불안 전문가를 검색하다가 선생님을 찾았어요. 도와주실 수 있나요?! 제발 제 딸을 도와주세요.

자흐라는 계속 흐느끼는 동시에 과호흡을 하고 있었다. 정말 심하게 힘들어하는 모습이었다. 자흐라가 애원하듯 나를 바라보았다. 절박했다.

`공감이`   자흐라는 네가 모두 다 없애주길 바라고 있어.

`구원이`   나도 다 없애주고 싶다고.

44

조시   좋아요. 다 괜찮아요. 우리 이렇게 합시다. 자흐라, 저를 보려고 해보세요. 당신은 괜찮아요. 아무것도 하실 필요가 없어요. 이 느낌이 지나가리라는 거 제가 장담할 수 있어요. 당신이 겪고 계신 이 상태는 안전해요. 신체는 아주 정상적이에요. 당신은 저에게, 아니면 이 방 안의 무엇에라도 계속 주의를 집중하려고 노력하기만 하시면 돼요.

자흐라가 고개를 끄덕이고는 두 손으로 바닥을 짚으며 몸을 바로 세웠다. 나는 자흐라의 어머니에게 시선을 돌렸다.

조시   괜찮아요, 어머니. 금방 나아질 겁니다. 치료 시간이 끝날 즈음에 다시 오시면 아주 좋을 것 같아요.

파이자는 불안한 눈으로 딸을 응시하더니, 마지못해 고개를 끄덕이고는 문으로 걸어갔다. 자흐라는 여전히 과호흡 중이었지만 아까보다 조금은 차분해진 것 같았다. 어머니가 살며시 문을 닫고 나가자, 마침내 자흐라가 고개를 들어 나를 보았다.

자흐라   미… 미안해요. 제가 정말 엉망이네요.

조시   미안해할 일은 하나도 없어요. 오늘 이렇게 저를 만나러 올 시간을 내주셔서 고마워요. 물 좀 드릴까요? 아드레날린이 곧 가라앉을 테니 걱정하지 마세요.

비평가　공황발작 중인 사람한테 걱정하지 말라니, 말도 참 잘하네, 조시.

자흐라　어떻게 가라앉을 거라고 확신하세요? 영원히 이런 상태가 계속된다면요? 제가 미쳐가고 있는 거라면요?!

공감이　아, 나도 저런 감정 아주 잘 기억하고 있지.

직관　그러면 그 기억을 활용해. 너에 관한 이야기로 빠지지는 말고. 영리하게 하라고.

분석가　너의 느긋한 태도가 도움이 될 거야.

조시　저한테는 전혀 미친 사람처럼 안 보이는데요. 전에도 이렇게 '~라면 어떻게 해?'라는 식으로 생각하신 적 있습니까?

자흐라는 불안하게 웃으며 쿠션을 꽉 끌어안았다.

자흐라　음…, 거의 매일요?

조시　아…, 흥미롭네요.

분석가　위태로워….

엉뚱이　왜, 아주 맘에 드는데.

자흐라　(살짝 미소 지으며) 아, 네, 우리 집에서 매일 요란한 파티가 열리거든요. 저는 의사 면허를 받고 겨우 넉 달 일했는데, 벌써 병가를 쓰고 있어요. 하지만 그 병가 신청서에 제가 서명한 건 아니에요.

나는 자흐라에게 물 한 잔을 건넸고, 자흐라는 덜덜 떨리는 손으로 잔을 잡고 물을 약간 삼켰다.

자흐라　이렇게 느끼는 게 정상인가요? 제 심장이 벌떡거리는 것과 제 뇌가 시속 수천 킬로미터로 소용돌이치는 걸 느낄 수 있어요. 정말로, 이게 비정상이 아니라고요? 의사 동료들에게도 물어봤고, 몇 명은 검사까지 해보고도 제가 괜찮다고 하는데, 어떻게 괜찮을 수 있는 거죠? 이건 분명 정상이 아니거든요. 전 정상이 아니에요. 결국 이렇게 되어버렸잖아요. 제가 저를 미치게 만든 거예요. 언젠가는 일어날 일이었어요.

조시　저는 공황에 빠지는 것이 정상을 벗어난 일이라고 생각하지 않아요. 제게 당신은 꽤 멀쩡한 정신으로 보여요.

자흐라　꽤 멀쩡한 정신이라고요?!

조시　당신이 완전히 멀쩡하다고 단정할 수는 없어요. 그러니까 제 말은… 당신이 제 화분이든 뭐든 훔쳐갈지도 모르는 일이잖아요.

자흐라는 황당하다는 듯 나를 처다보았다.

분석가　자흐라의 주의가 점점 더 바깥으로 향하고 있어. 계속해. 효과가 있어.

탐정 자흐라의 호기심이 자기 증상을 평가하는 데서 너를 평가하는 데로 옮겨 가고 있군.

자흐라 선생님이 치료사가 되신 건 공황발작을 경험했기 때문이라는 기사를 읽었는데…, 사실이에요? 선생님한테 어떤 비극적인 일이 일어난 후였다고….

조시 예, 맞아요.

자흐라 아무튼, 제가 겪고 있는 게 공황이란 걸 어떻게 아시죠? 선생님이 제 머릿속에 들어와서 볼 수 있는 것도 아니시잖아요.

조시 좋은 질문이에요. 우리 마법의 '공황' 체크리스트를 해볼까요?

자흐라 거기 무슨 마법이랄 게 있나요?

조시 없죠. 그냥 불안의 특성을 흉내 내서 저도 과장해 본 거예요. 당신이 맞닥뜨린 일이 뭔지 알아봐야겠어요.

내 상담실에는 바퀴 달린 커다란 화이트보드가 있다. 임시교사의 꿈과 같은 물건이다. 나는 기운차게 일어나서 그 화이트보드를 굴리며, 공황의 순환고리가 끊어지도록 자흐라의 주의를 자신의 공황 증상으로부터 떼어놓으려 애썼다. 나는 화이트보드에 내 생각을 끄적거리기 시작했다. 교사였을 때 생긴 버릇이다.

조시   공황발작이 여러 번 일어나면 공황발작 자체를 두려워하기 시작해요. 그러면 공황장애가 생겨요. '공포의 순환고리'에 빠지는 거죠.

자흐라   제 고통에 대한 답이 맨스플레인일 줄 누가 생각이나 했을까요?

조시   하하, 잠깐만 제 얘기를 들어보세요. 당신은 이런 일이 거의 매일 일어난다고 하셨죠. 그래서 저는 당신이 '공황의 순환고리' 또는 '최고조 불안의 반복 패턴' 상태가 아닌지 의심이 돼요.

나는 화이트보드에 순환고리 도해를 엉성하게 그렸다.

조시   이건 항상 최초의 공황발작과 함께 시작돼요. '큰 발작', 그러니까 당신이 모든 통제력을 상실할 것 같은 느낌이 들었던 그 발작 말이에요. 이때 당신은 해리와 온갖 신체 증상을 느끼고, 뇌는 꼭 빨리 감기를 하고 있는 것 같죠. 이건 그냥 너무 무서워서 다시는 겪고 싶지 않은 일이에요. 당신의 첫 공황발작을 기억하세요?

자흐라   네, 의학 콘퍼런스에서였어요. 제 연구 결과를 소개하도록 초대를 받았는데, 전….

자흐라는 눈물을 글썽였다.

자흐라   전 그냥 그 자리에서 달아나버렸어요. 겁쟁이처럼 그냥 집에 가버렸죠. 그 방 안 전체가 이상한 느낌이었어요. 갑자기 몸이 뜨거워지고 완전히 멍해졌어요. 제 존재를 이루는 모든 부분이 제게 달아나라고 말하고 있었어요. 그래서 그렇게 했고요. 밖으로 달려 나가서 어머니한테 전화했어요. 어머니는 급히 달려와서 저를 태웠고요. 그때 이후로 계속 제 걱정을 하고 계세요. 전 혼자 지내는 걸 감당할 수 없어서 다시 어머니 집으로 들어가야만 했죠.

조시　어머니가 당신 걱정을 아주 많이 하시는 것 같더라고요.

자흐라　맞아요. 어머니는 많은 일을 겪으셨어요. 제가 이렇게 어머니에게 짐이 되고 있다는 게 너무 싫어요.

조시　아버지도 계세요?

분석가　주제넘었어.

비평가　멍청이.

자흐라는 여전히 쿠션을 꼭 붙든 채 옆으로 시선을 돌렸다.

자흐라　아뇨.

탐정　떠난 걸까? 사망?

직관　요점으로 돌아와. 필요 없는 얘기야.

다정이　그 이야기를 할지 말지는 자흐라가 판단할 몫이야. 자기가 원한다면 말해줄 거야.

자흐라 그게 제 '큰' 공황발작이었던 것 같네요. 그날 이후로 줄곧 저는 제가 아닌 것 같아요. 도저히 해낼 수 없다는 느낌이 들어요. 무슨 말인지 아시죠? 벌여놓은 일이 너무 많은데, 동료들 앞에서 망신스러운 모습을 보이고 싶지 않았어요. 정말 한심하죠. 전 사람들을 돕고 치료해야 할 사람인데. 저 자신조차 치료하지 못하고 있으니…. 그저 주위 사람들 걱정만 시키고…. 그건 그들 정신 건강에도 해롭잖아요.

자흐라의 신체 언어를 보니 긴장이 느슨해진 것 같았고, 좀 진정되었는지 자세가 구부정하게 늘어졌다. 피곤해 보였다. 아드레날린이 분해되어 사라지고 있는 모양이었다. 자흐라의 불안은 거의 피부로 느껴질 듯한 슬픔으로 바뀌었다.

조시 뭐, 당신이 영원히 공황발작을 일으킬 거라고 말할 수 있는 건 하나도 없네요. 지금은 공황이 약간 진정되셨군요. 눈치채셨어요?

자흐라 네, 약간 진정됐어요. 그렇지만 문밖으로 달려나가 소리 지르고 싶은 건 아직도 그대로예요.

조시 보호자 흉내 내는 것처럼 들릴 수도 있지만 그걸 감수하고 말씀드리자면, 당신이 끔찍한 생각과 느낌을 참아내고 여기 남아 저와 이야기한 건 정말 잘하신 거예요. 고마워요. 상황에서 달아나지 않고

51

도 불안이 줄어드는 것을 당신도 느끼셨죠?

자흐라 네…, 그랬네요. 하지만 나중에 다시 올 거예요. 항
상 그랬어요. 그저… 막막할 뿐이에요. 제가 병든
느낌이에요.

조시 저에게는 이 방에 들어온 모든 사람이 자기가 원하
는 상태로 나갈 수 있다는 희망이 있어요. 그리고
전 공황발작을 병의 신호로 보지도 않고요.

자흐라 《정신질환 진단 및 통계 편람》을 보면 공황장애는
병이 맞거든요.

엉뚱이 하! 의사 선생님한테 딱 걸렸군!

조시 맞긴 하죠. 하지만 연구들을 보면 공황장애는 제대
로 치료만 하면 회복률이 아주 높아요. 저는 개인
적으로 공황장애를 공포증이라고 생각해요. 공포
자체에 대한 공포라는 말이죠. 그게 제가 전적으로
병이라고 생각하지 않는 이유예요.

자흐라는 잠깐 멈추고 생각을 정리해보려는 것 같았다. 내
가 말한 뭔가가 자흐라의 마음에 가닿은 것이다. 자흐라는
쿠션을 다리 위에 올리고 편편하게 두드리고는 몸을 살짝
앞으로 기울여 앉았다. 내가 화이트보드에 그린 공황 순환
고리 그림을 보면서 골똘히 생각에 잠겼다.

자흐라 알겠어요. 저는 의학 콘퍼런스에서만큼 지독한 공

황이 또 닥쳐올까 봐 두려워하고 있는 거군요?

나는 아무 말도 하지 않았다.

자흐라 그래요…. 전 공황에 사로잡혔고, 도망갔어요. 다 가라앉히고 기분을 회복하려고 집에 갔어요. 그런데 도저히 기분을 좋아지게 할 수 없었어요. 그냥 매일 계속 공황 상태였는데, 정말 저는 공황발작 자체를 두려워하고 있어요. 항상 공황발작이 닥쳐오지 않을지 신경을 곤두세우고 있죠.

조시 그걸 위협 모니터링이라고 해요. 더 구체적으로 말하면, '내적 위협 모니터링'이죠.

나는 손가락으로 인용 부호를 표현했다.

자흐라 전 항상 그래요. 잠에서 깨면 증상과 혈압과 혈중 산소 농도를 체크하고요. 항상 공황의 신호가 없는지 찾고 있어요.

분석가 자신의 공황 공포증과 관련된 생각과 행동에 대한 메타인지적 인식을 하고 있군.

공감이 깨달음을 얻는 느낌이 들겠지만, 그걸 깨닫는 것 역시 자흐라에게는 버거울 수 있다는 것 기억해.

조시 공황이 닥쳐올 '경우를 대비해서' 어떤 행동들을 피하는 일이 자주 있나요?

자흐라 매일요. 모든 게 불안을 중심으로 돌아가요.

조시 그러면 불안에서 벗어나려고 열심히 생각하는 일이 얼마나 자주 일어나죠?

자흐라 매일 그러죠!

조시 그러면 그런 신체적인 증상을 당신이 곧 죽게 될 것 같다는 신호로 받아들인 적은 얼마나 되나요?

자흐라 세상에. 전 이 가슴이 벌떡거리는 게 심장에 문제가 있다는 신호라고 확신하고 있어요. 세 번이나 심장 스캔을 하고 심장전문의인 친구에게 검사를 받고 나서도요. 또 이 슈우욱 하는 감각은 부신암의 징조라고 생각하고요.

자흐라가 흥미롭다는 표정으로 나를 쳐다봤다. 이때 자흐라는 내게 완전히 주의를 기울이고 있었는데, 이는 자흐라의 공황이 가라앉고 있기 때문이기도 했다.

조시 불안이나 공황에 관한 걱정이 당신 삶의 구심점이라고 느끼시나요? 그걸 중심으로 계획을 세우세요? 무슨 결정이든 내리기 전에 그걸 고려해서 계획을 세우시나요?

자흐라 지금 꼭 선생님이 제 자서전의 소개 글을 읽고 있는 것 같네요. 지난 두 달 동안 제 정신 상태가 딱 그랬거든요.

조시 자, 이제 마법의 리스트가 완성됐네요. 축하해요.

당신은 공황장애를 앓고 있는 것 같습니다.

자흐라 그 리스트에 무슨 마법이 있다는 건지 여전히 이
해가 안 가지만, 제 생각과 느낌이 다른 사람들에
게도 일어나는 일로 평가된다니 위로가 되기는 하
네요. 다른 사람들이 고통받기를 바라는 건 아니지
만, 그래도 덜 외로운 느낌이 들어요. 저를 도와주
실 수 있나요?

공감이 그게 어떤 기분인지 나도 잘 기억해.

구원이 자흐라를 구해주고 싶어. 불안에 시달리는 사람들을 돕고
싶어.

자흐라는 희망을 느끼는 듯 보였고, 기대에 차 보였다.

트리거 으. 이 책임감.

생리 나 지금 당장 코르티솔이 왕창 쏟아질 거 같아.

비평가 넌 책임감이라곤 쥐뿔도 없잖아. 이 순 돌팔이 같으니.

다정이 말려들지 마. 네겐 헤아릴 수 없는 가치가 있어.

비평가 그래? 이 여자는 의사야. 넌 뭔데?

직관 세션으로 돌아가, 당장. 지금 주인공은 네가 아냐.

조시 당신 스스로 당신을 도울 수 있도록 도와드리겠습
니다. 어떤 불안 증세에나 심리 교육은 아주 중요
해요. 제가 아는 걸 당신에게 가르쳐주고 당신을
지원해줄 수는 있지만, 결국 공황발작을 멈추고 다

시 본래 궤도로 돌아가기 위한 힘든 작업은 자흐라 스스로 하셔야 합니다. 그 작업을 한번 해보시겠어요?

자흐라 네, 뭐든 할게요.

공황발작

공황발작이란, 뭔가 끔찍한 일이 당장이라도 일어날 것 같은 느낌이 압도할 듯 덮쳐오는 것이다. 이런 느낌은 아드레날린과 스트레스 호르몬인 코르티솔이 쏟아져 나오면서 시작되는데, 이 호르몬들은 뭔가 '휘익' 몰려오는 것 같은 강렬한 느낌을 주면서 즉각 우리의 주의를 잡아끈다. 그러면 우리는 어떤 참담한 일이 벌어지기 직전이라는 느낌에 사로잡히고, 이어서 '내가 곧 죽으면 어쩌지?' '내가 쓰러지면 어쩌지?' '내가 미쳐가는 거면 어쩌지?' '이 느낌이 영원히 사라지지 않으면 어쩌지?'처럼 '무엇하면 어쩌지?'라는 식의 생각들이 홍수처럼 요란하게 머릿속에 흘러넘친다. 덧붙여 이럴 때는 보통 어디에 있든 달아나고 싶다는 강렬한 충동도 함께 든다.

공황발작 때는 이 이상한 혼합물에 여러 기이한 신체

증상까지 더해지기도 한다. 이를테면 심장이 쿵쾅거리거나 현실 감각이 없어지거나(자신과 현실로부터 떨어져 나온 듯한 느낌), 가슴이 조이는 느낌이 들거나, 땀이 나거나, 숨을 고르기가 어려워지거나, 소화에 문제가 생기거나, 빛에 민감해지거나, 어지럼증이 생기거나, 손발 끝에 따끔거리는 느낌이 들 수 있다. 더 많은 증상이 있지만 이런 증상이 가장 흔한 편이다.

공황발작은 아주 무섭게 느껴질 수 있다. 특히 무슨 일이 벌어지고 있는지 모르는 사람들에게는 더욱 그렇다. 공황발작을 견뎌내는 사람들은 엄청나게 회복탄력성이 좋다. 공황발작이 일어나는 건 자기가 선택한 일이 아니다. 또한 공황은 나약하다는 신호도 아닌데, 만약 그렇다고 말하는 사람이 있다면 그는 잘못 알고 있는 것이다. 심리전문가로서 나는 이런 사람이야말로 공황발작에 시달리는 당사자 못지않게 심리교육이 필요한 사람이라 생각한다.

양식 전쟁

심리치료사가 상담사와 다른 유일한 점은, 다섯 글자로 되어 있으며 훨씬 멋있게 들린다는 것이다. 이게 바로 내 웹사이트 곳곳에 '상담사'라는 소박한 단어 대신 '심리치료사'라고 적혀 있는 이유다. 양쪽 다 그냥 치료사라고도 불린다. 그러니 다음에 자기를 심리치료사라고 부르는 사람을 보면, 그들도 나만큼 허세가 있는 사람이구나 하고 생각하면 된다.

치료사들은 내가 만나본 사람들 중 개인적으로도 직업적으로도 가장 훌륭한 사람들에 속한다. 하지만 동시에 그들은 거북할 정도로 독선적이고 짜증스러운 사람들이 될 수도 있다. 치료사들의 세계에는 일반 대중이 모르는 일이 무척 많다. 우리는 아주 많은 수의 사람으로 이루어진 집단으로서, 흔히 새로운 교육을 받으려고 있지도 않은 돈을 충동적으로 쓰는 일이 많고, 가까운 사람들과 대화할 때는 너무 '상담사처럼' 말하지 않으려고 애쓴다. 이제 당신에게 우리가 모여서 시가를 피우며 내담자들에 대한 음모를 꾸미는 (실제로 그러는 건 아니다. 그리고 흡연은 건강에 해롭다) 수수께끼 같은 직원실 내부를 들여다볼 기회를 드리려 한다.

직원실에 들어가기 전에 알아둘 것이 있다. 치료사라고 말할 수 있으려면 최소한 한 가지 이상의 치료 양식에 대한 훈련을 받아야 한다는 사실이다. 치료 양식이란 심리치료를 공부하는 학생들이 수행하는 학파 또는 교육 철학으로, 학생들이 특정 양식의 평판 좋은 교육 과정을 수료하면 치료사라는 직함을 얻게 되고, 많은 나라에서는 치료 실무를 할 수 있는 면허도 받게 된다. 치료 양식에는 여러 유형이 있는데, 이는 곧 치료사들의 유형도 다양하다는 뜻이다. 예를 들어, 인지행동치료를 교육받은 치료사일 수도 있고, 인본주의 상담 훈련을 받은 인간중심의 치료사일 수도 있으며, 정신역동 치료사(프로이트를 생각하면 된다), 교류분석 치료사, 메타인지 치료사일 수도 있는데, 이게 다는 아니다.

일반 대중의 눈에는 너무 혼란스럽게 보일 수도 있다. 내 생각에 정신 건강 분야의 아주 큰 비극은 모든 '치료사'가 자기가 하는 일을 잘 알고 있다고 가정하는 것이 아닐까 한다. 사실 그들도 다 아는 건 아니다. 그저 자기가 교육받은 양식만을 기반으로 치료할 따름이다. 그들의 지식이 제한적이라는 말이다. 효과가 있을 때도 있고 없을 때도 있다. 또한 내담자는 치료사와 서로 잘 연결될 필요가 있다. 나는 치료 양식과 치료 관계가 내담자 본인에게 딱 맞는 것이어야 한다고 생각한다. 그런데 "나도 심리치료를 받아봤는데 나한테는 소용이 없었어"라는 말을 정말 많이 들었다. 이 말을 한 번 들을 때마다 1펜스씩 받았다면 20파운드는 거뜬히 모았을 것이다.* 우리는 지금 세계적인 정신 건강 위기에 처해 있는데, 안타깝게도 치료를 한 번 시도해보고서 희망을 버리는 사람이 많다. 나에게 이건 잔디 볼링만 딱 한 번 해보고 "나도 볼링을 해봤는데 나랑 안 맞았어"라고 말하는 것과 같다. 사람들은 대개 치료의 세계에 넓은 선택 범위와 다양한 치료 양식이 존재한다는 것을 잘 모른다. 애초에 전문적 도움을 받기로 마음을 정하는 데만도 큰 용기와 에너지가 필요하다. 게다가 처음 시도한 양식이 본인에게 잘 맞는다는 보장도 없으니, 사람들이 다양한 선택 범위가 있음을 모르는 건 문제 해결에 더욱 큰 걸림돌이 된다.

세상을 살다 보면, 일반적으로 사람들이 특정한 무리로 휩쓸려간다는 것을 눈치챘을 것이다. 이런 부족주의는 축구

---

* 2000번은 들었다는 얘기.

경기, 일터, 정치, 트위터상의 논쟁 등에서 특히 눈에 띈다. 부족주의는 치료의 세계에도 존재한다. 치료사가 되기 위한 교육 과정은 아주 고된 노력을 요구한다. 나는 너무나 혹독한 치료사 훈련 프로그램을 완료한 모든 사람을 존경한다. 그 과정을 완수하려면 자신과 자신의 믿음에 도전해야 하며, 이 과정은 도저히 막을 수 없는 방식으로 개인적 삶으로까지 스며든다. 치료사 교육 과정은 한 사람을 이루는 기본 요소들에 의문을 제기함으로써 그 사람의 회복탄력성을 시험하는데, 이는 당사자에게 아주 무시무시한 일일 수 있다! 지금 이 글을 읽는 당신이 치료사라면 진심으로 '잘 해내셨다'라고 말하고 싶다. 당신은 그걸 끝까지 해낸 것이다.

어떤 양식의 교육을 받든 당신은 그 치료 방식에 당신의 모든 것을 걸어야 하는데, 그러다 보면 세상을 다른 방식으로 바라보려 시도할 때, 특히 다른 양식의 렌즈를 통해 보려 할 때면 아주 심각한 인지 부조화가 생길 수 있다. 다수의 치료사 교육 기관은 열정적이고 영감 넘치는 '양식 순수주의자'들이 운영한다. 대부분의 심리적 고통을 한 가지 치료 방식, 즉 자신이 교육받았고 정서적으로도 깊이 몰입하고 있는 치료 방식으로 해결할 수 있다고 믿는 사람들 말이다. 예를 들어, 정신역동 치료법을 교육받은 사람이라면 행동의 밑바탕인 무의식적 과정을 탐색하는 데는 카를 융과 멜라니

클라인의 작업을 사용해야 한다고 믿을 가능성이 크다("당신의 엄마 아빠한테 성적인 마음을 품지 마세요"). 한편 칼 로저스의 인간중심 접근법을 훈련받은 치료사들은 치료의 핵심 목적은 치료사가 내담자의 자기실현 능력을 이끌어내는 것이라고 믿는다("나는 여기 가만 앉아서 당신이 말할 때까지 아무 말도 안 할 거예요"). 인지행동치료(아론 벡 방식과 제3의 물결)는 인간중심 치료와는 상당히 대조적으로, 현재의 생각, 감정, 행동 패턴에 초점을 맞춰 문제를 해결하고자 한다("내 컴퓨터에 입력할 수 있게 당신의 고통을 숫자로 개념화해봅시다"). 그리고 교류 분석은 친밀한 관계에서나 갈등 시에 취하는 태도를 살펴본다("내 내면 아이가 밀크셰이크를 먹고 싶어 해요"). '트라우마 기반' 치료사들도 빼먹지 말자. 이들은 외상 후 스트레스 장애의 정의에도 포함되지 않는 모호한 트라우마 개념에 모든 것을 연결시켜 탐정 놀이 하는 걸 좋아한다. 이건 모두 그들이 언젠가 베셀 반 데어 콜크의 《몸은 기억한다》를 읽었기 때문이다. 이 외에도 다양한 양식이 있다.

누구라도, 심지어 정신이 멀쩡한 사람도 이 다양한 치료법을 모두 이해할 거라고 기대할 수는 없다. 정신을 힘들게 하는 정신 건강 문제를 겪고 있는 사람이라면 더 말할 것도 없다. 그러니까 어떤 사람이 마침내 용기 내서 치료를 받아보기로 마음먹었을 때, 그 사람이 만나게 될 치료 양식은 복불복 혹은 주사위 던지기처럼 우연에 맡겨진다. 그 사람이 어떤 양식을 만나게 될지 나도 궁금하다. 결국 그건 주로 치료사와 그들이 선택한 양식에 달린 경우가 많다. 그 양식이 효과가 있어서 좋은 결과를 내기도 한다. 또 그렇지 않을 때도 있다. 그런데도 모든 양식이 당신의 불안과 분노와 우울함을 해결해주겠다고 약속한다. 가슴 아픈 사실은 한 가지 치료법이 효과가 없을 때 내담자가 그걸 자기 잘못이라고, 혹은 어떤 식으로든 자기 문제가 해결될 수 없다고 느끼는 경우가 많다는 점이다. 좋은 치료사란 자신의 접근법이 모든 고통을 구원한다고 맹목적으로 믿기보다 자기 지식과 양식의 한계를 잘 인지하는 사람이자, 내담자의 상황이 호전되지 않는 것이 꼭 내담자가 치료 양식에 잘 참여하지 못했기 때문은 아니라는 걸 이해할 정도로 단단한 사람이다. 이런 치료사는 아주 많으며, 그들은 훌륭하다. 하지만 모든 치료사가 이렇다고 말하면 그건 거짓말일 것이다.

열린 문틈으로 직원실을 들여다볼 때는 눈을 가늘게 뜨고, 우리가 겉으로는 미소 짓고 있지만 속으로는 은근히 서로를 경멸하고 있다는 사실을 알아차려야 한다. 맞다. 지금한 말은 농담이다. 우린 그렇지 않다. 그래도 치료사가 되기위해 자신이 거쳐온 경로에 정말 많은 마음과 노력을 쏟은 만큼, 우리가 자신의 양식에 대해 큰 열정을 품고 있는 건

63

사실이다. 얼마나 열정적이냐면 1년에 한 번씩 심리치료 분야의 모든 사람이 모여 각자의 양식을 나타내는 색깔 옷을 입고 죽기 살기로 싸울 정도다. 우리는 이걸 헝거 게임이라고 부른다. 마지막까지 살아남은 양식이 '단 하나의 진정한 양식'이라는 왕관을 차지한다(작년에는 최면치료가 차지했다). 내기를 위한 조언이 필요하다면, 올해는 트라우마 기반 치료가 가장 인기가 좋다.

지금쯤 당신은 이렇게 생각할지도 모르겠다. 그러니까 조슈아는 어느 양식의 색깔을 입은 걸까? 음, 여기가 문제가 복잡해지는 지점이다.

모든 치료사가 헝거 게임에 참가하는 건 아니다. 심리치료의 전장에서 벌어지는 살육을 지켜보며 재미있어하는 사람들은 심리치료계의 거두들, 그러니까 아주 중요한 사람들뿐이다. 이 사람들은 '통합 치료사'라 불리며, 모든 치료사 중에서 자기가 제일 중요한 줄 아는 사람들이다. 그리고 당연히 나도 바로 그런 사람이다. 지금까지 인본주의 상담과 인지행동치료의 훈련을 받았고, 앞으로 더 많은 공부를 할 생각에 벌써 신이 난다.

통합 치료사는 두 가지 이상의 양식을 공부한 사람으로, 이론상으로는 스스로 선택하여 내담자에게 가장 잘 맞는 방식들을 혼합해서 사용할 수 있는 이들이다. 통합 치료사들은 자기가 양식 순수주의자들보다 더 위에 있다고 생각하는데, 그 이유는 정말로 우리가 더 위이기 때문이다(현실을 인정하자). 우리는 황금 왕좌에 앉아 라이프 코치들이 우리의 빈 잔을 채워주는 모습을 지켜볼 것이고, 그런 다음 느긋한 여유를 즐기도록 그 라이프 코치들에게 몸을 둥글게 말아 발판 노릇을 하라고 명령할 것이다.

다시 진지한 얘기로 돌아와서, 만약 당신이 치료사를 찾고 있거나 지금 한 치료사를 만나고 있다면, 그들에게 어떤 양식(또는 양식들)을 훈련받았는지 물어보라. 질문을 받기도 전에 처음부터 말해주는 사람들도 있을 것이다. 그들에게 치료의 목적이 무엇이며 그들의 양식은 어떤 것을 중시하는지 물어보라. 그러면 당신이 치료에서 원하는 것과 그 치료가 잘 맞는지 알아볼 수 있을 것이다. 어떤 양식이든 그 훈련을 받은 훌륭한 치료사들은 아주 많다. 그저 그 양식이 당신과 잘 맞는다는 느낌이 드는지만 분명히 확인하시라.

# #
해리

2008년 6월, 포털

조시   이건 내 인생 최악의 플레이야.

동생이 눈을 굴렸다.

해리   난 형이 더 못했던 것도 분명 봤는데….

조시   이거 분명 조작된 거야. 혹시 인터넷 연결 때문인
지도….

해리   아냐, 그냥 형이 진짜 못해서 그런 거라고.

어깨 너머로 돌아보니 녀석이 건방지게 씩 웃고 있었다. 나
도 모르게 웃음이 났다. 나는 패배를 인정하며 컨트롤러를
책상 위로 밀어 보냈다.

해리   형 다른 거 해볼래? 엄마가 지난주에 포털2 사주셨

거든.

조시   포털2? 들어본 적 없는데. 포털1도 해본 적 없고. 게임은 이제 그만할래.

해리   아, 그러지 말고, 형! 형도 그 게임 좋아할 거야. 2인용 게임인데….

조시   2인용 게임이라면 좋아. 엄마가 싫어할 폭력성 같은 건 없어?

해리   싸움 같은 건 없어. 퍼즐 게임이거든.

조시   그럼 난 안 할래.

해리가 실망한 기색이었다. 녀석이 울적한 모습은 보고 싶지 않았다.

조시   좋아. 컨트롤러 줘봐.

해리   형 이거 좋아할 거야. 퍼즐을 풀고 판을 끝내려면 우리가 협력해야 돼.

화면이 들어왔다. 우리는 의자 바퀴를 굴려 나란히 붙어 앉고 평소 게임할 때의 위치를 잡았다. 게임을 시작하기도 전에 엄마가 불쑥 문을 열고 들어왔다.

엄마   싱크대에 아직 더러운 그릇들이 쌓여 있는데 난 왜 놀랍지도 않니!? 이번엔 누가 설거지할 차례였지?

해리와 나는 서로를 가리켰다.

해리   난 개 산책 시켰잖아!

엄마는 내가 뭐라고 변명할지 기다리며 나를 쳐다봤다.

조시   아, 그게…, 아, 젠장….

엄마   조슈아!

해리   우리 포털 게임 몇 판만 하면 안 돼요, 엄마? 제발
요. 나 금방 아빠 집에 가야 되잖아요.

조시   그래요 엄마, 이건 포털2라고요! 우리가 목 빠지게
기다린 2탄이 몇 년 만에 나왔다니까요!

엄마가 나를 노려봤다. 해리는 웃음을 참고 있었다.

엄마   해리가 가면 곧바로 하는 거야, 설거지!

조시   네, 꼭 할게요. 죄송해요.

엄마가 아래층으로 내려갔고 해리는 게임을 실행했다.

조시   오케이. 어떻게 하면 돼?

해리   우리 각자 포털건이 있는데, 그걸 쏘면 두 가지 포
털이 만들어져. 입구 포털과 출구 포털.

해리가 버튼을 누르자 화면에 주황색 포털이 나타났다.

해리   주황색 포털은 입구고….

해리가 다시 포털 건을 발사했다. 이번에는 파란색 포털이
나타났다.

해리   이게 출구 포털이야. 주황색 포털로 뛰어들면 파란
색 포털이 있는 곳으로 순간이동해.

해리의 캐릭터가 주황색 포털로 뛰어들자 화면의 반대쪽으

로 이동했다. 나는 주황색 포털을 들여다볼 수 있는 위치로
내 캐릭터를 이동시켰다.

조시   우와, 포털을 통해 네가 보여. 이거 진짜 멋진데!

해리는 캐릭터를 움직여 출구 포털 앞에 세웠다. 우리의 캐
릭터들이 서로를 바라보며 서 있었다. 우리는 애니메이션으
로 만든 두 개의 초상화처럼 보였다.

조시   굉장한데?!

해리   게임의 목표는 출구 포털로 가는 거야. 단, 우리가
            서로 협력해야 해.

조시   좋아. 나도 들어간다.

나는 해리가 들어간 그 포털로 뛰어들었다.

# #
노아 1

새 내담자를 맞이할 때마다 늘 찾아오는 초조함이 치고 들어왔다. 몇 분 뒤면 노아가 도착할 예정이다. 통화할 때 그는 아주 예의 바른 사람처럼 느껴졌다. 나는 재빨리 스웨터를 갈아입었다. 처음 있는 일도 아니지만 점심을 먹다가 옷에 마요네즈를 흘렸기 때문이다. 내 사무실에는 이런 상황에 대비한 '응급' 서랍이 있다. 거기엔 헤어브러시도 있고, 체취 제거제와 예비 열쇠, 빗자루와 쓰레받기, 얼굴용 물티슈, 내 국세청 로그인 정보, 유언장까지 들어 있다. 아, 마요네즈도 한 병 들어 있네.

노크 소리가 들렸다. 문을 여니 옷을 잘 차려입은 20대 남자가 서 있었다.

조시   안녕하세요. 당신이 노아인가요?

노아   안녕하세요, 조시. 네, 제가 노아예요.

조시   어서 들어오세요.

노아는 나를 따라 내 사무실로 들어왔다. 그는 코트를 벗어 조심스레 내 코트 걸이에 걸었다. 나는 그에게 소파에 앉으라는 손짓을 했다.

조시   물 한 잔 드릴까요?

노아   네, 감사합니다.

돌아와 보니 노아가 자기 캐시미어 스웨터를 초조하게 만지작거리고 있었다. 그리고 몸을 약간 떨면서 물을 한 모금 마셨다. 나는 노아의 맞은편에 앉았다.

노아   고맙습니다.

공감이   초조해하네.

다정이   노아가 좀 더 편안해할 수 있게 도와주자.

조시   심리치료는 처음이세요?

노아   음… 그렇지는 않아요. 꽤 많이, 뭐랄까? 밥 먹듯이 해봤다고 할까요?

조시   그럼 처음은 아니시군요?

노아   (미소 지으며) 네, 전혀 아니죠.

조시   전에는 심리치료가 어떠셨나요?

노아   도움이 됐어요. 그렇게 생각해요. 어쨌든 어느 정도는요. 소셜미디어에서 평화와 위안을 찾으려는 것보다는 훨씬 나아요. 전에 제가 거기서 답을 찾으려고 계속 스크롤링하고 있었거든요. 정말 무의미한 짓이었죠. 더 불안하고 외로워질 뿐이더라고요.

조시 무슨 말씀인지 잘 알아요. 지난 심리치료에서 도움이 된다고 느끼셨던 부분은 무엇이었나요? 그걸 알면 우리가 어떻게 작업하면 더 좋을지 판단하는 데 도움이 될 거예요.

노아는 물잔을 내려놓고 쿠션을 가슴에 꼭 끌어안았다.

노아 전 얘기할 수 있는 안전한 장소를 원하거든요. 철저하게 비밀을 보장하는 사적인 공간. 여기 완전히 비밀 보장되는 거 맞죠?

조시 예, 물론이에요. 제가 기밀유지 의무를 깨야 할 유일한 경우는 생명에 대한 위협이 있거나 심각한 범죄가 발생했을 경우뿐이에요.

탐정 이 정도로는 안심을 못 하는군. 볼이 살짝 붉어졌고 눈을 못 마주치고 있어.

분석가 오히려 그 말이 노아를 약간 불안하게 만든 것 같은데….

노아 '생명에 대한 위협'이라니 무슨 뜻인가요?

조시 당신이나 다른 누군가가 즉각적인 위험에 처해 있다고 확신할 경우죠. 예를 들어, 당신이 자살하겠다고 암시하거나 누군가를 죽이려는 계획을 말할 경우요. 최근에 그런 마음이 드신 적 있나요?

불안이 노아가 아무도 죽인 적 없기를 진심으로 바란다.

노아 아… 아뇨. 그런 일 전혀 없어요. 전 결코 그 누구도 죽일 마음 없어요.

조시 그러면… 자신을 해하는 일은요?

노아가 말을 멈추고 창밖을 내다봤다.

노아 그런 일 하려고 계획한 적은 한 번도 없어요. 하지만 과거에 사람들을 놀라게 했던… 개인적 특성이 몇 가지 있기는 해요. 전 자살은 하지 않을 거예요. 하지만… 여기 정말 비밀 보장되는 거 확실하죠?

조시 네.

노아가 앞으로 당겨 앉았고, 나는 그가 떨고 있음을 눈치챘다. 노아는 천천히 스웨터의 한쪽 소매를 걷어 올려 흉터들이 가득한 팔뚝을 드러냈다. 딱딱해진 흉터와 물집과 헐어 있는 부분들이 보였다. 전에도 자해의 흔적을 본 적이 있고 그 흔적을 찾아내는 훈련도 받았지만, 노아는 자기 팔에 진짜 심하게 상처를 냈고, 내가 충격받지 않았다고 말한다면 그건 거짓말일 것이다.

불안이 아이고.

다정이 이 사람 정말 큰 고통을 겪고 있구나.

공감이 이걸 보여주는 게 결코 쉽지는 않았을 거야.

조시 보여주셔서 고마워요. 저를 믿어주셔서 감사해요. 이 중 최근에 생긴 상처도 있어요?

노아는 소매를 다시 손목까지 끌어내리고 두 팔을 다시 쿠션 위에 올렸다.

노아 마지막 건 몇 달 전이었어요. 저번 치료사에게 보여줬었는데, 그분이 상당히 충격을 받았나 봐요. 저와 작업하는 건 자기가 받은 훈련의 범위를 벗어난다고 하더라고요. 제가 좀 바보처럼 느껴졌어요. 그분한테 이미 제 개인사에 관해 상당히 많이 이야기한 뒤였거든요. 그러자 곧바로 부모님이 새 치료사를 찾았고, 그래서 제가 여기 오게 된 거예요.

조시 치료를 끝내는 방식치고는 상당히 갑작스러웠던 것 같네요.

노아 그랬어요. 전 그분이 마음에 들었거든요. 더 이상 거기 갈 수 없게 되니 전보다 마음이 더 안 좋아졌어요. 마치 제가 구제 불능인 것 같달까? 무척 절망적이었어요.

그가 처음으로 나를 쳐다보았다.

노아 선생님도 저를 거부하실 건가요? 그래도 괜찮아요. 이걸 보여드린 이유는 그 모든 과정을 다 거친 다

음에 또다시 다른 곳으로 옮겨 가고 싶지는 않아서
예요.

구원이   내가 당신을 구할 수 있어! 이래 봬도 엄청 훌륭한 치료사
라고!

침착이   네 직업적 바운더리를 기억해.

분석가   넌 이 청년에 관해 아는 게 거의 없어.

조시   흠, 저한테는 우리가 함께 작업하지 못할 이유가
하나도 안 보이는데요. 저는 우리 모두가 어떤 형
태로든 흉터를 지니고 있다고 생각해요. 게다가 흉
터는 회복의 상징으로 볼 수 있다고 생각하고요.
왜냐하면, … 뭐… 실제로 그러니까요.

비평가   인스타그램의 '치유자' 들처럼 되려는 건 아니겠지?

다정이   무시하고 그냥 계속해.

노아가 고개를 끄덕였다. 조금 차분해졌다.

노아   선생님도 흉터가 있으신가요?

불시에 덮친 질문이었다.

조시   예, 저도 있죠. 신체적인 것도 있고 정신적인 것도
있고요. 대다수 사람은 최소한 한 가지 유형의 흉
터를 갖고 있다고 생각해요.

노아   선생님 흉터는 무엇 때문에 생긴 건가요?

침착이   방향을 바꿔.

조시 살면서 겪은 어떤 일들 때문이죠. 이 방은 당신의 필요에 관해 당신이 이야기하는 공간이란 거 기억하세요. 물론 당신의 질문에 저도 답할 테지만, 당신의 치료사로서 직업적 바운더리를 지킬 것이라는 점도 명심해주시고요.

노아 치료사들은 제게 모든 걸, 영혼의 밑바닥까지 다 까발려 보여주기를 기대하면서도 자기 얘기는 안 하려고 감추는 게 늘 너무 당황스러웠어요. 이런 역학관계에는 무시가 깔려 있는 것 같아요.

조시 그런 마음 잘 알아요. 심리치료실에서는 언제나 힘의 역학이 존재할 수밖에 없다고 생각해요. 한 사람은 (우리가 진짜 전문가이든 아니든 어쨌든) '전문가'로서 돈을 지불받고, 또 한 사람은 취약함을 드러내도록 요구받는 상황이니까요. 게다가 만약 치료사가 내담자와 함께 자신의 고통을 탐색하기 시작한다면, 그건 오로지 내담자를 위한 공간을 마련해주어야 하는 치료사가 자신의 임무를 방기하는 일이 될 거예요. 제가 해야 할 일은 전문성을 통해 당신의 신뢰를 얻는 것이지, 제 개인적 측면을 모두 드러내는 건 아니에요. 정해진 바운더리가 없다면 우리에게 안전한 공간은 생길 수 없다고 생각해요. 이건 우리 둘 다에게 해당하는 말이에요.

노아는 잠깐 생각해보더니, 이내 내 설명을 받아들인 것 같았다.

노아   맞아요. 그리고 보니 제가 리처드라는 친구와 얘기할 때마다 답답했던 이유를 알 것 같네요. 전에 제가 리처드에게 속마음을 털어놓으려고 할 때마다 대화는 항상 그에 관한 이야기로 끝나고 말았거든요. 만약 제가 할머니가 돌아가셨다고 하면, 리처드는 할머니 두 분이 돌아가셨다고 하는 거예요. 제가 감기에 걸렸다면 자기는 코로나에 걸렸고요. 친척이 암에 걸렸다고 하면 자기 가족은 전부 나병 환자가 되는 식이었어요.

나는 큭큭 웃었다.

조시   제 생각에 리처드 같은 친구가 누구에게나 한두 명 있을 거예요. 그런데 만약 저와 계속 작업하기를 원하신다면, 이 심리치료에서 얻고 싶으신 건 뭔가요?

노아   (잠시 멈췄다가) 제가 오랫동안 품고 있던 비밀을 말할 수 있을 만큼 충분히 용감해지고 싶어요. 아무한테도 말한 적 없는 일이에요. 하지만 그걸 말할 수 있으려면 차근차근 용기를 키워 나갈 필요가 있다고 느껴요. 그 비밀을 누설하면 제가 무너져버릴 것 같거든요.

탐정 흥미롭네….

공감이 비밀을 품고 있으면 몹시 거북하고 묶여 있는 느낌이 들 수 있어.

조시 좋습니다. 만약 당신이 그 비밀을 털어놓을 만큼 안전하다고 느껴지신다면, 그게 당신에게 얼마나 의미 있는 일일지 제가 잘 이해하리라는 것만 알아 주세요.

노아가 고개를 끄덕였다. 그런 다음 긴장을 풀고 의자에서 편안한 자세를 취했다.

인스타테라피

소셜미디어에 답이 다 있는데, 뭐 하러 실제 심리치료를 받을까? 복잡한 어려움을 갖고 있는 사람들을 돕기 위해 몇 년 동안 훈련받은 전문가들을 만나는 일에는 무슨 가치가 있는 걸까? 인스타그램이나 틱톡을 넘겨 보면 범람할 정도로 많은 정보를 볼 수 있는데 말이다. 물론 소셜미디어는 무료이고 심리치료는 대개 무료가 아니지만, 이 얘기는 끝까지 들어보시길 바란다.

당신의 파트너가 나르시시스트인지 아닌지 확신이 안

서는가? 그렇다면 여기 아무 자격도 없는 사람이 제시한 '당신의 파트너가 나르시시스트라는 5가지 신호'가 있다. 이 사람은 이제 해리 스타일스의 노래에 맞춰 춤을 추면서, 당신의 여자친구가 얼마나 심각한 나르시시스트인지 말해줄 참이다. 혹시 직장에서 일할 때 슬픈 기분이 드는가? 음, 그건 지금 당신이 스트레스가 심한 업무를 하고 있다는 사실 때문이 아니라, 분명 어린 시절의 '트라우마' 때문이다. 누군가 당신과 생각이 맞지 않는 사람이 있는가? 인스타와 틱톡에 따르면, 이는 당신이 당신 할머니한테 가스라이팅당하고 있기 때문이다(게다가 이 할머니는 트라우마로 힘들어하는 당신의 남자친구와 잠을 자는 나르시시스트이기도 하다). 내가 이걸 아는 건, 나에게 "나는 충분하다"라고 말해주는 동영상에서 본 내용이기 때문인데, 이 영상 끝부분에서는 내가 (내 친구 드류 린살라타의 표현을 빌리면) '더 충분해질' 수 있게 해주는, 아주 비싼 코칭 코스로 연결되는 링크가 등장한다.

전문가로서 내가 보기에 소셜미디어에는 도움이 안 되는, 심지어 역효과를 내는 정신 건강 조언이 아주 많다. 나 역시 소셜미디어에 조언을 올리고 있으니, 이 말이 얼마나 자기중심적으로 들릴지 알지만, 불안을 열심히 연구했고 또한 많은 불안을 직접 겪었던 불안 전문가로서 나는 사람들을 집어삼킬 수 있는 소셜미디어의 신경증적 소용돌이를 알아볼 수 있고, 또한 많이 보아왔다.

내 충고는 소셜미디어에서 정신 건강에 대한 도움을 찾을 때, 비판적 렌즈를 빼놓지 말라는 것이다. 누군가 당신에게 공황발작을 치료하려면 손목 위에 각얼음을 올려놓으라고 말한다면, 한 걸음 물러서서 왜 그것이 지속 가능한 대처 방법이 아닐지 생각해보시라. 단지 당신이 아침에 눈을 깜빡거리고 저녁에는 남들의 기분을 맞춘다는 이유로, 당신의 문제가 '트라우마' 때문이라고 그냥 단정하지 마시라. 트라우마는 아주 복잡할 수 있고, 외상 후 스트레스 장애는 의사처럼 훈련받은 전문가들이 진단해야 한다. 누군가 자신의 SNS 계정에 오면 당신의 모든 고통에 대한 해결책이 있다고 말한다면, 나는 내가 무엇에 대해 돈을 내게 되는 건지 아주 꼼꼼히 뜯어볼 것이다. 내 까다로운 조언 때문에 소셜미디어 경험을 망치지는 마시고, 그저 잘못된 정보만 경계하시길.

# #
파티

2015년 7월

임시 화장실 벽이 음악의 베이스라인을 따라 심하게 흔들린다. 천장의 창살을 뚫고 흩어져 들어오는 섬광 조명이 여기를 밝히는 유일한 빛이다. 누군가 세 번째로 문을 쾅쾅 두드린다. 나는 그 소리를 무시한다. 지금 중력에 대한 감각이 어긋나 있다. 나는 지금 심하게 취한 상태다. 희미한 빛 속에서, 게다가 화장실 부스가 통째로 흔들리고 있는 와중에 현관문 열쇠 위에 올린 이 가루의 균형을 맞추는 것은 꽤 힘든 일이다. 하지만 나는 이 도전이 달갑다. 지금 나는 절대적 힘을 지닌 영웅이 된 느낌, 심지어 신이 된 느낌이기 때문이다. 옆 칸 화장실에서 친구 에이머스가 소리친다.

에이머스 어이! 아직 안 끝났어? 지난번 나처럼 봉지를 화장
실에 빠뜨리진 마.

조시 어, 잠시만.

다정이 오늘은 이미 충분히 했다는 생각 안 드니?

도망이 쟤 말 무시해. 넌 누릴 자격 있어. 너 힘들었잖아. 사람들은
이해 못 해. 너 하고 싶은 만큼 실컷 해!

생리 투입 준비가 완료됐습니다.

나는 현관문 열쇠를 코 앞에 들고 오른쪽 콧구멍으로 힘차
게 가루를 빨아들인다. 석유 냄새와 날카롭게 찌르는 감각
이 치솟는 불길의 역기류처럼 내 비강으로 확 퍼진다. 내 눈
이 커다래진다. 섬광 조명이 문의 창살 위를 또 한 번 훑고
지나간다.

엉뚱이 셀프 계산대에 짊어지고 간 쌀 포대가 딱 이 정도 무게이
려나?

나는 쉴 새 없이 둥둥거리는 음악에 즉각 몰입되는 걸 느낀
다. 나는 여전히 나지만, 100퍼센트가 아닌 110퍼센트의 나
다! 끝내주네.

도망이 짠! 파티 준비 완료.

생리 네 도파민 마이너스 통장에서 초과 인출 한 건 증가 확인!
앞으로 열흘 동안 갚아야 할 빚이야. 다음 주의 세로토닌
일부를 예치금으로 남겨뒀어.

내 안에서 흥분이 보글보글 끓어오른다. 나는 벽 위쪽 창살까지 손을 뻗어 가루가 담긴 작은 봉지를 에이머스에게 넘긴다.

조시　　받았어?

에이머스　응, 감사!

밖에서 다시 화장실 문을 두들긴다. 이제 나는 문을 열고 둥둥거리는 전자음악 소리와 빛의 바다 속으로 걸어 나간다. 라몬즈 티셔츠를 입은, 잔뜩 짜증 난 남자가 내게 불쾌한 눈빛을 던지고는 화장실로 재빨리 들어가 문을 잠근다.

비평가　저 자식 라몬즈 음악은 듣지도 않을걸?

도망이　조용히 해. 파티나 즐기자고!

에이머스가 화장실에서 가볍게 튀어나오며 그 거대한 창고의 메인 댄스장에 있는 내 곁으로 왔다. 우리 둘 다 행복감에 취해 있다. 나는 고개를 뒤로 젖히고 베이스 음의 강렬한 파도를 가슴으로 받아낸다. 우린 둘 다 수치심도 모르고 즐거운 시간을 보내는, 셀프 계산을 끝낸 쾌락주의자 쌀 포대들이다!

　　우리는 조금 전에 만난 새 친구들과 웃고 떠들며 새벽 4시에 클럽에서 몰려나왔다.

도망이　파티는 아직 안 끝났어. 계속 놀자!

생리　　이건 우리한테 좋지 않아. 너 생체 시계를 너무 빨리 돌리고 있어. 넌 이제 스물세 살이 아니라고.

비평가 뭘 그래? 예전엔 더 신나게 놀았잖아!

도망이 가자, 더 놀자!

우리는 도심에 있는 에이머스의 아파트에서 파티를 이어갔다. 그 집은 금세 거울쟁반 위에 놓인 가루 마약과 연기의 소굴이 됐다. 나는 이 즐거움이 끝나지 않기를 바랐다.

누군가 오디오 연결선을 잡더니 음악을 틀었다. 라몬즈 티셔츠를 입은 작자가 주방 카운터 위에 앉아 젊은 여자에게 열심히 작업을 걸고 있는 게 보였다. 에이머스는 소파에서 매력적인 젊은 남자와 키스하고 있었다. 또 한 남자가 내 앞에 앉았다.

탐정 나 전에 분명 이 친구 본 적 있는데….

분석가 그래, 아까 클럽에서 봤잖아. 이름이 대럴이라고 했고. 지금 너 완전 맛이 갔구나.

도망이 그래, 맞아, 맞아.

대럴은 돌돌 만 지폐가 놓인 거울쟁반을 나에게 건네며, 내게 그 지폐를 사용하라는 손짓을 했다. 나는 그렇게 했다.

대럴 모처럼 나눠본 아주 초현실적인 대화였어요. 당신도, 뭐랄까… 보통 사람인 걸 알게 되니 아주 친근하네요. 그러니까, 당신도 그냥 사람이었어요. 대단한 밤이에요, 그죠?

조시　무슨 말씀이세요? 미안한데, 전 우리가 나눈 대화가 기억이 안 나요.

대럴　(웃으며) 어느 대화요? 클럽에서 나눈 대화? 한참 전에 우리가 나눴던 대화를 당신이 기억할 가능성은 별로 없을 것 같은데….

조시　우리가 언제….

공포가 나를 덮쳤다. 오싹하고 압도적인 공포.

탐정　아, 맞아어! 이 사람 수습 기간에 만났던 네 내담자잖아. 이름은 대럴이야. 여러 해 전에 질투인가 뭔가 때문에 너를 찾아왔었지.

엉뚱이　아이쿠야!

비평가　넌 이 사람을 알아보지도 못하고 그 앞에서 화이트 크리스마스(코카인의 별명)를 흡입한 거야. 이 친구는 네가 알아봐 줄 가치도 없는 사람인 거냐?!!

트리거　너 예전 내담자랑 같이 약 한 거야.

생리　그래, 배 속에서도 더는 감당할 수 없대. 올라간다!

나는 발사하듯이 내 몸에다 토했다. 토하느라 생긴 압력과 밤새 약을 쿵쿵거린 탓에 생긴 압력이 더해지면서 내 코의 혈관을 터뜨렸고, 콧구멍에서 코피가 줄줄 흘러나와 티셔츠를 다 적시고 바닥에까지 떨어졌다. 방이 정신없이 빙빙 돌았다. 모두가 어색한 침묵에 빠졌다.

에이머스 오케이. 음악 끄시고. 여러분, 이제 집으로 돌아갈
          시간이네요. 모두들, 고마워요! 이제 다들 꺼져주
          세요!

에이머스는 자기 아기가 토하는 걸 처음으로 본 신출내기
아빠처럼 근심 가득한 얼굴로 나를 쳐다보았다. 이런 친구
가 있어서 정말 감사하다.

　에이머스와 키스하던 남자와 대릴까지 포함해 결국 모
두 다 빠져나갔다. 라몬즈 티셔츠를 입은 남자가 카운터에
두고 간 고급 라이터를 에이머스가 주머니에 집어넣는 게
보였다. 에이머스는 내게 다가와 물 한 잔과 파라세타몰(해
열진통제) 두 알을 건넸다. 나는 셔츠를 벗고 씻으러 욕실로
어슬렁어슬렁 걸어갔다. 거울을 들여다보다가 울기 시작했
다. 내가 한심하게 느껴졌다. 나는 한심했다. 에이머스가 노
크했다.

에이머스 너 괜찮아? 약을 너무 세게 해서 그래?

조시　　응, 괜찮아. 대릴이 내 예전 내담자였던 거 방금 알
          았어.

에이머스 세상에… 말도 안 돼!

에이머스가 웃기 시작했다.

에이머스 그래, 일단 너 침대에 눕혀야겠다. 아침에 나 브런
          치 사주면서 그 얘기도 해주라. 나한테는 언제든

무슨 얘기든 다 해도 되는 거 알지? 그게 해리 얘
기더라도. 나한테 부담 주고 그러는 거 절대 아니
야. 힘든 일인 거 알아.

조시　미안하다, 친구.

에이머스　그래, 미안해해야지. 잘 돼가고 있었는데 네 덕에
산통 다 깨졌다. 이 너절한 녀석. 너 나한테 빚 하나
진 거다.

# #
대프니 2

대프니가 다시 내 상담실에 와서 앉아 있었다. 전날 밤에는 내 거실에 있었는데 말이다. 물론 대프니 본인은 아니었지만. 나는 대프니가 내 상담실에 앉아 있는 상황에 대한 흥분을 좀 낮춰보려고 대프니가 나오는 영화 중에서 내가 제일 좋아하는 영화를 보기로 했다. 결과적으로 이건 아주 멍청한 생각이었는데, 영화를 보다 보니 오히려 동경하는 마음만 더 커지고 어린애처럼 들떠버렸기 때문이다. 나는 무척 불안했다. 이 불안에는 영화계와 연극계의 전설적 배우가 내 소박한 심리치료실에서 나와 마주 앉아 있을 거라는 사실에 대한 들뜬 기대도 섞여 있었다.

　이날 아침에 내가 머리를 단정히 빗었고 면도도 했으며

지난해 한 친구의 결혼식 날 이후 처음으로 셔츠를 다려 입었다는 얘기를 해도 당신은 놀라지 않을 것이다. 대프니는 가방을 옆에 내려놓고 나를 보며 미소를 지었다. 그는 자기를 보는 시선에 반응해 포즈를 취하는 일의 전문가여서, 무엇이 연기이고 무엇이 진짜인지 구별하기가 무척 어려웠다. 완벽하게 꼿꼿한 자세로 앉아 있는 대프니를 부드럽고 장엄한 기운이 에워싸고 있었다.

조시   제가 대프니라고 부르는 게 더 나을까요, 아니면 실명으로 불러야 할까요?

대프니   내 이름이 대프니가 아니라고 한 적은 없는 것 같은데요.

불안이   아차.

비평가   아주 훌륭한 시작이군.

내 얼굴이 단박에 붉어졌다. 나는 안절부절못하며 침착을 유지하려 애썼다.

조시   어…, 사과드릴게요. 그러니까 저는….

대프니   (미소를 지으며) 괜찮아요. 나 그렇게 순진한 사람 아니에요. 당신이 나를 알아봤다는 거 알아요. 사실 얼마 전에 내 친구가 당신이 소셜미디어에서 내 흉내 내는 영상을 보여줬어요. 제법 지난 일이라 당신은 기억 못 할지도 몰라요. 솔직히 으스스할 정도로 비슷하더라고요.

불안이   아… 야. 너 그거 기억하잖아. 그때 넌 네가 웃긴다고 생각
했었지.

분석가   이래서 인터넷에 뭘 올릴 때는 신중해야 한다는 거야.

탐정   탐정으로서 훌륭했어요. 대프니. 당신 진짜 프로.

내 얼굴은 계속 뜨겁게 달아올라 아마 시뻘겋게 보였을 것
이다. 이마에서 땀이 송송 솟아나는 것도 느껴졌다. 대프니
가 말한 건 2년쯤 전에 내 인스타그램 페이지에 올린 동영
상이다. 내가 제일 좋아하는 영화 속 탐정을 흉내 내는 것이
었는데, 그 탐정이 하필 내 앞에 앉아 있는 여인이 연기한
탐정이었던 것이다. 남자들이 장악한 필름누아르 세계에서
대프니는 금욕적이고 냉철한 탐정을 연기했다. 지하 세계의
범죄자 캐릭터들과 안면을 트는 장면에서 지포 라이터로 찰
칵 불을 붙이고는 담배를 달라고 요구하는데, 상대의 눈앞
에서 겨우 몇 센티미터 떨어진 위치에 불꽃을 들고서는 차
갑고도 유들유들하게 말한다. "이 라이터로 태울 뭐 좋은 거
없을까?"

침착이   그냥 솔직해져. 일치성*이 중요하잖아.

---

* 심리치료에서 일치성이란 치료사가 내담자와의 상호작용에서 느끼는 감정, 생각,
태도 등의 내면적 경험을 외적으로도 그에 일치되게, 즉 진실하게 표현하는 것을 의
미한다. 이는 내담자가 치료사에게 안정감과 신뢰를 느낄 수 있게 하므로 치료의 효
과를 높이는 데 중요하다.

조시 기억합니다. 그 흉내는 당신이 연기한 인물에게 감탄하는 마음에서 한 것임을 알아주셨으면 해요. 사과드립니다. 기분 상하셨다면 당장 삭제하겠습니다. 앞으로는 더 신중하게….

대프니 고작 그런 일로 드라마까지 찍을 거 있나요. 그런 건 나 하나로 충분해요. 사실 난 꽤 재미있게 봤어요. 발성에는 개선의 여지가 좀 있었지만요. 그리고 그 때문에 기분이 나빴다면 내가 당신의 서비스를 받으려고 돈까지 내고 여기 앉아 있지는 않겠죠?

조시 그렇군요.

대프니는 나에게 미소를 지어 보이며 꼬아서 포갠 무릎 위에 두 손을 얹어 깍지를 꼈다. 내가 이 방 안의 유일한 분석 대상이 된 느낌이었다. 방 안에서 느껴지는 대프니의 존재감은 막강했다. 평소에 나에게 익숙한 역학관계가 아니었다.

대프니 내 이름은 대프니예요. 연기의 세계를 벗어났을 때 쓰는 이름이죠. 배우들은 예명으로 활동하는 사람이 많아요. 내 성공이 달라붙어 있는 건 나의 다른 이름이죠. 내가 배우 일을 할 때 의상처럼 입는 이름이랄까요? 이 상황에서는 대프니를 쓰는 게 더 적절한 것 같아요.

조시 그렇네요. 그런데 여기엔 어떻게 오셨나요?

대프니   국제연극제의 일환으로 연극을 감독하고 연기하기
위해 이 도시에 몇 주 동안 머물고 있어요.

조시   멋진 일이군요! 그런데 제 심리치료실에 어떻게 오
시게 됐냐는 질문이었어요. 물론 당신이 맨체스터
에 와 계신 이유를 알게 된 것도 정말 흥미로운 일
이지만요.

대프니는 시선을 내리깔았고 한순간 그의 캐릭터가 무너졌
다. 자기가 완벽하게 외워둔 대사를 까먹었음을 알고 놀란
배우랄까? 대프니는 다시 나를 보며 미소 지었다. 냉정을 되
찾은 것이다.

대프니   맞네요. 미안해요. 나도 모르게 틀에 박힌 소개말
을 늘어놓는 때가 종종 있어요. 내가 여기 온 건 부
정적 감정들에 대한 도움이 필요해서예요. 부정적
인 감정에서 빠져나오지 못하는 일이 자주 있거든
요. 내 친한 친구가 당신이 얘기를 털어놓을 수 있
는 안전한 사람이라고 하더라고요.

탐정   그 친구가 누군지 정말 물어보고 싶다.

침착이   묻지 마. 네가 전문가로서 지켜야 할 성실성을 기억해.

다정이   누군가 널 추천했다니 정말 근사한데?!

조시   개인적 추천보다 더 좋은 칭찬은 없죠.

대프니는 잠시 나를 물끄러미 뜯어보았다. 그러더니 가방에

서 립밤을 꺼내서 조심스레 입술에 발랐다.

대프니 그 부정적 감정들이 내 개인적 추구를 방해해요. 그 감정들을 없애도록 당신이 도와주면 좋겠어요. 내가 성취하고 싶은 모든 일을 그게 막고 있거든요. 시간을 낭비하게 만든다고요. 난 그냥…, 과거를 파헤치고 싶지도 않고 내면을 깊이 들여다보는 일도 하기 싫어요. 그냥 나를 고치는 일에 당신의 도움이 필요할 뿐이에요. 가능하다면 5주 안에요. 그때 연극제가 끝나고 나는 런던으로 돌아가거든요. 아니면 뭐든 당신이 할 수 있는 일을 해줘요.

조시 고친다고요? 자신이 어떤 식으로든 고장 났다고 느낀다는 말 같군요.

대프니 네, 고장 났어요. 매일 새벽 3시 30분에 심장 박동 때문에 잠에서 깨요. 그러면 안 되는 거잖아요. 주치의는 불안 때문이라고 하던데, 내가 자고 있을 땐데 어떻게 불안이 원인일 수 있을까요?

대프니가 말을 멈추고 창밖을 내다봤다. 길 건너에는 다른 사무실 건물들이 있다. 창을 통해 직원실에서 생일 파티를 하는 모습이 보였다. 사무실에서 일하는 사람들이 파티 모자를 쓰고 코끼리 피리를 불어대고 있었다.

대프니 불안해요. 요즘 들어… 많이 힘들어요.

공감이   말하기가 쉽지 않은가 봐.

조시   제게 말씀해주셔서 고맙습니다.

나는 아직도 이 스타 배우가 내 앞에 앉아 있다는 사실이 얼떨떨했다. 약간 멍한 상태였는데, 내 일부는 아무렇지 않은 척 보이려 애쓰고 있던 것도 사실이다. 그렇기는 하지만, 이야기를 나눌수록 대프니의 참조틀 속으로 점점 더 빨려 들어갔다. 이는 내담자의 세계로 들어가 마치 당신이 그 사람인 것처럼, 그들의 경험을 보고 느낄 때 일어나는 현상이다.

분석가   네가 충격 상태인 건 이해가 가지만, 대프니 역시 그냥 사람일 뿐이야. 대프니는 너의 내담자이고, 치료사로서 너를 신뢰하고 너에게 돈을 지불하고 있다고. 계속 대프니의 참조틀로 들어가도록 해.

참조틀

본인이 차곡차곡 쟁여둔 이야기를 풀어놓기 위해 당신 말이 끝나기만을 기다리는 듯한 사람과 대화를 나눠본 적 있는가? 당신의 이야기가 끝나기 무섭게, 즉각 자기 이야기로 화제를 돌리는 사람도 겪어봤을 것이다. "아, 맞아. 나한테도 그런 일이 있었는데 말이야…"라면서 자기 경험에 관한 독백을 늘어놓는 사람 말이다. 듣는 사람이 자기의 답답한 마음을 표현하느라 당신의 감정을 묵살한 적은? "다른 사람들은 더 심한 일도 겪었어." "지금 나 이런 얘기 듣고 있을 필요는 없는 것 같은데." "넌 부정적이어서 항상 사람들의 기분을 망쳐놔!" 자, 이제 당신에게 **참조틀**Frame of Reference을 소개한다. 우리가 세상을 바라볼 때 허공에 둥둥 떠서 틀을 지어주는 신비한 투명 액자 말이다. 내 참조틀의 가장자리에는 가고일(교회 등의 건물에서 홈통 주둥이로 쓰는 괴물 석상―옮긴이)들이 있다.

세상에는 매 순간 수많은 참조틀이 존재한다. 한 78억 개 정도? 지구인 한 명당 하나꼴이다. 상상해보라. 지구 전역에 78억 개의 작은 틀이 둥둥 떠다니는 모습을. 각 틀에는 각자 자기만의 렌즈와 관점이 있으며, 이 틀로는 그 틀이 마주한 방향에서 일어나는 경험들만을 포착할 수 있다. 당신은 78억 개의 관점을 보게 될 것이다. 일부는 아주 비슷하게 보일 것이고, 어떤 틀들은 거의 정반대로 보일 것이다. 말했듯이, 그건 그 틀이 어느 방향을 향하고 있는가에 달려 있다.

우리는 모두 자신의 참조틀을 활용하여 자신의 존재를 맥락화하고 의미를 파악한다. 다시 말해, 자기 입장에서 세상을 바라본다는 얘기다. 치료사가 되기 위해 받는 훈련에서는, 자신의 입장에서 빠져나와 다른 사람의 입장에서 보면 세상이 어떻게 보일지 상상하는 법을 배운다. 그들의 렌즈를 통해 그들이 보고 느끼는 시각은 어떤 것일까? 요컨대 우리 치료사들이 내담자의 입장에서 그들처럼 보고 느끼고, 그렇게 느낀 것을 그들에게 전달하는 것은 그들이 이해받았다고, 우리에게 자신을 보여주었다고 느끼도록 돕기 위해서다.

이는 같은 경험을 공유한 사람들 사이에서 유대감이 쉽게 싹트는 이유다. 참조틀을 공유한다는 건, 그들이 그 경험을 얼마나 어렵게 혹은 신나게 느꼈는지에 대해 공감할 수 있다는 뜻이다. 동지 의식과 함께한다는 의식은 외로움을 덜어줄 수 있다. 개인적으로 나는 과거에 아무것도 못 하게 만드는 불안장애와 끊임없는 해리 상태, 만약의 상황에 대한 무시무시한 상상과 지속적인 가슴 떨림으로 괴로워하던 시절, 그런 나에게 공감해주는 사람이 있을 때 상태가 열 배는 호전되는 것 같았다. 어떤 경험에 관한 것이든, 사람들은 같은 참조틀을 공유할 때 하나가 되는 경우가 많다. 기쁨이든, 분노든, 불안이든, 난관이든, 그저 넷플릭스에서 최근 본 드라마에 대한 열광이든 말이다. 참조틀이 겹칠 때는 유대감을 형성하기가 더 쉬워진다.

인간의 가장 존경스러운 특성 중 하나이자, 내가 생각

하기에 최고조의 감정적 성숙을 보여주는 신호는 자신의 참조틀에서 빠져나와 다른 사람의 참조틀로 세상을 바라보려고 시도할 수 있는 능력이다. '이 일이 그들에게 어떻게 느껴질지 궁금한데?' '이 날짜에 그 사람은 슬퍼할 것 같아.' '이러저러한 이유로 그는 이런 제스처를 고마워할 거야.' '그들의 감정을 상상하기가 어렵지만 그래도 난 상상해보려고 노력하고 있어.' '어쩌면 지금 입 다물고 듣기만 하는 게 좋을지도 몰라. 그게 바로 지금 그에게 필요한 일 같거든.'

자신의 참조틀에서 잘 빠져나올 줄 아는 이들은 다른 사람들에게서 흔히 사려 깊고 공감적이며 신중한 사람으로, 얘기를 잘 들어주는 사람이자 편안하고 푸근한 사람으로 평가받는다. 또한 그들은 '섬세'하거나 '부드러운' 사람으로 칭해지기도 하는데, 이들은 사람들이 자진해서 마음을 열고 속내를 털어놓는 이야기를 듣게 되는 경우도 많다. 이건 하나의 재능이다. 어떤 사람들은 이렇게 자기 틀을 벗어나는 능력을 선천적으로 타고난다. 하지만 그렇지 않은 사람들에게 그건 연습이 필요한 일이다. 만약 당신이 누군가의 개인적인 이야기를 듣고서 다음과 같은 생각을 (더 나쁘게는 말을) 한다면, 당신에게 자기 참조틀을 벗어나는 연습이 필요하다는 뜻으로 여기면 된다. 이를테면 "그럼 나는 어떨

것 같아?" "그 말을 듣는 내 기분은 어떨 거 같아?" "네 얘기 때문에 내 기분까지 아주 불편해졌어."

솔직히 말하면 나에게도 자신의 참조틀에서 벗어나는 기술이 자연스럽게 생기지는 않았다. 과거의 내가 말도 못하게 이기적이었다는 말은 아니지만, 수월하게 다른 사람의 관점으로 상황을 바라볼 수 있기까지는 엄청난 양의 자기계발과 훈련 그리고 한마디로 성숙의 과정이 필요했다. 세상이 내 참조틀에 맞춰주지 않을 때 내가 얼마나 신경질적이었는지 돌이켜보면 부끄러움에 온몸이 움츠러든다. 하지만 그건 다 성장하는 과정의 일부다. 다른 사람의 입장에서 생각할 줄 아는 사람을 만날 때마다 나는 그저 친구 사이로라도 그들과 계속 관계를 유지하려 노력한다. 굳건한 관계는 감정이입을 통해 혹은 감정이입하려는 노력을 통해 형성된다. 나는 나의 모든 내담자에게 이러한 감정이입을 전달하려 노력한다. 우리가 맺고 있는 많은 관계에 감정이입이 결여된 경우가 많기 때문이다. 훌륭한 치료사들은 모두 그렇게 한다. 당신이 심리치료를 받고 있거나 받아볼까 하고 생각 중이라면, 당신의 치료사가 그들의 개인적 참조틀을 벗어 던지려 대기하고 있다는 것만 알면 된다. 그들은 당신과 함께 당신의 참조틀로 뛰어들 준비를 하고 있다. 당신을 위해서.

대프니는 자기 직업이 주는 압박에 관해 이야기했다. 끊임없는 미디어의 집중적 관심, 더 큰 성공을 향한 노력, 하루에 16시간씩 일하고 세계 곳곳을 돌아다니는 데서 오는 기진맥진함. 그런 삶이 멋지게 들릴 수도 있겠지만, 내게는 대프니가 안정과 차분함, 집이 주는 편안함을 갈망한다는 게 느껴졌다. 대프니는 십 대 자녀 둘이 있었는데, 그 아이들을 몹시 그리워했다. 나는 20분 동안 대프니의 세계에 몰입했다. 어깨와 가슴이 딱딱하게 굳어지는 느낌이 들었다. 대프니가 받고 있는 압박을 느끼기 시작하면서 나도 모르게 그의 신체 언어를 거울처럼 반영하고 있었기 때문이다. 정신역동 전문가들이 '전이'라 부르는 과정이다.

대프니 내가 느끼는 압박은 그런 게 다가 아니긴 한데….
대프니는 침울해 보였고, 일이 주는 압박에 관해 설명하던 활기찬 페르소나는 스르륵 사라졌다. 자기 무릎만 빤히 쳐다보고 있었다. 곧게 앉아 있던 자세는 살짝 무너졌고, 손가락에 낀 반지들을 초조하게 만지작거리기 시작했다.

대프니 일의 압박보다 훨씬 심해요. 맙소사, 이 모든 걸 다 말하면 너무 많은 게 드러날 텐데….

조시 물론 그럴 수 있습니다. 제게는 그게 심리치료가 주는 경이로움의 일부예요. 소리내어 말을 하면 별안간 걱정의 맥락이 파악되거든요.

대프니 치료가 제대로 이뤄지려면 내가 당신에게 모든 걸 말해야 하는 거예요? 나를 고치려면, 그러니까 내가 도움을 받으려면 꼭 필요한 일이에요?

구원이 당신이 더 많이 말해줄수록 내가 당신을 더 도울 수 있다고요!

분석가 말도 안 되는 소리야. 네가 받은 훈련을 기억해봐.

조시 저는 말하기 어려운 일들을 이야기하는 것이 큰 힘을 지니고 있다고 믿고 있습니다. 특히 안전한 공간에서 신뢰하는 사람에게 얘기할 때는 더욱 그렇죠. 그렇기는 하지만, 본인이 말할 준비가 안 되었다고 느끼는 일을 말하는 데는 아무런 이점도 없다고 생각해요. 확실한 건 제가 그런 면에서 당신을 압박할 일은 없으리란 겁니다.

대프니 내가 당신을 신뢰하는 이유는 단지 아보세데이가 당신을 신뢰했기 때문이에요.

탐정 아보세데이였어! 네 예전 내담자잖아. 대프니와 친구 사이라는 건 비밀로 했군. 사건 종결!

대프니 지금 내 자아감이 엉망이에요. 하…, 이 말이 무슨 뜻인지조차 잘 모르겠네요.

조시 흠, 당신이 누구인지 확실히 안다고 말할 수 있습니까?

100

대프니   난 내가 재능 있는 연기자라는 걸 알아요. 우리 집 엔 그 사실을 증명할 수 있는 상패가 충분히 많거 든요. 그런데 밤에 자려고 누우면 내가 이 몸과 마음을 일시적으로 나를 담는 그릇으로 빌려 쓰고 있 다는 느낌이 들어요. 내 몸은 내가 낮 동안 줄을 움직여 조종하는 거대한 꼭두각시 인형 같고요.

공감이   자기 존재로부터 단절되었군. 혼자 있을 땐 자신의 진짜 자아를 느끼는 거고.

분석가   강력한 단절의 언어로군.

조시   외로우시겠군요, 대프니. 저는 꼭두각시극을 상상 할 때면, 무대 위 꼭두각시 인형들을 즐겁게 보고 있는 관객들이 떠올라요. 하지만 그들이 극을 즐기 려면 의심을 유보하는 대가를 치러야 하죠. 모두 그 연기 뒤에 존재하는 인형 조종가는 잊어버려요. 일단 극이 시작되면 아무도 인형을 움직이는 사람 에 대해서는 신경 쓰지 않죠.

대프니   그래요. 난….

대프니가 시선을 창밖으로 옮겼다. 우리는 건너편 사무실에 서 거대한 케이크가 들어오고 모두 요란하게 환호하는 모습 을 바라보았다.

조시   미안해요. 창문을 닫을게요. 하지만 그러면 이 안

101

이 많이 더워지기는 할 거예요.

대프니 파티가 즐거워 보여요.

나는 아무 말도 하지 않았다. 대프니는 계속 말하면서도 길 건너의 축하 장면에서 시선을 거두지 않았다. 대프니는 슬퍼 보였다.

대프니 예전에 출연한 영화에서 전쟁에 나갔다가 귀향하는 군인을 연기했었는데요….

트리거 우와! 〈백기는 없다〉 말하는 거잖아! 훌륭한 영화지. 너 아직도 그 DVD 갖고 있잖아.

엉뚱이 그런데 지금 그 주인공이 네 사무실에 있는 거야, 조시! 자식, 성공했네! 그런데 대프니는 피부도 끝내준다.

비평가 입 좀 다물어!

대프니 전장에서 돌아와 집에 도착하니 그 사람을 기다리는 건 오직 사랑뿐이었어요. 사이가 몹시 안 좋았던 오빠조차 돌아온 그를 보고 눈물을 흘렸죠. 난 그 영화에 출연한 게 정말 좋았어요. 미술팀, 배우들, 심지어 감독까지 모두 정말 좋은 사람들이었어요. 비평가들과 IMDb(미국의 영화 정보 모음 사이트―옮긴이)는 혹평했지만, 나에게는 정말 의미 있는 영화였어요.

조시 그 영화에는 당신에게 소중한 요소들이 있었던 모양이군요?

대프니가 나를 쳐다보았다.

대프니   그 영화 봤어요?

불안이   또 그러시네.

조시   네, 봤습니다.

대프니는 다시 건너 사무실 파티로 눈을 돌렸다. 한순간 냉담함의 파도가 대프니를 덮쳤다. 마치 해리되거나 자기가 어디에 있는지 잊어버린 사람처럼. 거대한 케이크 위 촛불을 불어 끄는 쾌활한 중년 여성을 쳐다보고 있는 것 같았다.

대프니   난….

대프니가 말을 더듬기 시작했다. 뺨과 턱이 떨렸다. 그러나 이번에도 다시 평정을 되찾았다. 감정을 추스르는 능력이 탁월했다.

대프니   봤죠? 지금도, 나를 고치겠다고 여기 앉아 있는 지금조차, 저 파티를 쳐다보는 것만으로도 끔찍하게 침울해지네요. 왜 나한테 이런 일이 일어나는 걸까요? 나한테 무슨 알약 같은 거 처방해줄 수 없어요? 이건 기업 고객들과 하는 에이전트 회의보다 더 끔찍하네요.

조시   저는 심리치료사입니다. 진단하고 약을 처방할 수 있는 건 정신과 의사들이고요.

대프니 차이가 있나요?

엉뚱이 암요. 심리치료사들한테는 인격이란 게 있죠.

조시 네, 정신과 의사는 수년간 심리학뿐 아니라 약의 효과에 대해서도 공부하고 훈련받죠. 심리치료사는 이야기를 듣고 심리치유 양식들을 적용하도록 훈련받고요. 우리 다시 효과 빠른 해결책 얘기로 돌아왔네요?

대프니 그런 해결책이 있다면 더 바랄 게 없죠. 그렇다면 당신은 어떻게 나를 고칠 건가요?

조시 다시 말씀드리지만, 전 당신이 고장 났다고 생각하지 않아요, 대프니.

나는 다시 입바른 설교를 늘어놓으려 자세를 더 바르게 세워 앉았다.

조시 당신이 이 치료 작업을 계속할 생각이시라면, 여기서는 우선 당신이 문제라고 느끼는 것이 무엇인지 알아낼 거예요. 저는 불안 전문가니까, 제 모든 지식을 동원해 제가 할 수 있는 모든 방식으로 당신을 도울 겁니다. 하지만 금이 간 벽에 벽지를 발라 대충 가리는 식으로 일하지는 않습니다. 불안이 존재하는 것은 도움이 안 되는 개인적 믿음 체계 때문일 수도 있다고 생각해요. 스트레스나 삶의 큰

변화 때문에 불안이 생길 수도 있고, 우리에게 상
처를 입힌 과거의 일들 때문에도 생길 수 있어요.
그게 어떤 일들인지는 당신이 도와주셔야만 알 수
있고요.

대프니는 다시 나를 뜯어봤다. 마치 자신이 나를 분석하는
사람인 양. 그러고는 생각해본 결과가 마음에 들었는지 조
용히 긴장을 풀었다. 그러더니 갑자기 예기치 못한 진실 폭
탄을 내 앞에 떨어뜨렸다.

대프니　　내 어머니가… 나를 미워해요, 빌어먹을….

생리　어우, 나 충격 먹었어.

대프니는 꼬고 있던 다리를 풀고는 기진맥진한 듯 소파 위
에서 늘어져버렸다. 두 손은 손바닥을 위로 향한 채 양옆에
놓여 있었다. 40분 동안 배우의 환상을 유지하고 있었는데,
갑자기 무너져버린 것이다. 나조차 깜짝 놀랐다.

조시　　그렇군요. 왜 그렇게 생각하시죠?

대프니　　그건 너무나 명백해요. 그 팔십 대 노친네는 머리에
　　　　　총을 갖다 대도 나를 보고 미소 짓지 못할 거예요.
　　　　　차라리 그 총이 발사되기를 기도할걸요. 그러면 다
　　　　　시는 나랑 말을 섞지 않아도 될 테니까. 내 어머니
　　　　　에 관해 이런 식으로 말하는 게 끔찍한 일인가요?

조시　　여기서 저는 아무 판단도 하지 않습니다. 제가 할

일은 당신의 얘기를 듣고 당신의 감정을 따라가는 거예요. 아무튼 어머니에게 분노를 느끼고 계시군요. 그 이유를 말씀해주실 수 있나요?

대프니 정말 끔찍한 사람이에요. 지구 위를 걸어 다니는 모든 여자 중에 가장 속물 같은 여자. 믿을 수 없을 정도로 비판적이고요. 어쨌거나 나에 대해서는 냉소적이에요. 내 남동생들한테는 완전히 다르지만요. 고추 달고 나오면 무조건적인 사랑이죠. 하지만 그 여자가 자궁에서 나를 떨군 이후로 내 성기는 영원한 감시의 명분이었어요.

대프니의 두 눈은 마치 보이지 않는 뭔가가 바닥을 잽싸게 가로지르고 있는 것처럼 정신없이 바닥을 훑었다.

대프니 솔직히 그 여자는 '자식을 통해 대리만족하는 인생에서 성공하는 비결'이란 책을 써야 해요. 그 방면엔 전문가니까. 아니, 천재죠.

직관 넌 지금 입 다물고 있어야겠다. 대프니가 마음껏 말할 수 있게.

대프니 내가 평생 어떻게 참고 살아왔는지 정말이지 모르겠어요. 54년 동안이나! 아니지, 내가 어렸을 때는 달랐어요. 하지만 내가 사춘기가 되자마자 모든 게 달라졌죠. 그때부터 난 그 여자의 영원한 경멸의 대상이 되었고, 사회적으로 '받아들여질' 만한 틀에 욱여넣어야 하는 일종의 프로젝트가 되었어요.

대프니의 얼굴은 분노로 타올랐다. 건너편 파티는 조용해졌고, 대프니는 놓쳐버린 평정의 분위기를 되찾으려 시도했다. 하지만 이미 너무 늦었다. 눈에는 눈물이 글썽였지만, 한 방울도 떨어지지는 않았다.

대프니 왜 나를 미워하는 걸까요? 미안해요. 약한 모습 보이는 거 정말 싫어하는데…. 내가 고장났다고 말했잖아요. 왜 당신한테 이런 얘길 하고 있는지 모르겠네요. 난 그냥 쿵쾅거리는 심장 때문에 그저 깨지 않고 푹 자고 싶을 뿐이에요. 그냥 밖에 나가 친구들과 즐겁게 식사하고 싶을 뿐인데….

다정이 성공했음에도 대프니는 풀어야 할 응어리가 많구나. 너무 많은 압박과 분노와 슬픔에 짓눌려 있어.

조시 반대로 저는 당신이 제게 보여주시는 모습이 이 상담에 유익하다고 생각해요. 우리의 치료적 관계를 위해서요. 고마워요.

대프니 당신이 내게 고마울 건 뭐예요?

조시 여기서 당신이 말씀하신 건, 사람들이 보통 비판으로부터 자신을 보호하려고 마음속 깊이 감춰두는 것이니까요. 당신은 저를 잘 모르는데도 감추고 있던 당신의 일면을 제게 보여주겠다고 결정하신 거예요. 그건 드문 일이자 헤아릴 수 없이 귀한 일이죠. 그게 정확히 심리치료실에서 일어나야 하는 일이기도 하고요. 당신이 제게 보여주신 믿음은 추천 때문이라는 걸 알지만, 그래도 감사한 마음은 마찬가지예요.

대프니 고마운 건 나예요. 내가 내 어머니를 욕하며 칭얼대는 망나니처럼 느껴지기는 하지만요. 세상에, 난 벌써 심리치료의 클리셰가 돼버렸네요!

조시 (싱긋 웃으며) 그런지도요.

대프니도 씨익 웃었고, 긴장을 푼 것 같았다.

조시 친구들과 외출하고 싶다고 하셨는데, 그건 무슨 얘기죠?

대프니 사실 나는 사적인 삶에서 사교적인 모든 일에 질식할 듯한 불안을 느끼거든요.

조시 사적인 삶이요?

대프니 인터뷰 자리에 나가거나 카메라 앞에 서거나 하면 난 자동적으로 거침없이 말하고 행동할 수 있어요. 하지만 사적인 삶에서는 문제가 있는 것 같아요. 아주 가볍게 표현하자면 그래요. 그게 당신을 만나러 온 이유 중 하나이기도 해요.

조시 일할 때의 당신과 일 밖의 당신 사이에 큰 차이가 있군요?

대프니 (망설임 없이) 그래요.

조시 사적인 삶에서 사람들을 상대하실 때는 어떤 일이 일어나나요? 거의 서로 다른 두 페르소나가 있는 것처럼 들리는데요.

대프니 그냥 얼어붙어서 생각만 과도하게 하는 거 같아요. 친구들과 있을 때도요. 가족과 있을 때도 대부분 그렇고요. 모든 게 덜 자동적이 된달까? 더 불확실해진달까? 갑자기 사람들이 하는 생각을 극도로 예민하게 의식하는 것 같아요. 그냥 정적 속에서 혼자 있고만 싶어져요. 미친 거예요. 고장나고 미친 거….

나는 잠자코 듣고만 있었다.

대프니 오늘 아침만 해도 그래요. 우리 가족이, 어머니까지 포함해서 다음 주에 여기 오기로 되어 있어요. 그냥 그 일을 생각만 해도 속이 뒤집어지고 심장이 불규칙적으로 뛰기 시작해요. 정말 어이가 없죠. 난 나름 내 분야에서 성공한 50대 여자인데 말이에요. 정말 말도 안 돼….

대프니는 몸을 앞으로 기울이고는 두 팔로 배를 단단히 감싸안아 자기 보호적인 자세를 취했다.

대프니   하지만 꼭 어머니만 문제인 것도 아니에요. 정말이
지 그런 일은 아무 데서나 일어나요. 에이전트와
식사를 할 때도, 사촌이나 친구들 집에 갈 때도, 이
불안은 항상 따라다녀요. 사람들은 항상 내가 자신
감 넘치는 사람이기를 기대하죠. 나는 돈도 많고,
운 좋게 예술적 재능도 있고, 심지어 라틴어도 읽
을 줄 아니까요. 하지만 일반적 서사의 흐름을 거
부하는 여주인공을 연기해야 하는 자리가 아니면,
나는 어디서나 무너지고 말아요. 그냥 무너진다고
요. 맙소사, 나 또 칭얼대고 있네요. 미안해요.

다정이   당신은 한심하지 않아요.

분석가   대프니가 계속 치료를 받기로 한다면, 우리 앞으로 이 믿
음들을 꼭 검토해봐야겠어.

대프니는 가방의 지퍼를 잠그며 나갈 준비를 했다. 나는 빨
리 뭔가를 말해야만 한다는 느낌이 들었다.

조시   당신은 한심하지 않아요. 저는 자신의 취약성을 보
여주는 것도 일종의 용기라고 믿어요. 안타깝게도
자주 박수 받는 일은 아니라 해도 말입니다.

대프니   당신은 내 영화를 좋아하니까 그렇게 말하는 거겠
죠. 내가 배우이기 때문에요. 나는 내가 아닌 존재

인 척할 때만 칭찬을 받아요.

탐정 훌륭한 자기관찰이군.

직관 아까 했던 이야기를 다시 꺼내봐.

조시 제가 언제 당신 영화를 좋아한다고 말했죠?

대프니는 당황한 듯했다.

대프니 당신이 나를 흉내 낸 그 끔찍한 영상을 온라인에 게
시한 건 내 탐정 연기에 감탄해서라고 말했잖아요.

조시 그랬죠. 하지만 영화는…. 뭐, 좋습니다. 하지만 당
신의 연기는 정말 대단했어요.

대프니 당신이 내 연기를 평가할 정도로 높은 안목을 갖고
있나요?

조시 절대 아니죠. 또한 당신이 여기서 연기하는 것도
바라지 않습니다.

대프니는 이제는 텅 비어버린 사무실로 다시 눈길을 돌렸
다. 점심시간의 파티는 끝나고 사람들은 가버렸지만 생일
축하 장식은 아직 창에 그대로 달려 있었다.

대프니 나는 상처 입기 쉬운 취약한 모습을 내보이는 게
쉽지 않아요.

탐정 흥미롭군. 대프니는 현대 영화에서 가장 절절한 감정을 드
러내는 장면들을 연기한 배우인데 말야.

침착이 이쯤에서 개인적 의견을 말해보는 게 좋을 수도 있겠어.

불안이 무섭긴 하지만 해볼게.

조시 이런 얘기 꺼내는 거 용서하세요. 제가 당신 작품을 상당히 많이 봤다는 거 알고 계시죠? 제 관점에서 보면, 당신은 스크린에서도 무대에서도 취약성을 강렬하게 표현해오셨어요.

나는 말을 멈췄다. 대프니가 기대에 찬 눈빛을 내게서 떼지 않았다.

조시 제 의문은 이거예요. 외부자의 눈으로 볼 때 취약성을 보여주는 일을 그렇게 끝내주게 잘하시면서, 어떻게 그걸 어려워한다는 건가요?

대프니의 눈은 여전히 나를 빤히 바라보고 있었지만, 머릿속으로 그 질문에 대해 곰곰이 생각하고 있다는 걸 알 수 있었다. 그때, 대프니의 눈을 감싸고 있는 그 소금기 어린 빙하에 살짝 금이 가기 시작했다. 하지만 여전히 눈물은 없었다. 아직은.

대프니 취약성은 자신의 것이 아닐 때는 보여주기 쉬워요. 그게… 내가 아닐 때는요.

나는 다음 주 약속 일정을 잡은 뒤 대프니를 문밖으로 안내했다. 그리고 자리에 앉아 천천히 숨을 고르고 근육의 긴장을 풀었다. 향에 불을 붙이고 현재에 녹아들려 애썼지만, 쉽지 않았다.

다정이 넌 잘 이끌어갔어. 매일 이런 일이 일어나는 건 아니잖아.

비평가 대프니를 도와줄 수 있는 더 훌륭한 치료사가 차고 넘쳐. 넌 대프니를 찬양하는 일에만 너무 정신이 팔려 있잖아. 멍청아.

다정이 이번은 인정해주자. 잘 해냈어.

엉뚱이 이 라이터로 태울 만한 좋은 거 뭐 없어?

# #
리바이 2

불안이 이 사람, 왜 이리 나를 노려보는 거야?

리바이는 내 맞은편 소파에 앉아 문신으로 가득한 손가락 관절을 우둑우둑 꺾고 있었다. 내가 뭔가 말하기를 기다리고 있는 듯했다. 그래도 그가 이번에는 사무실 안을 돌아다니지 않고 바로 자리에 앉아서 마음이 놓였다. 우리의 지난 세션은 감정의 소용돌이였지만, 리바이가 이번 상담에도 와주었다는 게 나는 고마웠다. 뭔가 제대로 풀리긴 한 모양이다.

지난 세션은 대부분 리바이가 울 수 있는 공간을 만드는 데 쓰였다. 그는 약 20분 동안 카타르시스가 느껴질 정도로 흐느껴 울었다. 그런 다음 그는 자기 뇌가 "뭐에 씐" 것 같다고 말했고, 나는 부드럽게 이의를 표했다. 오늘은 리바이의

114

새 문신이 드러났다. 약간 부은 부분이 있기는 했지만 거의 다 아문 상태였다. 나는 우리 사이에 침묵이 자연스럽게 자리 잡도록 기다렸고, 리바이는 초조한 듯 나를 계속 노려봤다. 거의 코믹한 느낌까지 들었다. 그가 마치 내가 무슨 마술을 마무리하기를 기다리는 것 같았기 때문이다. 결국 내가 지고 먼저 침묵을 깼다.

조시   어떻게 지내셨나요, 리바이?

리바이   뭐가 어떠냐는 겁니까?

조시   지난 한 주 어떻게 지내셨냐고요.

리바이   다른 주들이나 매한가지죠. 이번 주말은 시내가 조용해서 밤이 더 길었어요. 동료 레이가 맹장염으로 병원에 실려가는 바람에 하루는 일손이 부족했고요. 다행히 옛 동료 맨디가 도와주러 왔지만요.

조시   레이는 괜찮아요?

리바이   예, 녀석한테서 그나마 제일 호감 가는 부위가 제거된 거 아닐까 걱정되긴 하지만.

조시   맹장이요?

리바이   그래요. 농담이잖아요. 치료사들은 농담도 이해 못해요? 혹시 당신들 티슈를 준비해놓고 감정 얘기만 할 줄 아는 거예요?

조시   (큭큭 웃으며) 예, 예, 알겠습니다.

분석가 지난 세션 얘기를 해보는 것이 좋겠어. 깊이 들여다봐야 할

중요한 순간들이 좀 있었잖아.

리바이는 계속 나를 빤히 쳐다보고 있었다. 어젯밤 자기가

벌인 부끄러운 장난에 관해 막 얘기를 꺼내려는 친구를 보

는 것 같은 눈빛이었다. 경계하는 눈빛. 체면을 구길까 두려

워하는 눈빛.

조시 지난 세션에서 뭔가에 '씌었다'라고 말씀하셨던 기

억이 나는데, 오늘 그 이야기를 더 해봐도 될까요?

당신이 결정할 일이지만요.

리바이 뭐에 씐 게 맞아요.

엉뚱이 이거 뭔 소리야? 굉장한 얘기겠는걸?

탐정 노트패드 좀 가져와야겠군.

조시 왜 그렇게 생각하세요?

리바이 내 뇌가 내가 보지 말아야 할 것들을 보여줘요. 내

가 생각도 하지 말아야 할 것들을. 사피아 말로는

그건 악령이 하는 짓이래요.

나는 그가 말을 이어가도록 격려하려 고개를 끄덕였다.

리바이 사피아는 내 아내예요. 결혼한 지 12년 됐죠.

공감이 악령 들린 나이트클럽 경비원과 부부로 사는 건 어떤 느낌

일지 궁금하네.

다정이 속내를 터놓는 이 사람한테 연민을 좀 가져봐.

116

비평가 당신이 심리치료에 가져온 주제가 '정상'이라고 생각하는
거야?

조시 사피아도 당신이 악령에 씌었다고 생각하는군요?

리바이 제일 먼저 눈치챈 사람이 아내였어요. 그 사람은
아무것도 안 놓치거든요. 난 아내를 믿어요. 아내
는 모든 과정에서 함께해줬어요. 그 뭐더라… 퇴마
의식할 때요.

불안이 이건 우리로선 도저히 알 수 없는 얘기 같은데….

조시 알겠어요. 그런데 집에서 어떻게 악령을 퇴치하는
건가요?

리바이 우리 집에서? 나 놀리는 거예요?

생리 요즘은 분당 120회가 정상 심박수인가?

조시 아니에요. 미안해요. 그냥 우리 둘 다 그 상황을 평
범한 일처럼 다룰 수 있게 하려는 거예요. 저도 상
담하면서 악령에 씐 사람 얘기를 자주 들어본 건
아니라서요. 그저 저에게 그 얘기를 해도 완전히
괜찮다는 것만 알아주세요.

리바이는 내 설명을 받아들인 것 같았다. 그건 내 솔직한 심
정이었다.

리바이 우린 나한테 있는 악령을 떼어내기 위해 몇 가지
시도를 했어요. 우리가 할 수 있는 최선은 그놈의

접근을 차단하는 거였죠. 그러면 나도 좀 마음의
평화를 찾을 수 있었고요.

조시　그 일에 관한 감정에 대처해나가시고 있다는 게 고
무적이네요.

리바이　당신은 나한테 악령이 씌었다는 말 안 믿네요?

조시　전 이야기를 더 들어보고, 악령에 씌었다는 기분이
어떤 것인지 이해하고 싶은 거예요.

리바이　내가 다른 데 정신이 팔려있을 때를 제외하고는 악
령이 내 뇌를 지배하고 있어요. 사피아와 우리 의
사 덕분에 그놈이 밤에 나를 해치는 걸 그럭저럭
막아낼 수 있었어요.

도망이　그 일을 담당하는 의사가 있다니 듣던 중 반가운 소리군.

조시　좋아요. 악령이 당신 뇌를 지배하고 있다고 생각하
는 이유를 묻기 전에, 먼저 그걸 막아내기 위해 하
고 계신 일이 뭔지 여쭤봐도 될까요?

리바이는 마치 이제 자기가 설명해줄 차례인 것처럼 자리에
서 일어났다.

리바이　보면 알아요. 일단 돌아설게요.

리바이는 셔츠를 끌어 올려 내게 자기 등을 보여주었다. 마
치 그가 느린 동작으로 움직인 것 같았는데, 아마도 다음 순
간 닥쳐온 충격 때문이었던 것 같다.

118

리바이의 등은 살갗이 벗겨진 부분과 군은살들로 마치 상처들의 전쟁터를 방불케 했고, 물집과 딱지와 빨갛게 벗겨진 부분이 등을 뒤덮고 있었다. 흉터 위에 또 흉터가 생겼고, 등 중간에 살갗이 벗겨진 부분은 고동치듯 벌떡거렸다. 학대당한 살갗에 움푹 팬 골들에는 마른 피가 엉겨 있었다. 빨간색과 분홍색, 여러 색깔의 멍들로 등이 콜라주처럼 보였다.

불안이 엄청 많잖아.

생리 미안하지만 네 배 속의 내용물, 지금 우리한텐 아무 쓸모 없거든.

도망이 너 여기서 나가야 할 거 같아!

직관 아직은 나가지 마.

불안이 무슨 말이든 좀 해.

조시 리바이, 당신의 등 흉터가 심각합니다. 어쩌다 이렇게 된 겁니까?

탐정 넌 어째서 이렇게 되었는지 알고 있지만, 그래도 확인해보는 건 좋지.

나는 가까스로 속을 가라앉히고 구토가 올라오지 않도록 배에 단단히 힘을 주었다.

리바이 그렇죠? 이 상처가 악령을 밀어내는 데 따르는 유일한 단점이에요. 매일 밤 난 의식을 치러요. 10분간 악령을 몰아내죠. 그러면 잠을 좀 잘 수 있어요.

다정이 안쓰럽네.

어떤 치료사에게나, 자신이 받은 훈련과 자신의 지식과 능력의 한계를 의심할 수밖에 없는 때가 찾아온다. 리바이와의 이 세션은 빠른 속도로 그때를 향해 다가가고 있었다.

분석가 리바이에게 더 전문화된 서비스를 소개하는 걸 고려해봐야 할 것 같아.

다정이 이 사람은 개입이 필요한 심각한 심리적 결핍이 있어. 다른 전문가를 소개해주는 것도 수치스러운 일은 아니야.

도망이 우리가 이런 일을 하려고 이 직업을 택한 건 아니잖아. 우린 티슈와 감정이면 충분해.

리바이는 다시 앉더니 미소를 지었다. 등의 상처를 내게 보여주고 나니 어쩐지 안도감이 드는 모양이었다.

직관 진정해. 어떻게 될지 두고 보자.

조시 그 의식이란 게 뭔가요? 머릿속에 원치 않는 이미지들이 떠오르는 걸 막으려고 스스로 몸에 상처를 입히시고 있는 거예요?

리바이 뭐라고요?

조시 그게… 악령을 저지해준다고 믿고서 자기태형을 가하시는 거냐고요?

리바이 자기 뭐요? 알아듣게 좀 얘기해봐요.

자기태형

자기태형Self-flagellation은 특정한 의례적 도구, 대개는 채찍이나 몽둥이로 자기 몸에 고통을 가하는 행위다. 뾰족한 가시들이 달린 채찍으로 있는 힘껏 자기 어깨 너머로 채찍질을 하는 사람을 상상해보시라. 그러면 등에 상처가 날 수밖에 없다. 자기태형은 과격한 종교적 수행과 연관이 있으며 영적 단련 수단으로 여겨지기도 한다. 참회의 일종인 종교적 행위로 행해지는 경우도 많다. 치료사인 나에게 이는 자해로밖에 보이지 않는다.

리바이   내 생각 때문에…, 난 참회해야 해요. 내가 그 악령을 공격할 때면 그 생각이 잠시 사라지거든요. 내가 악령에 씌었다는 증거가 바로 이겁니다. 당신이 내 말 안 믿는다는 건 알지만, 그건 분명해요.

탐정   여기서 사피아가 영향을 미치고 있는 건가?

조시   그 생각들이 어떤 건가요? 무엇 때문에 그게 그렇게 나쁜 생각이라고 믿으시는 거죠?

리바이가 내 눈을 빤히 쳐다보는데 그의 관자놀이에서 혈관이 불룩불룩 움직였다. 나는 초조하기도 했지만, 개인적 호기심과 직업적 호기심이 두려움을 이겼다.

리바이   말할 수 없어요.

조시   여기는 안전해요. 제게 기밀유지의 의무가 있다는 거 기억하시죠?

리바이   아니오. 당신은 특정한 사안들에 대해서는 경찰에 신고할 의무도 있어요. 우리 보안 요원들도 눈감고 넘어갈 수 없는 일들이 있는 터라 내가 잘 알아요.

조시   생각하는 건 범죄가 아니에요. 아무리 끔찍하게 여겨지는 생각이라고 해도요.

리바이   이 생각들은… 범죄예요.

리바이의 눈에 눈물이 차오르기 시작했다. 그는 최근에 한 문신을 문질렀다. 내게는 그가 부드럽게 자신을 달래고 있는 것처럼 보였다.

구원이   자. 용기를 내, 리바이. 당신은 말할 수 있어.

긴 침묵이 흘렀다. 그동안 리바이는 자신을 진정시켰다.

리바이   악령이 이 이미지들로 나를 고문해요. 무슨 이미지냐면… 너무 많아서 다 말할 수 없어요.

나는 계속 침묵을 지켰다. 귀를 쫑긋 세운 채. 1분이 지나고 그가 다시 입을 열었다.

리바이   내가 이 말을 하기 전에, 당신은 이런 생각을 하고 싶어 하는 건 내가 아니란 걸 꼭 알아야 돼요. 그 악령 짓이지. 악령이 무언가에 대해 내게 벌을 내리고 있는 거예요. 내 속죄가 아직 다 끝나지 않은 거요.

조시 알았어요.

리바이 지옥에서나 일어날 파괴적이고 기괴한 장면들이 내 머릿속에 떠올라요. 사랑하는 내 가족을 해치는 일이나, 아이들과의 부적절한 일, 입에 넣으면 안 되는 걸 입에 넣는 것 같은 일, 그런 끔찍하고 잔혹한 생각들요.

분석가 침투하는 생각인가?

조시 오케이.

리바이 '오케이'라니 무슨 뜻이에요? 지금 내가 아이들에 대해 끔찍한 생각을 한다고 말했는데, 그게 괜찮다는 겁니까?

그의 팔이 자동적으로, 마치 자신을 공격하려는 듯 위로 올라갔다. 리바이는 자기가 무슨 짓을 하고 있는지 깨닫자 동작을 멈췄다.

조시 당신이 겪는 고통이 괜찮다는 건 아니에요. 그저 당신이 겪는 일은 보통 '침투하는 생각'이라고 일컫는 현상이라는 것을 알았기 때문에 한 말이에요.

그걸 침투한다고 말하는 이유는 분명 당신이 경험
하고 싶지 않은 생각들이기 때문이죠.

리바이는 손가락 관절을 내려다보고 있었는데, 방금 내가
한 말을 곰곰이 생각하는 눈치였다.

리바이 그 생각들은 역겨워요. 난 그런 걸 원하지 않아요.
실제로 그런 일이 일어나는 걸 보느니 차라리 내
머리통에 총알을 박는 게 낫지. 그건 내 안에 들어
온 악령이 하는 짓이오. 사피아 말로는 언젠가는
그 생각들이 사라질 거라는데…. 제발 경찰에 신고
하지 마요.

그는 너무나도 연약해 보였고, 죄책감과 자괴감을 느끼고
있었다.

조시 경찰에 신고 안 해요.

나는 잠시 말을 멈추고, 반드시 해야 하는 질문을 하고자 마
음을 다잡았다. 질문하는 내 목소리가 내 귀에도 거의 사과
하는 투로 들렸다.

조시 리바이, 꼭 해야 하는 질문이 있어요. 그 생각들을
행동에 옮기실 건가요? 또는 그 생각을 행동에 옮
기신 적이 있나요?

탐정 그가 조금이라도 인정한다면, 반드시 당국에 신고해야 한
다는 거 알지?

구원이   제발 아니라고 말해요.

리바이의 얼굴은 피가 몰려 벌게졌고, 그가 주먹을 쥐자 손가락 관절들에서 한꺼번에 우두둑하는 소리가 났다. 리바이는 고함을 쳤다.

리바이   난 소아성애자가 아니오!

나는 이 반응에 전혀 놀라지 않았고 그래서 침착을 유지했다. 심리치료실에서 이런 질문을 한 게 처음도 아니고, 마지막도 아닐 것이다.

조시   뭐, 그렇다면 분명해졌네요. 사과할게요. 때때로 이런 질문을 해야만 할 때가 있거든요. 확실히 해두기 위해서는 어쩔 수 없었어요. 대답해주셔서 고맙습니다.

나는 일어나서 화이트보드를 끌고 왔다. 리바이는 어리둥절한 표정을 짓고 있었다.

조시   자, 이제 침투하는 생각에 관해 설명해볼게요.

강박장애

강박장애Obsessive-Compulsive Disorder는 몹시 불편한 불안장애의 한 유형으로, 침투하는 생각과 함께 발생하는 경우가 많으며, 사람들이 크게 오해하는 장애이기도 하다. 안타깝게도 강박장애는 지나치게 깨끗하고 깔끔하며 정리 정돈을 잘하는 사람들을 묘사하는 형용사로 잘못 사용되는 경우가 많다. 책상 정리할 때 대칭 맞추는 걸 좋아한다는 걸 표현할 때, 혹은 모든 DVD를 알파벳 순서대로 꽂아두었다는 이유로 자기를 나무라며 "나 강박장애가 너무 심한가 봐!"라고 말해서는 안 된다. 강박장애는, 특히 치료하지 않았거나 잘못 진단된 강박장애는 살아가는 걸 지독히 어렵게 하는 불안 장애가 될 수 있고, 아무 일도 못 하게 만드는 극심한 걱정과 우울을 초래할 수 있다.

강박장애는 매우 다양한 형태로 나타나므로 정체를 파악하기가 어렵다. 강박장애 때문에 나와 치료 작업을 했던 대부분의 내담자는 침투하는 생각들 때문에 괴로워했다. 침투하는 생각이란, 생각하고 싶지 않은데도 머릿속에 떠오르는, 주로 불미스럽거나 금기시되는 생각이나 이미지다. 충격적이고 역겹고 기괴한 생각인 경우도 많다. 침투하는 생각은 자기도 모르게 떠오르는 달갑지 않은 생각, 당사자를 괴롭히는 생각으로 정의된다. 강박장애가 있는 사람들에게 가장 흔히 침투하는 생각들로는 다음과 같은 것들이 있다.

- **폭력** – 스스로 통제할 수 없는 상태가 되어서 아이들이나 배우자 같은 사랑하는 가족, 모르는 사람 또는 자기 자신을 해치는 일에 관한 생각. '혹시 내가 나를 찌르면 어쩌지?' '혹시 내가 우리 아이를 물에 빠뜨려 죽이면 어쩌지?' '혹시 내가 어머니에게 독을 먹이면 어쩌지?'
- **성행위** – 성적 금기를 행하는 일에 관한 부적절한 생각. 간통뿐만 아니라 평소에 끌리지 않는 성별 또는 가족, 미성년자, 심지어 동물과의 섹스에 관한 생각 등이 포함된다.
- **오염** – 예컨대 병균이나 세균, 독 등 무언가로 자신 또는 타인을 오염시키는 일에 관한 생각.
- **정리** – 특정한 방식으로 일을 처리하거나 정리하지 않으면 뭔가 불길한 일이 나나 내 주변에 일어날 것 같은 생각이나 기분.
- **점검** – 집에 불이 나는 일, 가스레인지 불을 켜둔 일, 일산화탄소 중독, 문을 안 잠그고 외출하는 일 등에 관한 생각. 이런 생각이 떠오르면 과도하고 강박적으로 점검하게 된다.
- **소리, 노래, 영화** – 무작위적인 소리나 단어, 노래, 심지어 영화 장면이 계속 머릿속에서 반복되는 것.

강박장애가 있는 사람들이 스스로 이런 생각을 하려고 선택하는 것이 아님을 이해하는 것이 중요하다. 그들 중에는 매우 지적이고 명석하거나 창의적이고 용감한 사람들도 많다. 이때 일어나는 일은 한마디로 뇌의 위협 반응이 혼란에 빠져 이 생각들이 실제로 일어날 수 있는 위험이라고 잘못 판단하는 것이다. 이 현상은 뇌 스캔 영상에서도 관찰되었다. 개인적으로 나는 강박장애를 심오한 지성의 파생물이라고 본다. 말하자면, 훌륭한 창의력을 지녔지만, 안타깝게도 상상력을 좋은 쪽에만 써야 한다는 규칙을 지키지 못한 정신의 부작용 같은 것이다. 리바이가 경험한 것도 강박장애의 일종이 아닐까 짐작된다.

리바이   그러니까 당신 말은 내 뇌에 조상들의 뇌와 비슷한 부분이 있다는 거예요? 위험을 감지하는 부분이?

조시   예, 맞아요.

리바이   그러면 이 생각들이 악령의 소행이 아니란 거요?

조시   네, 그런 게 아니라고 확신합니다.

리바이는 곰곰이 생각하고 있었지만, 혼란스러워하는 것 같았다.

직관   그가 공감할 만한 비유를 들어봐.

침착이   좋은 생각이네.

조시   나이트클럽에서 심각한 사고가 일어났던 적 있나요? 예를 들면, 싸움을 말려야 했다든가?

리바이는 내가 아이스크림 가게 주인에게 아이스크림을 파느냐고 물어보기라도 한 것처럼 나를 쳐다보았다. 그는 한쪽 눈썹을 치켜 올렸지만, 나는 내 얘기가 먹혀들고 있음을 느낄 수 있었다.

조시   좋아요. 그러면 정말로 힘들었던 한 사건을 꼽아보실 수 있겠어요? 당신과 동료들이 위험에 처했다거나 했던 일 말이에요. 제가 알기론 당신의 직업에는 몹시 위험한 일도 따를 텐데….

리바이   그렇죠, 그런 일이 많이 일어나는 건 아니지만. 우리는 대개 상황을 통제할 수 있고, 시내 다른 곳에서 일하는 경비원들에게 도움을 요청할 수도 있어요. 맞아요, 몇 번은 아주 위험했죠.

그는 천장을 올려다보며 기억 창고를 뒤졌다.

리바이   한번은 그 동네 갱들이 온통 새까만 차를 몰고 와 우리 클럽 앞에 댔어요. 내 동료를 위협하려고 온 거였죠. 그 맹장 수술한 레이요. 그중 한 놈이 클럽 안에서 마약을 팔다가 레이에게 쫓겨난 적이 있었

거든요. 어찌나 건방지던지. 아무튼 이 차가 서더
니 다섯 놈이 커다란 벌목용 칼을 들고 나왔죠.

마치 그 순간을 다시 경험하는 것처럼 리바이의 몸이 팽팽
히 긴장하는 게 보였다.

리바이   우리는 재빨리 무전기로 도움을 요청했죠. 상황을
가라앉혀보려고 놈들을 향해 걸어가던 게 기억나
요. 가슴이 쿵쾅쿵쾅 뛰고 속이 메슥거렸어요. 나
는 사피아와 딸, 동료들을 생각했고, 그날 저녁 죽
지 않기만을 바랐죠.

리바이는 천천히 숨을 내쉬며 기억에서 빠져나왔다.

리바이   그게 좀 아찔했던 일이었어요.

조시   얘기해주셔서 고마워요. 그 일을 다시 경험하느라
당신 몸이 긴장하는 걸 봤어요. 정말 끔찍한 일이
었네요.

리바이는 자기 자세를 내려다봤다. 배는 팽팽해졌고 어깨는
올라갔으며 다리를 흔들고 있었다. 그는 긴장한 것 같았다.

리바이   그렇네요. 내가… 그 기억에 반응했나 봅니다.

조시   바로 그게 위협 반응이에요. 불안이죠. 침투하는
생각을 이해하려면 먼저, 실제 위협만이 실제 위협
처럼 느껴지는 게 아니라는 걸 꼭 기억하셔야 해
요. 위협 반응은 생각이나 기억에도 반응하죠. 그

생각이나 기억이 당신 상상력의 무대에서 중심을 차지하고 있기 때문이에요.

리바이 알겠어요. 하지만 그게 그 생각들하고 무슨 상관이죠? 그리고 그게 악령의 소행이 아니라고 누가 장담할 수 있어요? 내 아내도, 의사도, 목사님도 다 악령 때문이라고 말하는데….

탐정 이 의사란 작자가 대체 누구야?

비평가 우리가 저 사람들하고 얘기 좀 나눠볼 수 있지 않아?

공감이 강박장애와 불안장애에 관해 모르는 사람이라면 너처럼 그 상태를 이해할 거라고 기대할 수 없어. 사람들은 자기가 아는 것을 바탕으로 각자 결론을 내려.

조시 저는 악령이 당신 생각을 사로잡고 있다고 생각하지 않아요. 그리고 전….

불안이 너 정말 그 말 하고 싶은 거 확실해?

직관 말해.

조시 당신 역시 마음속 한구석에서는 그렇게 생각한다고 믿어요. 여기 오신 이유가 뭐겠어요. 제가 심리치료사라는 걸 분명히 당신은 알고 있으시죠. 심리치료사는 퇴마술을 하거나 악령이나 귀신을 쫓는 일은 하지 않아요. 제가 보기엔 지금까지 당신이 해온 일이 도움이 되지 않았고, 그래서 당신은 용기를 내 여기에 도움을 받으러 오신 거예요.

엉뚱이 악령 처단자, 조시!

조시 그 생각들에 대해 당신이 한 말이나 그에 대한 당
신의 반응, 그 자해 행위를….

리바이 난 자해했다고 말하지 않았어요. 말조심해요.

조시 리바이, 당신 등에 난 상처는 심각합니다. 당신이
이런 일을 한 건, 그게 일시적으로나마 그 생각에
서 벗어나게 해주기 때문이었다고 생각해요. 당신
이 지금까지 하신 이야기들을 들어보면 강박장애
처럼 들려요. 당신이 원하신다면 이 문제에 대해
더 깊이 알아보고 싶어요. 전 당신의 그런 생각들
이 얼마나 흔한 것인지, 얼마나 많은 사람이 강박
장애로 힘들어하는지, 그리고 어떻게 그 문제에 대
처하는지 얘기해 드릴 수 있어요.

리바이는 나를 바라보기만 할 뿐 아무 말도 하지 않았다. 그
순간 내게 그는 힘들어하는 한 사람으로만 보였다. 내 참조
틀로 인해 느꼈던 불안들은 다 잊어버리고 말이다. 그는 겁
먹은 것처럼 보였다. 거대한 레슬러의 의상 속에 살고 있는,
겁먹은 한 사람. 이제 나는 더 이상 위협당하는 것처럼 느껴
지지 않았다. 그 의상 속에 숨은 사람이 보였기 때문이다.

리바이 오늘은 일찍 가봐야 해요. 직장에서 회의가 있어

요. 새로운 규정 등에 관해 의논할 게 있어서….

조시   아, 네.

리바이가 자리에서 일어났다. 자기 항공 재킷을 가지러 옷
걸이로 걸어가는 그의 동작에서 온화함이 묻어났다.

조시   다음 주에 더 얘기하고 싶으세요?

리바이 글쎄요.

그가 문을 열고 밖으로 나가려 걸음을 뗐다.

조시   아, 리바이…?

리바이 예?

조시   꼭 의사한테 가보세요.

침착이 적합한 의사를 알려주려는 거야?

조시   일반의 주치의를 찾아가서 등을 치료하세요. 정말
            걱정돼서 그래요.

리바이는 눈을 가늘게 뜨고 나를 쳐다보더니 가버렸다.

내사

심리치료사가 되기 위해 공부할 때 알게 된 개념 가운데 **내사**introjection는 내가 특히 좋아하는 개념이다. 이는 위대한 심리학자 칼 로저스의 이론에서 나오는 개념으로, 우리가 살면서 하는 모든 경험에서 추론하여 흡수한 신념 체계다. 예를 들어, 아이인 내가 학교에서 돌아왔는데 아무도 나를 반겨주지 않고 하루를 어떻게 보냈는지 물어보지 않는다고 해보자. 그러면 부모조차 나에게 관심이 없으니, 나는 스스로 가치 있는 사람이 아니라고 내사할 수 있다. 게다가 상처에 소금을 뿌리려는 것인지, 5분 뒤 형이 돌아오자 부모는 앉아 있던 자리에서 벌떡 일어나 얼마 전 형이 운동 경기에서 메달을 받아온 걸 칭찬한다. 이에 나는 가치란 이기는 것과 성과를 통해서만 얻을 수 있는 것이라고, 혹은 나는 형보다 사랑스럽지 않은 아이라고 내사할 수도 있다. 올A 학점을 받았을 때는 칭찬받았지만, 단 한 과목이라도 B 학점을 받았을 때는 비난받았다고 상상해보라. 우리는 완벽한 결과를 성취했을 때만 가치 있는 존재라고, 우리는 의도가 아니라 결과에 따라 평가받는다고 내사할 것이다. 우리는 어디서나 믿음들을 내사할 수 있고, 그 믿음들을 자신의 믿음 체계의 일부로 흡수할 수 있다. 대부분의 내사는 우리가 어렸을 때 일어나는데, 이는 아직 비판적 해석 능력이, 다시 말해서 "이런 상황은 내가 아니라 그들과 관련된 것일지도 몰라"라고 말할 수 있는 우리의 해석 능력이 아직 완전히 발달하지 않았기 때문이다.

치료사로서 나는 항상 해로운 내사된 믿음을 찾아내려고 한다. TV 드라마에서 치료사들을 표현할 때 흔히 등장하는 장면이 내담자의 어린 시절을 파헤치는 장면인 것도 이런 이유에서다. 아이들은 잘못된 것을 내사할 수 있는데, 이는 안타깝게도 아이들이 자라는 동안 일절 의심받지 않고 기정사실처럼 남는 경우가 많다. 몇 가지 예를 살펴보자.

1. 아이가 할머니 장례식에서 운다. 이는 완전히 자연스럽고 건강한 행동이다. 이때 삼촌이 아이에게 몸을 기울이더니 아이의 어깨에 손을 얹고 이렇게 말한다. "울지 마. 할

머니를 위해 강해져야지." 삼촌을 권위 있는 인물로 존경하는 아이는 이제 울음을 멈추고, 동시에 감정을 숨기는 것이 곧 강함이라는 믿음을 내사한다. 누군가 아는 사람이 세상을 떠났다면 당신은 울어도 된다. 울음이라는 생물학적 기능은 바로 그러기 위해 존재하는 것이다.

2. 어느 여자아이는 주변 사람들이 항상 자신의 외모를 주시하는 분위기에서 자라난다. "체중이 불었네" "너 몸매가 아주 좋구나" "정말 그걸 먹으려고?" 같은 말을 흔히 듣는다. 여기에 미디어에서 보이는 사회적 내사와 비현실적 체형의 미화까지 더해진다. 아이는 자신의 몸을 다른 모든 사람이 괜찮게 여길 때만 자신에게 가치가 생긴다고 내사한다.

3. 자신의 성별과 성 정체성에 의문을 품고 있는 아이가 동성애혐오적이고 성차별적인 욕설을 서슴지 않는 가족들과 친구들에 둘러싸여 자란다. 이 아이는 성 소수자라는 것을, 또는 성별에 대한 의심을 억압해야만 또래들과 잘 어울려 지낼 수 있다는 생각을 내사한다. 또한 그들과 똑같은 선입견까지도 내사할 수 있다.

4. 부모 중 한 사람이 가족을 버리고 떠나서는 돌아오지 않는다. 아이는 그 사람이 자기 때문에 떠난 게 분명하다고 내사하거나, 자신은 사랑이나 관심을 받을 만큼 충분히 좋은 아이가 아니라고 내사한다.

5. 어떤 남자는 여러 명의 여자와 성관계를 가진 일에 대해 또래들에게 칭찬을 듣는다. 그는 여자들과 자는 것을 일종의 성취로 내사한다. 반대로 그만큼 여러 남자와 잠을 자는 여자에게는 성적으로 문란하다라는 꼬리표가 붙는다.

6. 어떤 사람은 자기 종교의 관행 때문에 특정한 것들을 행하거나 생각하는 것이 죄악이라고 내사한다. 그런 일이 일어날 경우 그들은 자신을 나쁜 사람으로 생각한다.

성인인 우리는 우리가 한 내사들의 혼합물이다. 내사는 개인적인 것일 수도 있고, 종교적인 것, 도덕적인 것, 논리적인 것, 또는 직접적인 경험에서 온 내사일 수도 있다. 남들의 기분에 맞추려 하는 사람들이 되는 이유도 내사된 믿음 때문이다. 어쩌면 자존감을 가지려면 다른 사람의 인정이 필요하다고 학습했기 때문일 수도 있고, 학대적 관계에 있었기 때문에 안전을 위해 그렇게 행동해야 한다고 내사했기 때문일 수도 있다. "이 변덕스러운 혹은 감정적으로 까다로운 사람을 만족시킨다면, 내가 상처받을 가능성이 줄어들 거야"라고 믿는 것이다.

대부분의 내사는 도움이 된다는 것을 짚고 넘어가는 것이 좋겠다. 예를 들어, 나는 길을 건널 때 양옆을 잘 살피는 게 중요하다는 것을 항상 기억하고 있다. 그리고 나는 학교에서 친절함과 용서의 중요성을 배웠다. 살인을 해서는 안 되고, 도둑질도 해선 안 된다. 승리를 축하하고 노력을 칭찬하라. 나는 결과가 아닌 의도에 대해 나를 칭찬해준 어머니에게 언제나 감사할 것이다. 그런데 치료사로서 나의 경종을 울리는 것은 그런 긍정적인 내사가 아니다. 내가 눈에 불을 켜고 찾으려 하는 내사는 해로운 내사들, 내담자가 너무 오래 유지해온 믿음이어서 의심의 여지없이 진실이라고 믿어버리는 내사들이다. 나를 포함하여 많은 치료사는 다음과 같은 융의 신념을 지지한다. "당신이 무의식을 의식할 때까지는 그 무의식이 당신의 인생을 이끌어갈 것이고, 당신은 그걸 운명이라 부를 것이다." 나 역시 나의 내사들을 의식적으로 인지하게 된 것이 개인적 성장에서 큰 부분을 차지했다. 내 반응과 행동이 내 믿음과 경험에서 영향받은 것임을 알게 된 것은 눈을 번쩍 뜨게 해준 큰 깨달음의 계기였다.

내사는 우리가 태어나기 전부터 시작될 수도 있다. 아들은 파란색으로 딸은 분홍색으로 성별을 드러내는 것이 대체로 전통에 푹 절여진 내사된 믿음을 생각 없이 반복하는 것이다. 여아에게는 아기 인형과 장난감 유아차를 주고, 남아에게는 액션 피규어와 축구공을 준다. 우는 것은 여자아이가 하는 것이며, 남자아이는 강인해야 한다. 이런 것들은 이전 세대로부터 전해 내려온 내사된 믿음일 수 있다. 다시 말하지만 내사 중에는 긍정적인 것들도 많다. 하지만 나는 내

사라는 개념을 개인적으로도 한 문화 안에서도 전혀 의문을 제기하지 않고 받아들이는 것의 예로 사용한다.

칼 로저스는 내사된 해로운 믿음들이 우리가 몸소 한 경험을 통해 중화되지 않은 채 우리의 신념 체계를 형성하고 있을 때 불안과 우울이 생겨난다고 믿었다. 만약 정신 건강 문제로 힘들어하는 사람이라면, 당신이 자신에 대해 왜 그런 생각을 갖고 있는지, 그 생각들이 어디서 온 것인지 차분히 돌아볼 것을 제안한다. 우리는 모두 내사된 믿음들의 결과물이지만, 만족을 방해하는 믿음들에 도전하느냐 마느냐는 우리에게 달린 일이다.

# #
자흐라 2

10분 후면 자흐라가 두 번째 세션을 위해 도착하기로 되어
있었다.

직관 건물 앞으로 나가서 자흐라를 맞이하는 게 좋을 것 같아.
자흐라가 다시 공황을 겪을 경우를 대비해서 말이지.

구원이 그래, 좋은 생각이야.

본관 정문으로 나가 거리로 나서니 맨체스터에서는 쉽게 만
날 수 없는 따뜻한 햇빛이 나를 맞이했다. 내 손이 자동적으
로 뒷주머니로 들어가며 라이터를 찾는 게 느껴졌다. 담배
를 끊은 지 5년이나 되었는데 말이다. 처음 이 사무실에 입
주했던 시절, 입구를 흡연 장소로 활용했던 예전 습관 때문
이었다.

탐정   담배가 그립구나.

연한 파란색 SUV가 모퉁이를 돌아 내 옆에 와서 섰다. 곧바로 조수석 문이 활짝 열리더니 자흐라가 비틀거리며 나왔다. 차 안에서 산소를 하나도 못 마신 듯 볼을 빵빵하게 부풀리고 있었다. 나를 올려다보는 자흐라를 보니 여전히 힘들어하고 있는 건 분명했지만, 지난번에 도착했을 때보다는 공황의 정도가 확연히 줄어 있었다.

파이자   내가 같이 가는 게 좋겠니?

자흐라   아뇨. 전 괜찮아요. 고마워요, 엄마.

자흐라는 차 문을 닫고, 심호흡을 해 마음을 진정시키고 윗도리의 매무새를 다듬었다. 약간 우스꽝스럽고 귀엽기까지 했다.

우리는 로비로 들어가 엘리베이터 앞에 섰다. 나는 마치 처음 보는 박물관 전시물이라도 되는 양, 짐짓 진지하게 엘리베이터를 살펴보았다. 자흐라가 고개를 푹 숙였다.

자흐라   안 되겠어요.

조시   뭐가 안 되나요?

자흐라   준비가 안 됐어요.

조시   전에 엘리베이터 타본 적 없으세요?

자흐라   물론 있죠.

조시   이번도 전혀 다를 것 없어요. 제가 장담해요.

자흐라 하지만 이 안에 들어갔다가 공황이 더 악화되면 어떻게 해요?

분석가 지난 세션에서 얘기했던 걸 상기시켜줘.

조시 그러니까 더 타보셔야 하는 거예요. 그리고 저를 계단으로 올라가게 할 생각은 하지 마세요. 전 매일 목표 걸음 수를 한 번도 못 채우는 걸 자랑스러워하는 사람이니까.

노출 치료

노출 치료 Exposure Therapy는 인지행동치료에서 두려움과 회피를 줄이기 위해 사용하는 방법이다. 우리 뇌의 공포 중추는 편도체라고 하는 작은 아몬드 모양의 부위가 통제하는데, 편도체는 우리 뇌에서 가장 날쌔면서도 동시에 가장 멍청한 부분이다. 우리의 마음이 위협을 감지하면 편도체는 아드레날린과 코르티솔 같은 스트레스 호르몬을 분비시키고, 이 호르몬들은 즉각 온몸에 퍼져나간다. 배 속이 뒤집힐 것 같거나 후들거리는 느낌이 들 때, 심장이 달음질칠 때, 뭔가 당혹스러운 느낌이 들거나 현기증이 나거나 현실과 유리된 느낌이 들 때, 뭔가 끔찍한 일이 일어날 것 같다는 염려에 사로잡힐 때면 편도체가 이 호르몬들의 분비를 촉발한 것이라고 보면 된다. 이런 때는 주로 즉각 상황을 점검하고 분석하여 머물지 싸울지 해결할지 결정해야 한다는 필요도 동시에 느낀다.

편도체는 기억을, 특히 잠재적으로 위험이 내포된 기억을 부호화하는 데도 중요한 역할을 한다. 이는 우리에게 반복적 위협을 경고해주는 데 유용하며, 우리 조상들에게는 아주 훌륭한 도움이 되었다. 예를 들어, 우리가 곰과 마주쳤을 때 곰이 우리를 공격했다고 하자. 편도체는 이 기억을 부호화하여 기억 은행 속 '위험'이라는 제목의 파일 속에 저장하도록 돕는다. 다음에 우리가 조금이라도 곰과 비슷한 뭔가를 볼 때 편도체는 기억 은행의 '위험' 섹션과 그 일을 연관 지어, 우리가 의지로 분비할 수 있는 것보다 훨씬 빠른 속도로 아드레날린과 코르티솔을 분비한다. 아마 모두가 이런 느낌을 경험한 적 있을 것이다. 예컨대 친구가 장난으로 우리를 놀래켰을 때나, 잠이 막 들려고 하는 비몽사몽 간에 높은 곳에서 떨어지는 꿈을 꿨을 때 말이다. 공포증에서도 이런 과정이 일어난다. 만약 당신이 거미를 무서워하는 사람이라면, 갑자기 거미가 보여 깜짝 놀랄 때 어떤 느낌이 드는지 생각해보라. 그럴 때 일어나는 일은, 편도체가 혹시 당신이 위험에 처할 경우를 대비하여 스트레스 호르몬을 잔뜩 분비해 당신의 심박을 급속히 끌어올리는 일이다.

여기서 핵심은 '~할 경우를 대비하여'라는 말이다. 편도체는 혹시라도 해를 입을 경우를 대비하여, 무엇이든 위협의 신호를 감지하기만 하면 불안을 촉발한다. 편도체의 좌우명은 언제나 '방심하다가 죽느니 틀리더라도 살아남는 게 낫다!'라는 것이다. 오발이 잦은 편도체의 영향을 받고 있을 때 합리적으로 사고하기가 그토록 어려운 것은 이 때문이다. 의사인 자흐라는 대부분의 사람보다 생물학을 잘 이해하는데도, 과도하게 열심히 일하는 편도체 때문에 엘리베이터 안에서 자기가 정말 안전할지 의심하고 있는 것이다. 게다가 편도체는 이제 위험하지 않은 것들까지 위험하다고 판단할 수 있다. 노출 치료가 필요한 경우가 바로 이런 때다.

우리가 위험하고 위협적이라고 여기는 상황에 자신을 노출함으로써 편도체에게 특정 상황들이 위험하지 않다는 것을 가르쳐줄 수 있다. 불안을 촉발하는 상황에 자신을 노출하면서 동시에 안전을 위해 하는 행동과 강박행동을 하지 않는다면, 뇌와 편도체가 재배선된다는 것이 과학적으로 증명되었다. 편도체를 활성화할 필요가 없는 상황에서 편도체를 꺼둘 수 있게 되는 것이다. 나는 자흐라가 두려움에 도전할 수 있는 상황, 자신의 공황과 두려움 자체에 대한 두려움을 직면해야만 하는 곳에서 노출 치료를 시도하는 중이다.

조시　당신 선택이에요. 강요하지는 않을게요.

자흐라　농담하세요? 방금 선생님이 올라가기 버튼을 누르셨잖아요.

조시　저는 계단으로 올라가지 않을 거라고 말씀드렸잖아요. 내키시면 저와 함께 올라가고, 아니면 계단으로 올라가셔도 괜찮아요.

자흐라　저는 계단으로 갈까 봐요. 아직 준비가 안 됐어요. 감당할 수 없이 지독한 공황이 올 것 같아요.

조시　공황은 절대 감당할 수 없는 정도로 오지 않아요. 당신이 생각하는 것보다 더 잘 해내실 수 있어요, 자흐라.

나는 엘리베이터 안으로 들어가 문이 닫히지 않도록 센서 앞으로 팔을 뻗고 있었다. 그리고 옆으로 비켜서며 자흐라에게 들어오라는 신호를 보냈다.

조시　아, 까먹고 말씀 안 드렸는데, 제 상담실을 8층으로 옮겼어요. 계단을 엄청 많이 올라가야 하죠. 엘리베이터로 가시는 게 훨씬 쉬울 거예요.

분석가 거짓말.

탐정 거짓말.

자흐라 거짓말.

조시 어서요. 하실 수 있어요! 불안한 상태를 연습해보자고요. 그게 요점이에요. 편도체한테 우리가 불안을 견딜 수 있다는 걸, 더 이상 우리 인생을 좌지우지할 수 없다는 걸 가르쳐줍시다.

자흐라 알았어요, 될 대로 되라지. 아무튼 서둘러주세요. 얼른 층수 버튼을 눌러주세요.

자흐라는 재빨리 안으로 들어와서는 구석에서 손잡이를 붙잡고 섰다.

조시 정말 잘하고 계세요. 아마 지금 당신 머릿속에는 '~하면 어떻게 해?' 하는 생각이 가득하실 거예요. '엘리베이터에 갇히면 어쩌지?' '공황이 너무 압도해오면 어쩌지?' 하고요. 그래도 괜찮아요. 제가 옆에 있으니까 안심하세요.

자흐라는 몸을 앞으로 기울이고, 마치 고층 건물 옆구리의 좁은 턱 위를 걸어가는 것처럼 엘리베이터의 가로대를 꼭 붙잡고 있었다. 호흡은 얕았고, 길고 검은 머리카락이 얼굴을 가리고 있었다. 알겠다는 듯 끄덕였지만, 고개를 들지는 못했다. 엘리베이터는 계속 올라갔다.

자흐라 너, 너무 무서워요.

조시 알아요. 무서움이 1부터 10까지 있다면 어느 정도 수준이에요?

자흐라 12요.

조시 (큭큭 웃으며) 정말요? 지금 겁먹고 있다는 건 알지만, 처음 저를 보러 왔을 때보단 훨씬 차분해 보이세요. 그날을 10이라고 한다면 지금은 얼마예요?

자흐라 8이요. 어쩌면 9.

조시 좋아요.

분석가 인지행동치료에서 불안감의 강도를 측정하는 주관적 불편감 지수를 사용했군.

다정이 타이밍 좋았어.

엘리베이터 문이 열렸다. 자흐라가 먼저 어머니 차에서 내릴 때와 비슷하게, 그러니까 과호흡 상태로 엘리베이터에서 빠져나갔다. 우리는 함께 상담실로 향했다.

조시 잘하셨어요! 정말 용감하셨어요. 편도체는 이 일을 잊지 않을 거예요.

자흐라 저도 못 잊을 거예요!

심리치료실에 들어온 자흐라는 천천히 머리를 빗으며 마음을 진정시켰다. 두 손을 깍지 껴 무릎에 올리고 앉은 모습에서 자신감이 엿보였다. 이런 모습을 보니 의사로서 자기 진료실에 앉아 있는 자흐라의 모습이 그려졌다. 자흐라는 속마음을 내보이지 않았지만, 나는 엘리베이터에서 두려움에 자신을 노출했던 일을 자흐라가 자랑스러워했으면 싶었다.

자흐라 지난번에 선생님이 말씀하셨던 얘기를 생각해봤어요. '용인'이라는 단어가 머리에 남더군요.

나는 물 두 잔을 테이블에 내려놓고 자흐라의 맞은편에 앉았다.

조시 무슨 말이에요?

자흐라 회복을 판단하는 기준은 용인하려는 의지인가 뭔가라고 말씀하셨잖아요?

조시 아, 맞아요. 불안장애를 벗어나는 방법은 언제나 불확실성을 기꺼이 '용인'하는 연습을 하는 거예요. 자흐라가 엘리베이터를 타기로 결정했을 때 하신 일이 바로 그거죠.

자흐라는 약간 민망해하는 것 같았지만, 자신의 요점을 계속 이야기했다.

직관 과도한 칭찬은 그만하는 게 좋을지도.

비평가 내 말이. 응원봉이라도 흔들어댈 기세로군.

자흐라 전 불안이 사라져주기만을 바라고 있었어요. 불안과 공황의 느낌을 사라지게 할 모든 방법을 시도했죠. 솔직히 동료들이 비웃을 만한 것들에 아주 많은 돈을 쓰기도 했고요.

공감이 공황의 올가미에 갇혀 있을 때는 무슨 시도라도 하게 되
는 법이지.

자흐라 말도 안 되는 것들인데, 우리집에는 4리터 들이 칸
나비디올 오일이 있어요. 레스큐 레머디*도 종류별
로 다 있고요. 저는 온라인에서 온갖 인터넷 약장
수들이 판매하는 터무니없는 기법들에도 돈을 썼
어요. 그게 저를 낫게 해줄 거라 믿고 싶은 마음에
손쉬운 해결책이라는 거짓말에 낚인 거죠.

조시 불안과 정신 건강을 둘러싸고 수백만 달러 규모의
산업이 형성되어 있어요. 당신은 그저 고통을 줄이
려 노력하고 있었을 뿐이에요.

자흐라 하지만 제가 어리석게만 느껴져요.

나는 가만히 앉아 침묵 속에서 그 자리를 지켰다.

자흐라 어쨌든 선생님이 말씀하신 용인의 의지라는 거, 정
말 일리 있다고 생각해요.

조시 그건 제가 발명한 게 아니에요. 심리학과 상담학
책에 다 나와 있는 거예요. 왜 그게 일리 있다고 느
껴지는지 얘기해주시겠어요?

• 특정한 꽃들의 에센스를 혼합하여 알코올 베이스에 희석한 제품으로, 감정적 스트
레스나 불안 완화에 도움이 된다고 하나, 과학적 증거는 부족하다. 스트레스가 심한
상황에서 몇 방울을 물에 타서 마시거나 직접 혀 밑에 떨어뜨려 사용한다.

149

자흐라 며칠 전에 저는 직장 복귀 문제를 의논하기 위해 회의에 참석해야 했어요. 그 일이 끔찍한 공황발작을 촉발했죠. 죄책감과 온갖 다른 감정들도요. 아무튼 공황발작이 일어날 때 저는 보통 침실로 달려가 문을 닫아걸고 있어요. 그렇게 공황이 잦아들 때까지 기다리는 거죠. 하지만 그래 봐야 나아지는 게 하나도 없어서 너무 답답한 마음에 이번에는 그냥 회의에 참석하기로 했어요.

조시 회의에 참석하려고 직접 집 밖으로 나가셨다고요?

자흐라 아뇨. 줌 화상 회의였어요. 저는 공황 상태였지만, 어떻게든 회의하는 동안 버텨낼 수는 있었어요. 공황을 감추지 않고 상사들에게 제가 어떤 일을 겪고 있는지 보여주기로 했거든요.

조시 예, 그러는 게 좋죠.

자흐라 그런데 그들은 제가 공황을 겪고 있다는 것을 알아차리지 못하더군요. 그냥 초조해 보인다고만 하더라고요!

자흐라가 내 쪽으로 몸을 기울였다.

자흐라 어쨌든 그 모든 끔찍하고 무시무시한 일이 일어나고 있었는데, 제가 회의에 집중하려고 애쓰는 동안 불안이 조금 약해지는 걸 느꼈어요. 여전히 힘들었지만, 그 모서리는 약간 부드러워졌달까요?

생리 초점을 다른 데로 돌리면 통증이나 불쾌감 같은 부정적인 감각의 영향을 줄일 수 있지.

조시 당신의 초점이 어디에 있는가가 중요해요. 숨어서 자신의 감각에 지나치게 집중했던 이전의 대처 기제는 도움이 안 됐던 것 같군요.

자흐라 맞아요. 저도 그걸 깨달았어요. 주사 맞을 때랑 좀 비슷한 것 같아요. 주삿바늘을 주시하며 찌르는 순간에 집중하고 있을 수도 있지만, 주사를 맞는 동안 고개를 돌리고 다른 사람과 잡담을 나눌 수도 있죠. 보통은 두 번째 방식으로 할 때 주사 맞기가 더 쉽죠.

조시 노출 치료에 대한 훌륭한 비유로군요. 회피하는 습관을 끊으려면 가능한 한 노출을 많이 하는 게 중요해요.

자흐라 그런데 제가 왜 이렇게 된 걸까요? 제가 불안장애가 생길 거라곤 생각해본 적도 없어요. 전 제가 강하다고 생각했거든요.

조시 불안장애가 있다는 것은 당신이 얼마나 강한지와는 전혀 상관없어요. 불안하다는 것이 곧바로 약하다는 뜻도 아니고요.

자흐라   이타심은 넣어두시죠, 간디 선생님. 제가 무슨 말을 하는 건지 아시잖아요. 왜 저에게 이런 일이 일어나는 걸까요?

조시   제게 가설이 하나 있어요.

자흐라   또 화이트보드가 필요한 이야긴가요?

조시   아뇨. 원하신다면 쓸 수도 있습니다만?

자흐라   저는 청각과 근감각으로 배우는 타입이에요. 그러니 화이트보드는 없어도 괜찮아요.

나는 계속 앉아 있었다.

조시   전 스트레스 양동이 이론이란 걸 믿어요. 스트레스 주전자, 스트레스 풍선 등 비슷한 다른 용기를 붙인 표현들도 있죠. 스트레스 양동이는 스트레스를 감당할 수 있는 우리의 역량을 나타내요. 이 양동이의 용량은 유전자에 달려 있어요. 그러니까 부모가 모두 불안한 사람이라면, 우리도 비슷한 방식으로 작동하는 신경계를 물려받을 확률이 매우 높은 거죠. 하지만 그렇다고 장애 수준의 불안을 물려받는다는 말은 아니에요.

자흐라는 집중하느라 양미간을 찌푸렸다. 내 말을 귀담아듣고 있었다.

조시   공황발작을 경험한 사람들은 공황이 '난데없이 일어났다'라고 주장하는 경우가 많은데, 실제로 그런 경우는 거의 없어요. 공황발작은 스트레스 양동이가 흘러넘칠 때 일어나거든요. 스트레스 양동이에 든 내용물은 사람마다 다 다르고요.

나는 거대한 양동이 모양을 허공에 손으로 그렸다. 그러고는 상상의 액체를 그 양동이에 붓는 동작을 했다.

조시   우리의 개인적 삶에 존재하는 다양한 스트레스 요인이 이 양동이를 채우죠. 돈에 관한 걱정일 수도 있고, 부모 노릇을 하느라 받는 스트레스, 직업과 관련한 문제, 건강 상태, 슬픔, 트라우마 사건, 자존감 문제 등등요. 스트레스 양동이가 가득 차면 우리 편도체가, 달리 말하면 위협 반응이 그걸 알아차리죠.

손이 또 튀어나왔다. 내 엄지와 손가락들이 입 모양을 만들었다. 아무래도 내가 여기에 재미를 붙인 모양이었다.

조시   편도체는 까마득한 옛날 이후로 거의 진화하지 못해서, 현대인의 주관적 스트레스는 이해하지 못해요. 그래서 혼란에 빠지는 거죠. 이 상태라면 혹시 위험에 빠진 것일지도 모르니까, 일단 불안과 다량의 아드레날린을 쏟아내고 보는 거죠.

자흐라   제 양동이가 가득 차니, 제 위협 반응이 나선 거다,

알겠네요.

자흐라는 깊은 생각에 빠진 듯 보였다.

자흐라   말이 되네요. 위협 반응이 스트레스 호르몬을 분비하고 제게 이 온갖 이상한 증상을 일으킨 거군요. 지난 몇 달 동안 그 위협 반응이, 편도체가 불안을 위협 자체로 여겼던 모양이네요. 이해했어요. 무엇이든 작은 불안의 징조만 보여도 저는 곧바로 걱정을 시작했고 그게 다시 공황으로 발전했고…. 저는 이 반복 회로 속을 빙빙 돌고 있었던 것 같아요. 불안을 곧 위협과 같은 것으로 받아들였고, 그래서 제 몸과 마음은 미쳐 날뛰었던 거고요.

조시   공황장애에 대한 적합한 묘사로군요. 당신이 미쳐버린다는 부분만 빼고요. 그저 불편한 정도로 끝날 수도 있어요.

자흐라   그러면 편도체는 어떻게 끄는 거예요?

조시   편도체에게 '정상적'인 상황은 위험하지 않다는 걸 보여주는 거죠. 편도체가 스스로 스위치를 끄거나 충분히 진정할 때까지요. 그리고 전 우리가 스트레스 양동이를 비움으로써 편도체를 계속 꺼진 상태로 유지할 수도 있다고 생각해요. 그게 심리치료가 정말 도움이 될 수 있는 지점이고요.

비평가 그래, 넌 네 견해를 무척이나 좋아하지.

조시 가장 까다로운 부분은 양동이 안에 들어 있는 게 뭔지 알아내는 거예요.

자흐라 힘들고 슬픈 사연을 털어놓으면서 울라는 말씀이신가요? 전 여기 그런 이야기를 하려고 온 게 아니에요. 그냥 제 공황발작이 멈추기만을 바랄 뿐이라고요.

탐정 이분은 댁의 머리 꼭대기에 앉아 있네요, 선생님.

조시 우리는 당신의 스트레스 양동이를 채우고 있는 것 중 가장 명백한 것은 알아냈으니, 이미 한 걸음 나아간 셈이에요.

자흐라 제 불안은 선생님이 손을 입처럼 움직이는 걸 그만뒀을 때 이미 상당히 낮아졌어요.

자흐라가 씨익 웃었다.

자흐라 문제는 공황에 대한 제 두려움이군요, 그렇죠? 그 두려움이 제게 너무 심한 스트레스가 되고 있어요. 그리고 다시 병원에 복귀하지 못할까 봐, 직장을 잃을까 봐, 제가 엄마에게 짐이 될까 봐 걱정하고 있고요. 제 양동이 안에는 많은 게 있네요.

자흐라가 별안간 시무룩해졌다.

자흐라 그러면 공황발작을 없애려면 제 양동이 안에 있는 모든 걸 다 훑어봐야 한다는 건가요?

조시 꼭 그럴 필요는 없어요. 그건 당신이 결정할 일이고, 당신이 편하게 느끼는 게 중요해요. 일단 공황 자체에 대한 두려움이 좀 호전되면, 저는 항상 예방적 접근법을 취하기를 권해요. 살면서 생기는 다른 스트레스들을 견딜 수 있도록 양동이에 남는 공간을 좀 더 만들어두는 거죠.

긴 침묵이 이어졌다.

자흐라 열 달 전에 아버지가 돌아가셨어요.

트리거 죽음.

생리 쿵.

불안이 워어.

자흐라 그 얘긴 안 하고 싶어요. 그냥 말해야만 하니까 한 거예요. 선생님이 아셔야 하니까.

조시 알았어요.

자흐라는 이 폭탄 같은 이야기를 회사에서 프레젠테이션하듯이 말했다. 목소리는 강철 같았고 자기 감정에 저만치 거리를 두고 있었다. 나는 잠자코 있었다.

자흐라 사실 그냥 돌아가신 게 아니에요. 살해당하셨어요.

공감이 자흐라에게는 너무 힘든 일이로군.

자흐라 제 남동생에게 살해당하셨어요. 칼에 찔려서. 그

것도 열두 번이나….

나는 침착과 평정을 유지하고 자흐라의 참조틀 안에 머물려고 최선을 다했다. 계속 자흐라의 눈을 마주 보며 집중해서 귀를 기울였다. 충격 때문에 심장이 너무 빨리 뛰었지만, 치료실에서는 때때로 이런 이야기를 듣게 된다. 나는 이런 일을 하도록 훈련받았다.

자흐라   그러니까 제 양동이에는 그 일도 들어 있겠죠. 공황발작을 두려워하는 일 말고도요. 그리고 전 아버지와 아주 사이가 가까웠어요. 동생은 정신적으로 온전하지 못하고 학습장애도 있어요. 그 일은… 비극적인 사고였어요.

자흐라의 결연한 태도와 거동에는 움찔하는 기색조차 없었지만, 나는 그 표면 아래서 감정의 소용돌이가 끓어오르고 있음을 감지할 수 있었다.

자흐라   그러니까 선생님, 제 양동이에서 그걸 어떻게 꺼낼 수 있을까요?

조시   이미 그 일을 시작하셨어요.

# #
해리

2008년 7월, 늦은 밤

엄마   5분 뒤에 해리는 자러 가야 돼.

조시   알았어요. 걱정하지 마세요.

나는 해리에게 고개를 돌렸다.

조시   5분이야, 해리. 세이브 버튼을 누르고 오늘 밤은 그 만하는 거야.

우리는 항상 운을 시험했다. 게임을 15분쯤 더 플레이했을 때, 엄마가 들어와 우리를 꾸짖었다.

엄마   해리는 이제 자야 한다니까. 너도 좀 쉬는 게 좋지 않겠니?

조시   아시잖아요, 엄마. 저는 야행성이라니까요.

엄마는 눈썹을 치켜 올리고는 방을 나갔다. 해리는 양치질을 하고 침대에 누웠다. 해리의 침대 맞은편에 내 침대가 있었다. 우리는 자랄 때 항상 같은 방을 썼고, 지금도 내가 집에 올 때면 늘 그랬다.

조시   잘 자, 해리.

해리가 미소 지었다.

조시   아, 맞다! 해리?

해리   응?

조시   너 냄새 구려.

해리   말 참 성숙하게 하시네.

해리는 돌아누워 잠을 청했다. 나는 계단참을 지나 엄마 침실 문을 톡톡 두드렸다.

조시   누우셨어요? 안녕히 주무세요. 사랑해요.

엄마   나도 사랑해. 너무 늦게 자지 마.

나는 게임기를 아래층으로 가져가 '콜 오브 듀티' 게임을 했다. 나는 여자친구가 없는 20대 남자의 전형이었다. 하지만 나처럼 섹시한 게임 실력을 갖췄다면 여자친구가 왜 필요하겠는가?

　문 뒤에서 살금살금 걷는 발소리가 들리더니 문이 조용히 열렸다. 해리가 발꿈치를 들고 들어왔다.

조시   왜 안 자? 엄마한테 혼나.

해리   잠이 안 와. 나도 같이 게임하면 안 돼?

조시   뭔 일 있냐?

해리   그냥…, 보통 학교에서 일어나는 일들이지.

조시   누가 너 괴롭혀? 형이 손 좀 봐줄까?

해리   그런 거 아니야. 그 얘긴 안 하고 싶어. 그냥 형이랑 '포털' 좀 하면 안 될까?

조시   물론 되지. 하지만 조용히 해. 혼나도 난 몰라.

해리   형 맥주 한 잔만 마시면 안 돼?

조시   안 돼.

해리는 미소를 짓고는 소파 위 내 옆자리에 앉았다.

# #
노아 2

노아는 이번 세션이 시작될 때는 전보다 훨씬 느긋해져 있었고, 이야기 나누는 게 좋은 것 같았다. 지난 세션의 나머지 시간에는 젊은 회계사로서 노아의 생활과 취미와 관심사 등에 관해 이야기했고, 그 후로 노아는 나를 신뢰하는 것처럼 보였다. 내담자를 '좋아하려' 노력하는 것은 치료사의 직무 범위에 들어가지 않는다. 모든 내담자를 판단의 영역을 벗어난 완전한 수용과 지지의 태도로 대해야 하기 때문이다. 칼 로저스는 이를 '무조건적인 긍정적 관심'이라 불렀다. 하지만 심리치료사도 사람이다. 노아가 상당히 사랑스러운 사람이라고 느껴지지 않는다고 말한다면, 그건 거짓말일 것이다.

노아   팀의 일원이라는 느낌이 드니 정말 좋더라고요. 그
들이 제게 마음을 열기까지는 시간이 좀 걸렸지만
요. 제가 용기를 내서 더 많이 말하고 자기주장을
분명히 해야 했죠. 이번 주말에 우리 팀은 시내에
서 한잔하기로 했어요.

생리   우리도 맥주 좋아하는데, 그지, 조시? 상상해봐. 풍성한 거
품과 시원한 맛.

조시   그거 정말 잘됐네요. 팀의 일원이 된 느낌이 최근
기분에도 도움이 되었다고 느끼세요?

노아   네, 그런 것 같아요. 이 도시는 제게 아직 낯설어서
조금이라도 정착하는 건 좋은 일이겠죠.

나는 미소를 지으며 고개를 끄덕였다.

노아   이제는 제 아파트가 덜 감옥처럼 보여요. 일꾼 두
사람의 도움을 받아 이모의 오래된 소파를 4층까
지 옮길 수 있었어요. 벽에 페인트칠도 했고, 내일
은 인터넷을 설치할 예정이에요.

조시   정말 잘됐네요.

노아   침대도 제가 직접 조립했어요. 저녁 내내 육각렌치
돌리느라 손에 물집이 다 잡혔지만요.

엉뚱이   육각형 기둥으로 된 죽음의 막대기지.

조시   혹시 이케아?

노아   네, 한 번도 써본 적 없었어요! 이번이 처음이죠. 부모님은 항상 이케아를 무시하셨거든요. 사실 그건 부모님 손해죠. 전 상당히 마음이 들어요. 반조립 가구들이 가득한 마법의 나라랄까?

조시   마법이란 단어로 이케아를 표현할 수도 있군요.

침착이   노아의 참조틀로 돌아와. 그가 네 경멸의 말을 들을 필요는 없다고.

생리   하지만 이케아의 미트볼이랑 그 정신 나간 과일잼은 맛있잖아?

탐정   너 배고프냐? 음식 생각은 그만둬.

비평가   점심시간에 왜 식사 안 한 거야? 게다가 넌 심리치료사야. '정신 나간' 같은 단어는 쓰면 안 돼.

생리   얘들아, 위장에서 공기 좀 내려보낼게.

노아   이 꼬르륵 소리 선생님 배에서 난 거예요? 아니면 나인가?

조시   미안해요. 제가 범인이에요.

노아   아, 뭘 좀 드셔야 하는 것 아니에요? 배고픈데 저 때문에 억지로 앉아 있지는 마세요.

다정이   복받을 거예요, 노아.

조시   아니에요. 정말 전 괜찮아요. 제 배는 이따금 그냥 꼬르륵거려요. 하지만 친절한 마음은 정말 고마워요.

나는 배를 채우기 위해 남은 물을 꿀꺽 다 마셨다.

조시 그러면 오늘 세션에서는 어떤 이야기를 하고 싶으
세요?

노아는 어깨를 으쓱했다.

노아 사실 잘 모르겠어요. 지금은 상당히 행복하거든요.
제 기분을 처지게 만들고 싶지는 않아요.

조시 이해해요. 때로는 좋은 기분이 세상을 다른 각도에
서 바라볼 수 있는 자신감을 주기도 하니까요. 여
기 와서 비참한 기분을 느껴야 한다는 말은 아니에
요. 하지만 신발에 스프링이 달려 있으면, 흙탕물
을 헤치고 갈 때 좀 더 쉽게 지나갈 수 있죠.

노아 알겠어요. 선생님은 제가 무슨 얘기를 하면 좋으시
겠어요?

조시 뭐 생각나는 거 있으세요?

탐정 그 흥미진진한 비밀 얘기는 어때, 노아?

직관 그건 지금 건드리지 않는 게 좋겠어.

노아가 잠시 말없이 집중했다.

노아 지금 떠오르는 건 이번 주말에 있을 회식뿐이네요.
무척 기대돼요. 그들과 더 돈독한 관계를 맺을 수
있으면 좋겠어요.

164

사회적 불안

사회적 불안 Social Anxiety이란 다른 사람들과 사회적 상호작용을 하는 일을 두고 솟아나는 두려움과 걱정이다. 그 순간에는 비판적인 렌즈를 통해 자신을 무척 예리하게 인식하는 것 같은 느낌이 든다. '내가 사람들 기분을 상하게 하는 말을 한 건가?' '내가 저 사람들에게 따분하게 보이지는 않을까?' '저 사람들 내가 불안해하는 걸 알아차리는 게 아닐까?' '저들이 나를 이상하다고 생각하면 어쩌지?'

흥미로운 점은 대부분의 사회적 불안이 사교 상황 이전에 그 상황을 예상할 때, 또는 그 일이 한참 지난 뒤에 돌이켜 생각할 때 발생한다는 사실이다. 사람들은 어떤 사교 행사를 예상하며 몇 주 동안이나 불안하게 지내기도 한다. 그 일이 일어나기도 전에 머릿속으로 온갖 시나리오와 대사를 연기해보는 것이다. 그리고 이후에는 그 행사 동안 벌어진 상호작용들을 곱씹으면서 몇 시간씩 보내기도 한다. 이는 위협 반응이 우리가 인지한 자신의 '연기'에 주의를 기울이고 거기서 허점을 찾아내는 것이다. 우리는 자신의 사회적 연기에 대해 걱정하고 과도하게 분석하면 미래에는 더 잘 연기할 수 있다고 확신한다. 서

글프게도 어떤 사람들은 분명 자기 모습 그대로 충분히 훌륭한데도 자기가 연기를 해야 한다고 느낀다.

사회적 불안은 대개 비판이나 거부에 대한 공포에서 비롯되거나, 괴롭힘이나 학대를 당한 과거 때문에 다른 사람들의 기분을 맞춰줘야만 자신이 안전하다고 느끼기 때문에 발생한다. 또한 그냥 천성이 수줍게 타고난 사람일 수도 있다(이건 아무 문제도 안 된다!). 나도 예전에는 사회적 불안으로 매우 힘들어했는데, 필사적으로 소속감을 갈구했기 때문이었다. 사회적 불안은 어떤 이유로든 시작될 수 있고, 자신을 과도하게 비판적으로 주시하는 것은 사회적 불안의 모든 양상에서 공통적으로 나타나는 특성이다. 사회적 불안을 다룰 때 나는 보통 해로운 내사된 믿음을 찾아내고, 그 믿음들을 인지행동치료의 전략들을 사용해 풀어낸다.

조시   여기서 새로운 관계를 맺는 것이 노아에게 중요한 모양이군요.

노아   네, 전 자주 외로움을 느끼거든요.

공감이   새로운 도시에서 사는 건 분명 외로울 거야.

조시　여기로 이사 오신 후로요?

노아는 머뭇거렸다.

노아　예. 뭐…, 그렇게 볼 수도 있고요.

노아의 표정이 쓸쓸하게 변했다.

비평가　네가 기어이 노아를 슬프게 만들었어!

분석가　이건 심리치료야. 종종 곤란한 이야기를 나눠야만 하는 시간이라고.

노아　전 항상 외로움을 느꼈어요. 솔직히 말하면요.

나는 잠자코 있었다. 노아는 소매 끝을 손바닥 안으로 끌어당겼다. 그리고 내 책상 위에 놓인 작은 고무나무 화분을 가만히 바라봤다. 마치 그 나무에게 고백하는 것처럼.

노아　저한테도 친구들이 있었고 가족 중 몇 명과는 잘 지냈지만…, 제가 진심으로 연결되었다고 느낀 사람은 한 명도 없었어요. 제게는… 한 번도 함께하는 사람이 없었어요. 제가 회식에서 연기해야 한다는 압박감을 느끼는 건, 필사적으로 연결을 원하기 때문인 거 같아요. 노숙자 지원 센터에서 자원 활동을 한 것도 그저 새로운 사람들을 만나고 싶어서였어요. 또 저를 가치 있는 사람으로 느끼고 싶기도 했고요.

조시　그렇군요. 외로움과 외로움을 누그러뜨려야 한다는 압박감이네요?

노아   네.

나는 의자에서 자세를 고쳐 앉았다.

조시   친구들이 '있었고' 가족 중 몇 명과는 잘 지냈다고
         요?

노아   네, 전 한동네에 살던 남자아이들과 함께 자랐고,
         우리는 순전히 지리적 위치 때문에 생겨난 동지애
         를 바탕으로 일종의 우정 어린 친구 무리를 형성했
         어요. 그런데 고등학교 진학 이후로는 모두 제 갈
         길로 뿔뿔이 흩어진 것 같아요. 새로운 삶을 시작
         한 거죠. 다른 지역으로 옮겨 간 친구들이 많아요.

조시   자연스럽게 멀어진 거로군요?

노아   처음에는 저도 그렇게 생각했어요. 하지만 돌이켜
         보면, 그건 제 성 정체성 문제 때문인 것 같아요.

조시   그렇군요.

노아   자라면서 저는 여자아이들과 남자아이들 모두에게
         끌렸어요. 그래서 제가 양성애자라고 생각했죠. 하
         지만 지금은 범성애자*라고 생각해요.

노아는 나무를 바라보며 말하는 걸 그만두고 다시 나를 바
라보았다.

─────
• 성별이나 성 정체성에 구애받지 않고 사람 자체에 끌리는 것.

노아 졸업이 다가오던 무렵에 그 친구들이 제게 거리를 둔다는 걸 눈치채기 시작했어요. 제게 일반적인 것과는 다른 특징들이 생기기 시작했거든요. 그 때문에 저도 저 자신을 미워했어요. 그런데 그 무리에서 성 소수자가 저만은 아니었어요. 저는 그저 숨기는 데 더 서툴렀던 거죠. 집에 있을 때만 빼고요. 집에 있을 때는 훌륭한 배우가 됐어요.

분석가 노아가 점점 몰입하고 있어. 기억을 통해 자신의 생각과 감정 속으로.

노아 정원 사이로 걸어갈 때면 몸이 떨렸어요.

그가 살짝 몸서리를 치고 두 손을 더욱 단단히 움켜쥐는 게 보였다. 소매는 늘어날 수 있는 데까지 늘어났다.

노아 그 집은 말이죠…. 그냥, 그 집에서 금지된 이데올로기가 동성애만은 아니었다고 말해두죠.

그가 숨을 깊이 들이쉬고 한숨을 내쉬었다. 물을 조금 마시고는, 머리를 들어 흔들었다. 마치 반쯤 의식이 깨어 있는 최면 상태에서 자신을 깨우려는 듯이.

노아 기괴해요. 그걸 알면 내가 기괴한 이유가 설명될 거예요. 하지만 난 그 집만큼 기괴하지는 않아요.

다정이 당신은 기괴하지 않아요.

조시 거짓말 안 할게요. 저는 그 집에서 무슨 일이 있었는지 정말로 듣고 싶어요.

탐정   그게 바로 나야.

조시   하지만 그 기억을 떠올리는 게 당신을 괴롭힌다는 것도 알겠어요. 그 이야기를 더 깊이 들여다보고 싶다면, 여기가 그런 일을 할 수 있는 안전한 장소라는 것만 알아주세요.

노아가 깊게 숨을 들이쉬었다.

노아   괜찮아요. 심리치료 중 어느 시점엔가는 그 이야기를 해야 한다는 걸 알고 있어요.

조시   지난번 치료사와도 이 이야길 했었나요?

노아   네, 그때도 많이 어려웠어요. 그러니 제가 과거를 돌아보는 일에 서툴더라도 양해해주세요.

조시   서두르지 않아도 괜찮아요. 어차피 저도 유세 연설처럼 잘 정리된 이야기는 안 좋아하니까요.

노아   네…, 아버지는 학대하는 사람이라고 표현할 수 있어요. 심하게 통제하려고도 하고요. 본인이 할 수 있는 한 저를 통제하려고 해요. 어머니에게도 마찬가지였죠. 아주 시끄럽고 변덕스럽고 독단적인 사람입니다. 어머니와 제가 정신을 못 차릴 정도로 겁을 주기도 했어요. 특이한 점은 아버지의 학대가 평소의 성격과 완전히 일치하지는 않는다는 점

이에요. 아버지는 완벽하게 자상하게 굴 수도 있었
어요. 지금도 그래요. 마치 두 개의 인격을 지닌 사
람 같아요. 하나는 차분하고 신중하며 심지어 공감
적이라고까지 말할 수 있는 사람이고, 다른 하나는
쉽게 분노하고 뭐에 씐 것 같은 사람이죠.

노아는 창백해졌다.

노아 사실 아버지의 온화함은 연기였어요. 진심으로 다
정한 적은 한 번도 없었죠. 자신이 완전히 통제하
고 있을 때만 자신이 친절하다고 느꼈을 뿐이에요.
어머니와 제가 순종할 때만요. 우리가 자기 삶의
방식에 순응할 때만.

조시 그 통제는 어떤 식이었나요?

노아 주로 감정적인 협박이었어요. 우리가 자신에게 너
무나 큰 상처를 주고 있다면서 우리에게 순종을 강
요했어요. 물건을 집어 던지고 부수고 때로는 우리
를 때리기도 했어요. 우리를 무가치한 인간이라고
말했고요. 반복적으로요. 술에 취했을 때 더 심했
지만, 분노는 언제든 폭발할 수 있었죠.

조시 끔찍했겠어요. 당신과 어머니는 항상 조마조마하
게 지낼 수밖에 없었겠군요.

노아 그랬어요. 전 그 집을 피하려고 최선을 다했고, 거

기 있어야만 할 때는 적어도 거치적거리지 않으려
고 노력했어요.

노아가 갑자기 인상을 찌푸렸다.

노아   어머니와 제가 함께 억압당하며 일종의 팀 같은 걸
이뤘으리란 착각은 하지 말아주세요. 어머니는 대
부분의 시간을 아버지의 비위를 맞추며 보냈고, 그
러느라 저를 희생양으로 만드는 일도 많았어요. 그
때문에 어머니를 정말 미워했어요. 하지만 지금은
어머니도 그저 살아남기 위해 그랬던 거라고 생각
하고 있어요.

조시   부모가 둘 다 당신을 적대시한다고 느꼈던 때도 있
었겠군요?

노아   너무 많았죠. 아버지가 출근하고 없을 때만 어머니
의 다정한 면모를 어느 정도 볼 수 있었어요. 하지
만 아버지가 있을 때면, 어머니는 자신이 안전함을
느끼는 걸 최우선으로 여긴다는 걸 분명히 알 수
있었어요. 제 유년기 내내 어머니가 떠날 것처럼
얘기한 건 딱 두 번뿐이었어요. 그것도 끝내 실행
하지는 않았지만요. 그러기에 어머니는 너무 겁에
질려 있었어요.

공감이   난처한 상황이로군. 어머니에게 분노를 느끼면서도 감정이

172

입까지 하고 있으니. 그 집에서 성장하는 동안 너무 힘들
고 혼란스러웠겠어.

노아   아무튼 저는 버텨내기 위한 전략들을 만들어냈어
요. 공부에 집중했고, 필요한 경우 사용할 배출구
도 있었어요. 부모가 나를 도와주거나 힘이 되어주
지 않으리란 걸 받아들여야만 했으니까요.

분석가   첫 세션에서 노아가 자기 흉터를 보여줬던 거 기억하지?

조시   그 배출구 중 하나가 팔에 상처를 내는 거였나요?

노아   맞아요, 그중 하나였죠.

조시   아직도 부모님과 연락하고 지내세요?

노아   네, 일주일에 두어 번 통화해요. 안 하는 게 좋다는
건 알지만 너무 외로워서요. 저한테는 두 분이 혹
시 저와 절연할까 봐 두려워하는 마음도 있어요.
마음 깊은 곳에서는 아직도 부모의 애정을 원하나
봐요. 인정도요. 아 맙소사…, 정말 한심한 소리네
요. 정말 한심해요.

노아의 뺨을 타고 눈물이 흘러내렸다.

침착이   티슈 상자를 건네줘.

노아   고맙습니다.

노아는 아버지에게서 받은 학대를 좀 더 자세히 이야기했
다. 도자기 머그잔으로 머리를 얻어맞은 일, 벌로 비가 내리

는 바깥에서 소변을 봐야 했던 일, 어머니의 머리끄덩이를 움켜잡고 계단 위로 끌고 올라가는 모습을 강제로 지켜봐야 했던 일 등. 노아는 아버지가 어머니를 성폭행하는 장면을 지켜봐야만 했거나, 그가 아래층에서 다른 여자들과 잘 때 '망을 봐야' 했던 적도 많았다.

생리 이 모든 끔찍함을 처리해야 하니. 지금 스트레스 호르몬 좀 분비할게.

다정이 이 세션이 끝나면 너도 꼭 호흡하며 긴장을 푸는 시간을 갖도록 해.

노아 아버진 요즘 상당히 차분해졌어요. 하지만 전 어머니 때문에 여전히 두려움을 느껴요. 기묘하게도 아버지는 할아버지가 세상을 떠나고 나자 조금 차분해졌어요.

분석가 혹시 세대를 이어가는 학대의 순환인가?

노아 아버지도 할아버지한테 구타당했던 것 같아요. 어머니가 그러더라고요. 또 저는 아버지의 숙부가 어린 남자애들을 성폭행해서 감옥에 갔다는 사실도 알고 있어요. 아버지가 자라는 동안 그런 일들이 아버지에게 어떤 영향을 미쳤을지 저도 확실히는 모르지만, 순식간에 분노를 터뜨리고 의식을 잃을 정도로 폭음하는 걸 보면 햇살이 비치고 무지개가 뜬 성장기는 아니었겠다 싶어요. 하지만 그렇다고 자기 아버지를 그대로 따라 하는 건 너무 비겁한 행동이잖아요.

조시   이 모든 일이 지금 당신에게 어떤 영향을 주고 있다고 생각하시나요?

노아는 그 질문을 곰곰이 생각했다.

노아   분명한 건 제 자신감에 미친 영향이겠죠. 하지만 다른 면들에도 영향을 미쳤을까 봐 두려워요.

나는 고개를 끄덕여 계속 얘기해도 괜찮다는 신호를 보냈다.

노아   제가….

노아가 훌쩍이기 시작했다.

다정이   이 모든 일을 감당하는 건 정말 보통 일이 아닐 거야.

노아   제가 두려운 건…, 저도 아버지 같은 사람이 아닐까 하는 거예요.

노아가 티슈 한 장을 더 뽑았다.

노아   저도 종종 분노에 사로잡히거든요. 느닷없이요. 제가 마음대로 안 된다는 느낌이 들 때….

이제 노아는 본격적으로 흐느껴 울고 있었다. 쿠션 하나를 집어서 단단히 끌어안고는 위안을 얻으려 몸을 앞뒤로 흔들었다.

구원이   그렇지 않다는 걸 확인해줘.

175

침착이 신중히 해.

다정이 확인해줘.

분석가 뭘 확인해준다는 거지? 넌 아직 충분히 모르잖아.

탐정 그 말이 맞아.

조시 당신은 당신의 아버지가 아니에요. 어쩌면 자신에게서 아버지와 비슷한 특성을 몇 가지 발견할 수는 있겠지만, 당신은 완전히 별개인 독립적인 존재예요. 이 세션에서도 저는 이미 노아에게서 배려와 감정이입을 많이 보았어요. 이런 특징들이 당신 아버지와 연관된 거라고 할 수 있을까요?

노아는 쿠션을 잡은 손에 힘을 살짝 뺐다.

노아 아니요.

우리는 몇 분쯤 말없이 앉아 있었다.

노아 제가 불안한 건, 저에게 상황에 대한 통제력이 전혀 없기 때문이에요. 그러니까 동료들과 회식하기로 한 날 밤도 그렇죠. 거부당할 수도 있는 가능성은 제가 통제할 수 없잖아요. 제 성 정체성도 통제하지 못하고요. 제겐… 그 밤이 잘 지나가는 게 절실히 필요해요.

조시 자신이 통제할 수 있는 것에 관해서는 생각해본 적 있으세요?

노아   어…, 제 겉모습은 제가 통제할 수 있겠죠? 그리고
       제가 약속 장소에 나타날 시간? 제가 무슨 말을 할
       것인지?

조시   뭐…, 그 정도면 괜찮네요.

노아가 미소를 지었다.

노아   아버지와의 사이에서 있었던 모든 일이 지금 저에
       게 어떤 영향을 미치느냐고 물으셨죠?

나는 눈썹을 치켜 올리며 그가 다시 꺼낸 얘기에 열성적인
관심을 표했다.

노아   제가 무력하다고 느끼게 만들어요. 저는 무력해요.
       쓸모없는 인간이에요. 부담스런 짐짝이죠.

조시   당신이 들려주신 성장기 이야기를 생각하면, 어째
       서 그런 결론을 내렸는지 이해가 가요. 하지만 그
       런 믿음들이 현재에도 적용된다고 생각하세요? 새
       로운 도시에서 성공적으로 새로운 삶을 시작한 사
       람에게? 확고한 직업을 잡고 새로운 사람들을 만
       나고 있는 사람에게? 자신의 정신 건강을 책임지
       기 위해 심리치료사를 찾아오는 사람에게? 이런
       일 중 어느 것도 무력하고 쓸모없는 사람의 특징
       같지는 않은데요. 저에게는 자기주장과 개인적 책
       임감을 알려주는 신호로 들려요.

한동안 침묵이 흘렀다. 나의 맥박이 낮게 쿵쿵대는 소리가
귓속에서 울렸다.

노아   한 번 일어나면 절대 이전으로 돌아갈 수 없는 일
도 있어요, 조시.

탐정   흠….

# #
대프니 3

채소를 써는 동안 배경 소음을 깔아주려고 주방의 TV를 켰다. 요즘 들어 배달 음식을 너무 많이 먹어서 오늘 저녁은 직접 야채 카레를 만들어 먹기로 했다. 토마토 퓨레 튜브를 짜고 있는데, 지역 뉴스의 쓸데없이 드라마틱한 인트로 음악이 스피커를 뚫고 나왔다. 메인 뉴스는 총리의 방문이었고, 그가 지역 초등학교 어린이들과 재밌는 시간을 보내는 시늉을 하는 장면이 나왔다.

채소가 매끄러운 팬 표면 위에서 스케이트를 타며 지글거리는 소리가 귀를 즐겁게 했다. 나는 팬에 향신료와 코코넛밀크를 추가했다. 셋째 뉴스는 맨체스터 국제페스티벌을 전반적으로 돌아보는 내용이었다. 샐퍼드에서 제일 괜찮은 방송인 수닐 굽타가 이 행사에 대해 보도하고 있었다.

수닐   낮 공연 티켓이 매진된 '라이어버드' 극단의 공연
은 이미 큰 화제를 일으키고 있는데요. 티켓이 순
식간에 매진되었고, 비평가들은 연극에 대한 열정
을 저버리지 않고 이 연극에 연기와 연출로 모두
참여한 유명 스타에게 찬사를 보내고 있습니다.

그런 다음 대프니의 진짜 이름이 나왔다. 나는 고개를 들
어 TV에서 열정 가득한 미소를 짓고 있는 대프니를 바라보
았다.

대프니   모두 이곳에 와서 아주 행복하게 지내고 있고, 앞
으로 몇 주간 맨체스터에서 공연할 일에 들떠 있어
요. 이 지역은 연극에 대한 사랑과 전통이 깊은 곳
이죠. 라이어버드가 연기하면서 느끼는 큰 즐거움
을 관객들에게도 전해줄 수 있기를 바랍니다.

수닐   낮 공연을 보았던 게 저에게 정말 큰 행운이었고,
당신의 연기는 굉장했습니다.

대프니   정말 감사합니다. 극단의 훌륭한 배우들과 무대 팀
덕분에 제가 그만큼 해낼 수 있었어요. 모두의 노
력이 아름답게 어우러진 거죠. 그들이 탁월한 능력
을 보여주었어요.

대프니는 침착하고 확신에 찬 모습이었지만, 지난 만남 이

후로 나는 이 인터뷰를 하는 게 대프니의 진짜 자아인지 아니면 그저 연기를 하고 있는 것인지 분간할 수 없었다. 여기서 어느 만큼이 쇼비즈니스의 자아이고 어느 만큼이 진짜 자아인 걸까? 갑자기 타는 냄새가 콧구멍으로 들어왔다. 내려다보니 카레에 덩어리가 생기면서 가장자리가 타들어가기 시작했다. 카레를 구출하고 보니 대프니의 인터뷰는 끝나고 다음 뉴스로 넘어가 있었다.

조시 상당히 처져 보이시네요. 괜찮으세요?

대프니 괜찮아요. 그냥 피곤한 것뿐이에요. 연극 한 편 올리면 진이 다 빠지거든요.

대프니는 평소처럼 허리를 곧게 편 자세로 소파에 앉아 있었다. 주황색 원피스를 입은 모습이 눈부셨다. 그와 대조적으로 나는 셔츠를 모조리 새 건조기에 넣었다가 다 쪼그라든 바람에 입을 거라곤 색이 바랜 '백 투 더 퓨처' 티셔츠밖에 없었다. 게다가 흰색 운동화에는 커피를 흘린 자국까지 남아 있었다. 다행히 대프니는 눈치채지 못한 것 같았다.

조시 연극은 어떻게 되어가고 있나요?

대프니 솔직히 굉장히 좋아요. 남을 통제하지 않고는 못 배기는 연출가들에게 옥죄이지 않을 좋은 방법은 그냥 내가 연출가가 되어버리는 거거든요.

조시 지금은 당신이 통제하지 않고는 못 배기는 연출가가 되었군요?

대프니　100퍼센트 맞는 말이에요.

우리는 마주 보며 미소를 지었다.

분석가　세션에 쉽게 적응하게 하고 이 공간이 안전하다는 걸 상기시키기에 좋은 방법이었어.

직관　다시 물어봐.

조시　정말 괜찮은 거 맞으세요? 사실 무척 슬퍼 보여서 드렸던 질문이거든요.

대프니　제가 많이 슬퍼 보여요? 이런 쪽으로 눈치 빠른 치료사라는 걸 내가 잠시 깜빡했네요.

조시　그걸로 먹고살고 있습니다.

대프니가 숨을 깊이 들이쉬었다.

대프니　어젯밤에 어머니가 왔었어요. 물론 온 가족을 이끌고요. 우리는 늦은 저녁을 먹으러 나갔어요.

조시　가족이요?

대프니　나의 첫째 딸, 새아버지, 남동생, 시누이요. 뭐, 한때는 시누이였던 사람이죠. 이젠 이혼했으니 어떤 사이인지 모르겠지만. 우린 이탈리안 식당에 갔고, 거기선 늘 일어나는 불편한 일들이 벌어졌죠. 어머니가 분위기와 대화를 주도했고, 식탁 위에 오르는 모든 주제에 대한 판사이자 배심원이자 형 집행인 역할을 했어요.

대프니가 한숨을 쉬었다.

대프니 내 잘못이에요. 평생 어머니의 기분을 맞추려 노력
하면서 내 딸들과 동생에게 그 비겁함의 본을 보였
으니까요. 그래서 지금 우리는 엄격한 지휘자와 변
변찮은 오케스트라로 남았죠.

분석가 자신에 대해 상당히 비판적이군.

공감이 두려움에서 나온 행동처럼 들리는걸.

조시 사람들이 남의 기분을 맞출 때는 대체로 불안 때문
이죠.

대프니 어머니가 너무 무서워요. 어머니가 못마땅해하는
신호만 보이면 나는 움츠러들고 얼어버려요.

투쟁, 도피, 경직, 복종

투쟁 또는 도피 반응은 대부분 살면서 어느 시점엔가
는 들어보았을 것이다. 생물 시간에 들었다면, 그것이
우리가 스트레스나 위협이 닥쳤을 때 그 자리에 머물
며 잠재적 위협과 싸울지 아니면 달아날지를 선택하는
선천적 반응이란 것을 배웠을 것이다. 예를 들어, 곰이

당신을 향해 뛰어오고 있다면, 편도체가 촉발하는 투쟁 또는 도피 반응이 치고 들어와서 당신은 남아서 곰과 싸우거나 걸음아 나 살려라 하며 달아날 것이다. 개인적으로 나는 아주 강인한 사람이라 곰과 싸우기를 택할 것이다.

이후 투쟁 또는 도피 반응은 21세기 힙스터 버전으로 업그레이드되었고, 그래서 요즘은 종종 투쟁, 도피, 경직 또는 복종 반응이라고 불린다. 경직 반응은 위협을 마주하면 얼어버리는 것 같은 행동을 가리키는 말이다. 이를테면 겉으로 티는 안 나도 속으로 공황발작이 닥쳐와서 충격에 대한 반응으로 아무 말도 못 하거나, 발표하던 중에 얼어버리거나 몸을 움직이지 못하게 되는 경우, 또는 트라우마 사건을 상기시키는 무언가에 반응하여 완전히 해리 상태가 되는 경우 등이 경직 반응에 속한다.

복종 반응은 위협을 감지하면 잠재적 갈등을 피하려고 사람들의 기분을 맞추려 하는 것이다. 남들의 기분을 맞추려는 사람들이 복종 반응에 빠져드는 것은 대체로 자랄 때 내사한 믿음들 때문이다. 비합리적인 권위적 인물에게서 인정받고 싶어 그의 비위를 맞추기 위한 것일 수도 있고, 자라면서 받은 정서적·신체적 학대 때문에 안전을 확보하기 위한 것일 수도 있다.

대프니 그게 나와 어머니의 관계를 아주 잘 묘사해주네요. 나는 경직과 복종 반응을 하는 사람이에요. 어머니의 인정을 필사적으로 갈구하죠.

분석가 이런 반응의 기원을 탐색해보는 것이 좋겠어.

엉뚱이 근데 어머니가 여든 살이라고 하지 않았나?

공감이 맞아. 평생에 걸쳐 구축한 두려움의 연상 작용과 내사된 믿음들이 이제는 반사적으로 자동화된 위협 반응을 일으키고 있어.

다정이 내가 보기에도 그래.

조시 어머니의 인정이 왜 그렇게 당신에게 큰 무게를 지닌다고 생각하세요?

대프니 나도 모르겠어요. 아…, 어쩌면 그걸 알고 싶어서 심리치료를 받는 건지도 몰라요.

조시 그럴 수도 있겠네요.

나는 지난 세션에서 들었던 말을 떠올리며 내 뇌가 외쳐대는 소리에 귀를 기울였다.

조시 지난 세션에서 당신을 고치고 싶다고 했던 말이 기억나네요. 부정적인 감정들을 고치고 싶다고. 그 감정들이 당신이 겪고 있는 일의 자연스러운 부산물일 거라는 생각은 해보지 않으셨나요?

대프니의 두 눈이 코브라처럼 나를 빤히 응시했다.

대프니   어머니가 내 인생의 유일한 문제일 거라는 착각은 하지 말아요. 그러면 얼마나 좋겠어요? 나더러 어머니 문제를 얘기하며 펑펑 울라고 하면 마법처럼 내가 치유될까요?

나는 아무 말도 하지 않았다.

대프니   어머니 때문에 나에게 쌓인 모든 감정적 부하를 대상으로 작업할 수도 있겠죠. 하지만 그 밖에도 많은 게 있어요. 당신이 말한 그… 스트레스 양동이를 채우는 일들이랄까?

조시   알았어요.

대프니   한 번에 하나씩 어때요?

대프니가 입술에 립글로스를 발랐다. 그러자 순식간에 대프니는 내담자가 아니라 유명한 여배우로 바뀌었고, 나는 여기 반응하지 말라고 나 자신에게 주의를 주어야 했다.

대프니   오늘 노력한 모습 보니 좋네요. 지난번에는 분명 정장 셔츠를 입었었는데….

불안이   들켰군.

조시   죄송합니다. 봐줄 만한 옷들은 죄다 건조기 안에서 쪼그라들어 버렸거든요.

대프니   그 셔츠가 봐줄 만하다는 말은 아니었어요.

우리는 잠시 침묵 속에 앉아 있었다.

대프니　그래요.

나는 눈썹을 치켜올렸다.

대프니　그 레스토랑에서 식사하는 동안 공황발작을 경험
　　　　했어요. 갑작스레 어떤 파멸의 감각이 나를 덮쳐왔
　　　　고, 살짝 현기증도 일었어요. 나는 서둘러 화장실
　　　　로 갔고….

대프니는 수치스러운지 아랫입술을 깨물었다.

대프니　화장실 칸 안에 숨어 있었어요. 내 가슴 위에 큰 돌
　　　　덩이가 놓여 있는 느낌이었어요. 숨이 온전히 쉬어
　　　　지지 않았어요. 10분 뒤에 예전 시누이가 와서 괜
　　　　찮냐고 묻더군요. 그러자 어머니도 뒤따라와서는
　　　　화장실 문밖에서 나를 힐난하기 시작했어요. 무슨
　　　　수를 써서라도 제 어미와 함께 있지 않으려고 한다
　　　　는 둥, 연기를 안 하고는 단 5분도 못 배긴다는 둥.
　　　　"내가 여기까지 왔는데, 이 아픈 무릎으로 화장실
　　　　까지 따라 들어오게 만들어야겠냐? 철 좀 들어라,
　　　　대프니. 넌 쉰네 살이나 먹었어. 네가 가족 식사 하
　　　　나 감당하지 못한다고 내가 이 식당 화장실에서 너
　　　　를 안아줄 거라고 기대하진 않겠지?"

공감이　아우, 이건 너무 아프네.

비평가　중요한 얘기군. 적어둬야겠어.

187

대프니   슬픈 건 말이에요, 어머니 말이 맞았다는 거예요.
난 그순간 정말 안기길 원했거든요. 그 끔찍한 여
자한테요. 난… 난 안기고 싶었어요.

벅찬 감정 때문에 눈이 움찔거리자, 대프니는 곧바로 매섭
게 실눈을 뜨며 자신의 반응을 통제하려 했다. 마치 자기 몸
에서 펼쳐지는 자신만의 두더지 잡기 게임을 홀로 플레이하
고 있는 것 같았다. 부정적 감정이 두더지처럼 튀어 오르면
대프니가 장난감 망치를 휘둘러 그 감정의 입을 틀어막는
게임이었다. 대프니는 다시 침착해졌다.

대프니   어쨌든 공황발작은 잦아들었고, 나는 가족들이 있
는 식탁으로 돌아갔어요. 첫째 딸은 무슨 일이 있
었는지 짐작한 것 같았어요. 눈치가 아주 빠른 아
이거든요. 나는 재빨리 내 최선의 자아로 변신해
다시 유쾌한 척 행동했어요. 어머니가 미소 사이사
이 나에게 비수 같은 눈빛을 쏘아 보내긴 했지만
요. 집에 갈 시간이 되었을 때는 내가 직접 어머니
를 택시에 태웠던 것 같아요. 이만하면 스트레스
양동이를 채우기에 충분한가요? 노친네의 애정을
애타게 갈구하는 일이?

조시   공황발작이 왔을 때 그렇게 외로웠다는 얘기를
들으니 슬프네요. 당신은 회복탄력성이 강하신 것

같습니다. 지금까지 들은 바로는 어머니가 당신에게 지배력을 행사하고 있는 것 같군요. 당신의 자기가치에 말이에요.

대프니 동정하지 말아요.

조시 동정하지 않습니다.

잠시 이야기가 끊어지자 대프니는 선반에 있는 내 화초 하나를 응시했다. 대프니의 목과 가슴이 부분부분 벌겋게 변해 있었지만, 얼굴에는 미동도 없었다.

대프니 왜 어떤 사람들은 만족할 줄 모르는 걸까요? 왜 나는 결코 충분한 사람이 아니었을까요?

조시 누가 당신이 충분하지 않았다고 말하나요?

대프니 자라는 동안, 어머니의 인정은 나에게 모든 걸 의미했어요. 마치 마약 같았죠. 아버지는 유순한 분이셨고 어머니를 만족시키려고 노력하셨어요. 나에겐 아주 다정하셨는데, 아버지가 주는 사랑의 가치는, 뭐랄까, 어머니가 줄 수 있는 것에 비해 힘이 없었어요. 어머니는 사랑이라는 아주 강력한 선물을 갖고 있으면서도 그걸 나눠주는 데 아주 인색했어요. 왜일까요? 왜 나는 어머니한테 충분한 존재가 아니었을까요?

조시 그건 어머니만이 아시겠죠. 그리고 어쩌면… 어머니 자신도 모를 수도 있어요.

대프니가 나를 쳐다보았다. 이 답을 기대한 것 같은 눈빛이었다.

대프니 정말 미안해요. 이런 터무니없는 칭얼거림 멈춰야
했는데…, 난 성공한 배우이고, 원한다면 새 엄마
를 살 수 있을 만큼 돈도 많은데…, 당신 시간을 낭
비해서 미안해요. 아직도 어머니의 가슴에 매달려
있기를 갈망하는 배우의 신경증 말고, 실질적으로
당신의 도움을 필요로 하는 사람들이 많을 텐데….

비평가 '어머니의 가슴에 매달려 있기를…' 알았어. 그다음엔 뭐
라고 했더라?

대프니는 갑자기 긍정적인 태도를 취해 보였는데, 이건 내
가 순전한 연기임을 곧바로 알아차린 얼마 안 되는 경우 중
하나였다.

대프니 좋은 세션이었어요! 고마워요. 한 시간을 꽉 채워
야 하는 건 아니죠? 오늘은 이만하면 충분한 것 같
네요.

도망이 가고 싶어 하는군.

분석가 할 수 있으면 더 있도록 설득해. 물론 진심으로 가고 싶어
하는 거라면 강요하진 말고.

다정이 대프니가 마땅히 받아야 할 인정을 느끼게 도와주자.

190

조시   어머니의 사랑이 마약 같았다고 하셨죠? 그러면 어머니가 사랑을 줄 줄 아는 분이라는 거네요. 과거에는 어머니가 당신을 인정해주셨군요.

탐정   내사 탐험에 나선 거냐, 플레처?

분석가   우린 대프니와 함께 더 알아보고 탐색하는 중이야.

물건을 챙기며 나갈 준비를 하던 대프니가 동작을 멈췄다. 한순간 대프니는 깊은 기억 속 오랫동안 잊고 있던 곳으로 순간 이동한 것 같았다. 나는 대프니가 어디로 갔는지 몰랐지만, 행복한 장소인 것 같았다. 강철 마스크가 벗겨지며 얼굴에 미소가 떠올랐다. 단 한순간에 지나지 않았더라도, 행복해도 될 만큼 안전하다고 느끼는 사람의 미소였다. 나도 진심으로 그곳에 함께 있으면서 그 감정을 느껴보고 싶었지만, 왠지 나는 그 기억이 무엇인지 절대 알아낼 수 없을 거라는 느낌이 들었다.

대프니   내가 어린아이였을 때 어머니는 나를 무척 사랑했어요. 내 머리를 빗겨주고, 노래도 불러주고, 극장에도 데려가고, 예쁜 옷을 입혀 모든 가족과 친구들에게 자랑하듯 나를 내보였죠. 내게 최고의 것만을 주고 싶어 했던 것 같아요. 하지만 그 마음에는 어머니 자신의 희망과 꿈들이 얽히고설켜 있었어요. 나에 대한 사랑은… 서서히 일종의 거래가 되

191

어갔어요. 내가 나이가 들어갈수록 뭔가를 해서 그 사랑을 따내야 하는 것처럼. 공연 날이나 내가 상을 받은 날을 제외하면 어머니한테서 느껴지는 친밀함은 희미해졌어요. 나는 항상 연습해야 했어요. 노래, 연기, 태도….

과거를 묘사하는 동안 대프니의 신체 언어가 느슨해졌다. 대프니 자신의 무대에 처진 커튼이 살짝 열리며, 잠시나마 무대 옆에 무엇이 있는지 보여주었다. 나는 이에 고마움을 느꼈다. 동시에 그 점에 대해 언급하고 싶지 않기도 했다. 그러면 대프니가 이야기를 멈춰버릴 것 같았기 때문이었다.

대프니　　언젠가 어머니가 내게 상냥한 말을 한마디도 해주지 않고 몇 주나 지났을 때가 기억나요. 그때 난 열네 살이었어요. 신체 접촉도 없었고, 칭찬도 없었고, 아무것도 없었죠. 내가 바란 건 아기처럼 대해주는 게 아니었어요. 그저 나란 존재를 인정해주었으면 했어요. 내가 〈리처드 3세〉를 성공적으로 공연한 날, 어머니의 냉정함의 벽이 짧은 기간이나마 낮아졌어요. 내가 연기한 레이디 앤 네빌 역할이 열광적인 반응을 받았거든요. 관객이 기립박수를 보낼 때 어머니의 눈에서 빛나던 그 자랑스러움이란…. 어머니는 몇 주 동안 퍼레이드를 하듯이 저녁 모임에 나를 데리고 다녔어요. 나를 꼭 끌어안고 마치 트로피인 듯 과시했죠.

공감이 사랑에 굶주린 채 지내던 대프니에게 이 일이 얼마나 기뻤을지 상상이 가네.

분석가 조건부 애정이야. 잊지 마.

조시 그건 너무… 조건부 애정 같은데요?

대프니가 나를 바라보았다.

대프니 나도 그걸 깨닫는 중이에요.

조시 당신이 연기를 잘하는 것을 조건으로 주는 애정. 당신이 성공적으로 해내고 주변 사람들을 만족시킬 때만 주는 애정. 더 잘 요약할 말을 찾지 못해서 하는 말이지만, 당신이 특별할 때만 친밀함과 칭찬과 사랑을 받을 가치가 있다는 거죠.

대프니 맞아요.

눈물 한 방울이 떨어지기 일보 직전이었다. 대프니는 재빨리 눈물을 찍어냈다.

대프니 어머니도 나를 위해 최선을 다했다고 생각해요. 하지만 기이하고 살벌한 방식이었죠. 어머니가 아니었다면 나는 오늘날 이 위치에 있지 못했을 거예요. 연기 학교에도 다니지 않았을 거고요. 어머니는 필요한 돈을 모두 대주었고, 나를 한계까지 밀

193

어붙였어요. 어머닌… 오늘날 내가 성취한 모든 것을 이뤄내도록 도와주었어요. 그건 정말 고맙게 생각해요. 난 모든 걸 당연하게 받아들이는 망나니는 아니에요. 정말로 고맙게 여기고 있어요. 어머니의 공을 잘 알아요….

조시 당신의 어머니에게는 당신이 성공하는 데 일조한 것, 그러니까 이 경우엔 당신의 공적인 페르소나에 대해서 자랑스러움을 인정하는 것은 비교적 쉬웠던 것 같네요. 엄청난 성공을 가져다준 당신의 외적인 이미지요. 당신 역시 어머니의 도움에 고마워하는 것 같고요. 어머니가 영향력이 굉장하신 것 같네요.

대프니는 자기 핸드백에서 티슈 한 장을 더 꺼냈다. 내가 테이블에 얹어둔 티슈 상자는 무시한 채….

대프니 어머니는 자랄 때 어려운 시간을 보냈어요. 외할머니가 말도 못 하게 냉혹한 분이거든요. 내 사촌에게 들은 이야기인데, 외할머니가 어머니를 가혹한 수녀들이 운영하는 기숙학교에 보냈대요. 그리고 어머니가 아버지를 만나기 전에 술꾼 남자친구한테 몇 년 동안 구타당했다는 사실도 난 알고 있어요. 어머니가 그 남자와 헤어질 거라는 얘기를 하

194

려고 외할머니한테 갔을 때, 할머니는 그 폭력적인
남자친구 편을 들었대요.

공감이 대프니가 어머니의 참조를 안으로 들어가고 있어.

분석가 보통 이런 건 맥락화하는 데 도움이 되지.

대프니 내 생각엔 두 가지 일이 일어난 것 같아요. 어머니
가 나를 통해 대리만족하는 인생을 살고 있다고 생
각해요. 내가 기회를 얻고 성공하는 것을 질투하면
서도, 동시에 그런 기회와 성공을 내게 제공해주는
일에 극도로 열정을 불태우죠. 어머닌 그런 기회
와 성공을 누리지 못하는 게 어떤 일이라는 걸 잘
알고 있어요. 또 내 생각에 어머니는 내 성취를 자
신의 성취로 여기는 것 같아요. 나를 데리고 다니
며 사람들에게 보여준 건 이런 마음이었을 거예요.
"자, 봤지? 난 이렇게 잘 해내고 성공할 수 있어. 내
딸을 보라고!" 어머닌 자신이 결코 가질 수 없었던
인생을 만들어주는 일에 모든 사랑을 쏟아부었지
만, 그 대가로 냉정하고 지배적인 사람이 되었다고
생각해요.

조시 그러니까 당신에게 결핍이 생기는 일, 예컨대 공황
발작을 겪는 일은 어머니에게는 당신을 통한 대리
인생에서 실패를 맛보게 되는 거군요?

대프니 맞아요!

분석가 네가 그 참조틀을 포착했구나.

다정이 잘했어.

대프니 그건 실패하는 나니까요. 내가 감정적이고, 힘들어
하고, 기본적으로 내가 찬사받지 못하는 모든 일이
어머니한테는 대본에 어긋나는 일인 거죠.

우리는 대프니의 어머니가 대프니의 삶에 미친 영향에 관해
계속 이야기를 나누었다. 대프니가 이야기를 이어갈수록 우
리의 논의는 더욱 균형 잡힌 분석이 되어갔다. 그러는 동안
에도 나는 아직 간간이 나 자신을 꼬집어봐야 했다. 나의 참
조틀은 여전히 이 세계적으로 유명한 배우가 내 상담실에
앉아 있다는 사실에 놀라워하고 있었기 때문이다. 하지만
나는 내 주의의 초점을 계속 바로잡았다. 나는 대프니를 위
해, 그 페르소나 뒤에 있는 사람을 위해 여기 앉아 있는 것
이니까.

조시 역설적인 상황이군요. 만약 어머니가 당신이 원하
는 만큼 자애롭고 다정한 분이셨다면, 당신이 성취
한 일들을 이룰 수 있었을 거라고 생각하세요?

대프니 누가 알겠어요? 평행우주의 삶을 상상해보는 건
불가능하죠. 그렇지만 어머니가 없었다면 연기 경
력에서 내가 조금이라도 성취를 했다고 하더라도

지금의 나만큼 큰 성취는 이루지 못했을 거라고 확신해요. 그러고 보니, 정말 그랬다면 내 인생이 어땠을지 궁금해지네요.

분석가 게슈탈트 치료의 빈 의자 기법을 활용해보면 어떨까?

다정이 감정적으로 매우 격해질 수도 있지만, 대프니가 힘들어하는 감정들을 해결하는 데 도움이 될 수도 있어.

탐정 그 방법은 종종 양동이 안에 들어 있는 다른 것들도 드러내주지.

비평가 대프니는 안 할 거야. 조시, 넌 TV를 너무 많이 봤어. 네가 무슨 게이브리얼 번*인 줄 알아?

침착이 한번 시도해봐.

대프니는 깊은 생각에 빠진 채 내 스파티필름 화분을 빤히 쳐다보고 있었다.

조시 이런 거 한번 해보면 어떨까요? 단, 당신이 원하신다면요. 상상해보세요. 만약 어머니와 얼굴을 마주하고 무언가 말할 수 있다면, 그때 아무런 판단의 잣대도 들이대지 않고 공감과 배려가 보장된다면, 무슨 말을 할 것 같으세요?

대프니가 웃기 시작했다.

• 아일랜드의 영화배우. HBO 드라마 〈인 트리트먼트In Treatment〉에서 심리치료사 폴 웨스턴 역을 연기했다.

대프니   우리 어머니처럼 분장이라도 하게요? 내 치유적
          성장을 위해 젖이라도 먹여줄 참인가요?

나는 이 시나리오를 제안하는 것이 얼마나 진지한 뜻인지
조용히 전달하려 애썼다. 대프니는 다시 스파티필룸으로 시
선을 옮겼다.

조시   저를 보지 않아도 괜찮아요. 방 안에 있는 아무거
        나 골라서 그걸 향해서 얘기하세요. 만약 어머니가
        친밀하고 잘 안아주는 타입이라면 당신은 무슨 말
        을 하시겠어요?

나는 퇴짜와 비난을 예상했지만, 놀랍게도 대프니는 화초만
계속 응시하고 있었다. 내 제안에 대해 생각하고 있는 것 같
았다. 다음 순간 일어난 일은 그저 놀랍기만 했다.

대프니   엄마, 안녕. 지난번 봤을 때랑 많이 달라 보이네요.
          엄마 화분에 아직 가격표 붙어 있는 거 알았어요?
          딱 보니 엄마는 세인즈버리에서 4.99파운드에 팔
          려왔네요. 항상 이 사무실 안에서 사는 게 어떨지
          궁금하네요. 내 생각엔 아마 엄마한테 어느 정도의
          공감과 연민의 능력을 주었을 것 같은데, 비료와
          물은 제대로 받아먹고 있는 거예요?

대프니가 나를 보았다. 나는 계속 집중해서 귀를 기울였다.
대프니는 다시 스파티필룸으로 눈을 돌렸다.

대프니 와, 새롭네요, 엄마. 평소 같으면 이쯤에서 뭔가 불
쾌한 말로 응수했을 텐데. 비판, 혹평, 마치 자기 명
령을 모세가 돌에 새겨넣기라도 한 듯 근거 없는
의견을 쏟아붙였을 텐데 말이죠. 아무튼 내 생각을
말할 여지를 만들어줘서 고마워요.

대프니는 확인하려고 나를 쳐다보았다.

대프니 이 버전의 엄마는 평가하지 않고 그냥 듣는 사람이
라고 했죠?

조시 네.

대프니는 한숨을 쉬고 숨을 한 번 깊이 들이마신 다음, 언제
나 참을성 있는 스파티필룸에게 다시 말을 걸기 시작했다.

대프니 엄마, 난 평생 마음이 힘들었어요. 아니 그 정도가
아니에요. 내 마음은 나를 고문해요. 난 항상 엄마
가 나를 위해 이 모든 혼란을 없애주기를 바랐는
데…. 하지만 엄마가 나를 강하게 만들고 싶어 했
다는 것도 잘 알아요. 내가 만약 내 속마음을 엄마
한테 털어놓으면 엄마가 나를 떠날까 봐 두려워요.
나를 버릴까 봐. 그러면 나는 부서질 거예요. 한 번
도 엄마한테 충분한 딸이지 못했던 거 미안해요.
하지만 엄마 역시 여러 면에서는 나를 실망시켰다
는 거 분명히 알아야 해요. 우리는 아무도 완벽하

지 않지만, 난 엄마가 엄마의 사랑으로 나를 인질
로 잡고 있었다고 느껴요. 그게⋯, 그게 내가 수치
스러워하는 나의 부분들을 묻어버리게 만들었어요.

마침내 눈에서 눈물이 떨어지기 시작했다.

대프니   일을 하지 않고 있을 때는 내가 누구인지도 모르
겠어요. 무대 밖, 화면 밖에 있는 나라는 사람은 심
각한 콤플렉스 덩어리이고, 나는 너무나 철저히 혼
자예요. 나는 나 자신에게 거짓말을 하고, 아이들
에게, 가족에게 그리고 그 누구보다 엄마에게 거짓
말을 해요. 그래야 안전하다고 느끼니까요. 하지만
계속 거짓말할 수는 없잖아요. 그게 날 죽이고 있
으니까. 내 아이들과 나와 가까운 사람들에게도 부
당한 일이죠. 그리고⋯ 나에게도 부당한 일이고요.

직업적인 배우의 껍데기는 완전히 사라졌다. 이 사람은 감
정적이고 아름다운, 날것 그대로의 대프니였다. 눈물이 줄
줄 흘러내렸고 코가 막혔지만, 대프니는 계속 말했다.

대프니   엄마한테 하고 싶은 말이 무척 많아요. 아니, 그 누
구한테라도 말하고 싶은 것이기도 하죠. 난⋯, 나
는 엄마가 원했던 그런 여자가 아니에요. 사실 내
가 정말 여자가 맞기나 한지 항상 내게 물어요. 엄
마가 원했던 그 매력적인 남자와 맺어지지 못해서

200

미안해요. 나도 잘 해보려고 노력은 했어요. 하지만 아주 나쁜 놈이었어요. 심지어 폭력적이기까지 했고요. 내가 남자들을 좋아하기나 하는지도 의문이에요. 내가 여자인지 아닌지도 모르겠고, 남자들에게만 끌리는지도 확신이 안 서요. 난 엄마의 생각에 늘 맞출 수는 없어요. 나는 엄마가 원했던 트로피가 아니에요. 나는 정체성도 없고 성별도 없이, 엄마를 통해 완벽하게 갈고 닦았던 기술로 여전히 살아가고 있는 중년의 성 소수자예요. 그래도 난 엄마가 나를 그냥 나로 봐주기를 원해요. 엄마가 나를 볼 수 있고 사랑할 수 있기를…. 내가 나를 볼 수 있고 사랑할 수 있기를…. 내가 그럴 수 있도록 엄마가 도와주기를…. 속상해요, 엄마가 그럴 수 없다는 게….

다정이   오오.

분석가   안과 밖이 하나가 되었군.

대프니가 나를 바라보았고, 끝났다는 후련함 때문인지 숨을 거세게 몰아쉬었다. 그러다 갑자기 불안의 급습을 받은 것 같은 표정을 보였다.

대프니   이거 모두 비밀 지켜지는 거 맞죠? 그러니까 당신이 큰돈을 받고 이 이야기를 팔 수도 있는 거잖아요. 맙소사, 내가 무슨 짓을 한 거지? 우리 가족에게 무슨 짓을 한 거야?

공감이 저런 얘기를 하고 나면 무섭고 취약하게 느껴지는 게 당연하지.

조시 제게 이야기를 들려주셔서 고마워요. 당신이 마음을 열고 하는 이야기를 들으니 정말 기뻤어요. 여기서 당신이 하신 모든 이야기는 엄격히 기밀유지가 된다는 것 다시 말씀드릴게요. 그 이야긴 이 방 안에만 머물 거고, 당신이 원하신다면 영원히 그럴 거예요.

대프니 고마워요.

이번에 대프니는 우리 사이에 놓인 티슈 상자에서 티슈를 한 장 뽑았다.

감정의 절제

속내를 열어 보이는 일을 아주 어려워하는 사람이 많다. 스펙트럼의 한쪽 끝에는 항상 전전긍긍하고, 관심을 갈구하며, 주변에 있는 아무라도 붙잡고 끊임없이 자신의 감정을 말로 표현하는 사람들이 있다. 그런 사람들은 해마다 자기 생일에 혹은 당신의 생일에 케이크 위의 촛불을 불어 끄려는 찰나, 모든 사람에게 자기 유년기의 트라우마에 관한 이야기를 늘어놓는다. 이 스펙트럼의 반대쪽 끝에는 극도로 감정을 절제하고, 역경에도 약한 모습을 내보이지 않으며, 〈말리와 나〉를 보고도 울지 않고, 평생 남들 앞에서는 결코 눈물을 보이지 않는 사람들이 있다. 그들은 감정에 관해 이야기할 일이 생기면 꽁무니를 빼며 그런 얘기를 하는 건 나약한 짓이라고 생각한다. 취약성은 이 사람에게 멀미를 일으킨다. "침착을 유지하고 하던 일을 계속하라."

이 스펙트럼에서 당신의 위치는 어디쯤에 해당하는지 생각해보기를 권한다. 맥락이 필요하다면, 당신이 아는 사람들을 비교 대상으로 삼으면 된다. 당신이 아는 사람 중에 누가 가장 엄격하고 마음을 털어놓지 않는 사람인가? 이 사람들은 어쩌면 취약성을 드러내느니 차라리 화를 내는 편을 택할 것이다. 코를 들이미는 새끼 수달을 품에 안겨줘도 기쁨의 눈물 한 방울 흘리지 않을 사람은 누굴까? 이 사람들을 스펙트럼의 한쪽 끝에 두자. 이제 맛깔나게 하든 짜증스럽게 하든 감정을 솔직하게 표현하는 사람을 생각해보자. 당신이 어떻게 보는가에 따라 그들의 감정 표현은 자신감 있게 보일 수도 있고 불쾌할 수도 있다. 이들을 반대쪽 끝에 두자. 자, 이제 당신을 어디에 두겠는가? 맥락이 무엇이든, 내가 이상적으로 여기는 목표는 감정적으로 절제된 사람들과 감정 표현이 개방적인 사람들을 가운데에서 모이도록 초대하는 것이다. 나는 우리의 마음을 무겁게 하는 까다로운 일들을 이야기하며 풀어갈 수 있는 곳이 바로 그 가운데 지점이라고 믿는다.

나의 목표는 모든 사람에게 울면서 전전긍긍하고 끊임없이 감정에 휘둘리라고(물론 그런 상태라면 언제든 환영이니

내 상담실에 오면 된다) 권장하는 것이 아니라, 취약한 면을 표현하는 일을 자기 본질의 근본적인 변화가 아니라 자신의 안녕을 위한 긍정적인 변화로 보도록 권장하는 것이다. 강함은 입을 다물 수 있는 능력이 아니라, 그때그때 필요에 따라 감정 절제의 스펙트럼 어디로나 옮겨 갈 수 있는 능력으로 정의해야 한다.

예를 들어, 내가 불안한 감정과 우울한 생각으로 정말 힘들어하고 있고 자해를 하려고 생각하고 있다면, 나는 도움이 될 만한 사람을 만나 속마음을 털어놓을 것이다. 이와 반대로 자신의 감정에 관해서는 입을 다무는 게 더 좋을 때도 있다. 이를테면 친구가 용기 내서 트라우마가 된 어떤 일에 관해 속마음을 털어놓고 있을 때가 그런 경우다. 그들이 하는 말이 내 안의 부정적 감정을 일깨울 수도 있겠지만, 나는 친구의 감정을 우선시하며 조용히 귀를 기울일 것이다.

감정 절제의 큰 문제 중 하나는 그것이 불안 자체에 근거하고 있다는 점이다. 많은 경우 감정을 절제하는 것은 자기도 몰랐던 부정적 감정을 느끼게 될 것에 대한 두려움, 또는 도움이 필요한 사람 앞에서 어설프게 반응하거나 막막함을 느끼게 될 것에 대한 두려움 때문이다. 나와 가까운 사람들에게서도 나는 여전히 그런 두려움을 목격한다.

누군가의 문제에 관해 들어주면 자동적으로 그 사람에

대한 책임을 떠맡게 된다는 두려움도 감정 절제의 한 원인이 된다. 이는 사실이 아니다. 5분 정도 누군가의 이야기를 들어준다고 해서 당신이 나이팅게일이 되어야 하는 것도 아니고, 영원히 그들의 보호자가 되어야 하는 것도 아니다. 오히려 감정을 절제하는 사람들이 난처한 주제를 피하는 이유는, 아주 솔직히 말해서 그렇게 어색하고 곤란한 일을 할 가치가 없다고 생각하기 때문이다. 미지의 감정은 너무 두렵다. 자신의 막막한 감정을 달래는 것이 누군가에게 연민을 표현하고 싶은 욕망을 이기는 경우가 많다. 나는 종종 내가 친구들과 가족에게 그런 막막함을 느끼게 하고 싶어 하지 않는다는 걸 깨닫고는 한다. 이는 내가 "어떻게 지내?"라는 질문에, "난 좋아. 넌?"이라고 자주 거짓으로 답하는 이유다.

# #
해리

2009년 10월, 투광등 아래서

안내원   자리를 못 찾나 보네요. 도움이 필요하세요?

나는 그에게 우리 티켓을 보여주었다.

안내원   잘 찾아왔네요. 이 개찰구를 지나서 저 계단으로
        쭉 올라가면 돼요. 아, 잠깐만….

안내원이 해리를 아래위로 훑어보았다.

안내원   이건 어린이 티켓인데…. 우리를 속이려는 거야,
        젊은 친구?

해리   전 열세 살이에요!

안내원   열세 살은 무슨! 저 친구보다 더 늙어 보이는데!

그가 나를 가리키며 말했다. 우리는 모두 함께 웃었다.

안내원 여기 처음이에요?

조시 예, 완전 기대되요. 동생이 찐 팬이거든요.

안내원 잘 왔어요. 경기 재밌게 봐요, 친구들!

우리는 100계단 정도는 올라간 것 같았다. 꼭대기에 도착했을 때 나는 잠시 멈춰서 앞으로 몸을 숙이고 숨을 골랐다. 동생이 나를 보며 웃었다.

조시 포털 건으로 순간 이동했으면 좋았을걸.

해리 그냥 담배를 끊는 건 어때?

조시 시끄러.

마침내 연결 통로를 지나 스타디움으로 들어섰다. 저 아래 완벽한 초록 잔디 바다에 조명을 비추는 거대한 투광등이 우리를 맞이했다. 정말 굉장했다. 내가 상상한 것보다 훨씬 더 멋졌다. 경기장은 거대했고 흥분한 팬들의 응원 소리로 가득 차 있었다.

조시 우리의 첫 경기 관람으로 나쁘지 않지?

해리는 환하게 미소 지으며 아래 경기장에서 몸을 풀고 있는 선수들을 가리켰다. 곧 경기가 시작됐고, 해리의 팀은 겨우 6분 만에 골을 넣었다. 우리는 주변의 수백 명과 동시에 함성을 지르고 펄쩍펄쩍 뛰었다. 그날 팀은 두 골을 더 넣으며 손쉽게 승리를 가져갔다. 경기장 전체에 흥분과 열기가 퍼져 있었다.

해리   끝내주는 경기였어! 나 목소리가 갔어!

조시   네가 여기서 고래고래 소리 지르고 욕한 거 엄마한
          테 얼른 이르고 싶다.

동생이 경기장을 빠져나가는 선수들을 보며 박수를 치는 동
안, 나는 해리의 얼굴에 어린 기쁨을 바라보았다. 최근 나는
잘한 선택이 별로 없었다. 그러지 말았어야 할 물건에 돈을
낭비하다가(누구든 대마초에 중독성이 없다고 말한다면 거짓말
이다) 빚까지 지고 말았다. 하지만 마지막 남은 돈은 축구 경
기를 보러 오는 데 썼다. 해리의 표정을 보니 한 푼도 아깝
지 않았다. 카메라의 조리개를 조이자, 선수들 한 명 한 명
열심히 바라보고 있는 해리의 히죽이는 미소, 기울어진 안
경, 기쁨으로 가득한 눈이 선명하게 잡혔다. 나는 해리의 기
쁨을 대리 체험하면서 해리의 참조틀 속으로 완전히 들어가
있었다. 요즘 늘 패배자처럼 느껴졌는데, 적어도 오늘밤은
내가 조금은 좋은 형이라는 느낌이 들었다.

해리   나 배고파. 감자튀김 먹으러 가자.

조시   그래, 네가 사는 거다. 나 이제 완전 빈털터리야.

해리는 엄마가 준 용돈을 주머니에서 꺼내더니 손바닥에서
동전들을 굴렸다.

해리   응.

리바이 3

약속 시간 5분 전, 상담실 문이 막 발길질을 당한 살롱 문처럼 활짝 열렸다.

리바이　이게 강박장애라고 생각하는 사람이 당신만은 아니에요.

불안이　엄마야.

나는 블루베리 요거트를 절반 정도 먹은 참이었는데, 막 떠올린 요거트 한 스푼이 내 청바지에 다 튀고 말았다. 리바이는 그런 나를 못 봤거나 아니면 그러든 말든 신경 쓰지 않고 벌써 상담을 시작할 준비를 하고서 소파에 앉았다.

분석가　심리치료의 바운더리를 기억해. 이 바운더리에는 시간도 포함돼.

조시 좋은 아침이에요, 리바이. 그런데 우리 상담 시간은 아직 몇 분 남았고, 저는 간단히 요기하던 중이었어요. 괜찮으시면 나가서 우리가 마실 따뜻한 음료를 가져올게요. 차, 아니면 커피?

리바이 당연히 괜찮죠. 나는 차로 할게요.

공용 간이 주방으로 가보니 닥터 파텔이 커피를 젓고 있었다. 내게 따뜻하게 인사를 건네던 닥터 파텔은 내 가랑이에 튄 흰 얼룩을 보고는 서둘러 자기 진료실로 돌아갔다. 나는 종이 행주로 바지에 묻은 요거트를 톡톡 두드려 닦아내고, 차 두 잔을 준비해 들고 조심스레 내 상담실로 돌아갔다. 방에 들어가니 리바이가 창가에서 블라인드를 만지작거리고 있었다.

조시 차 여기 있습니다.

나는 소파 옆 테이블에 찻잔을 내려놓았다.

리바이 고마워요.

이제 우리 둘 다 자리에 앉았다. 지난 세션이 끝날 때 음산하게 떠났던 리바이가 다시 온 걸 보니 기뻤다.

조시 그래, 그 강박장애 얘기는 뭐예요?

리바이 지난 세션 후에 당신 말대로 의사한테 갔었어요. 사피아가 아는 그 의사 말고요, 올덤의 내 지정 일반의요. "선생님, 심리치료사가 내게 강박장애가

있다던데요"라고 말하고는 상처랑 멍투성이인 내
등을 보여줬죠.

리바이는 큰소리로 웃었다.

리바이   당신도 그 의사 얼굴을 봤어야 하는데! 전에는 의
사한테 한 번도 진지한 관심을 받아본 적 없었는
데, 이번에는 의사가 심각한 표정으로 주의를 기울
이더라고요.

공감이   그게 어떤 느낌인지 우리도 알고 있지.

조시   그래서 어떻게 됐어요?

리바이   '응급'이라며 나를 어떤 전문가에게 보내려고 합디
다. 그래서 내가 그렇게 수선 피울 것 없다고, 나는
응급상황이 아니라고 했어요. 응급상황이라면 나
도 질리게 봤다고요. 술 마시고 싸우다 머리 깨져
서 피 줄줄 흘리는 놈들, 그런 게 응급상황이죠. 하
지만 의사는 완강했어요. 다음 날 나는 그 의사가
알려준 심리학자를 만나러 갔고, 그 사람이 나한테
희한한 질문을 잔뜩 던지더니, 뭐라고 한참 장황하
게 얘기합디다.

리바이가 요란하게 후루룩거리며 차를 마셨다.

리바이   과학적인 설명 같은 걸 하니까 정신이 좀 멍해지
더라고요. 나한테는 무슨 일본말 하는 거나 다름없

212

었어요. 그러다가 그 사람도 당신이 한참 얘기했던 강박장애 얘기를 하더라고요. 'OCD'*라나 뭐라나. 그러고는 침투하는 생각과 행동에 대해서 질문하기 시작했어요. 나는 그 심리학자한테 당신이 이미 그렇게 말했다고 얘기해줬죠.

다정이 리바이가 네 제안대로 의사를 보러 갔다니, 정말 다행이야. 잘했어, 조시.

비평가 네 강박장애 때문에 가능했던 거잖아, 이 돌팔이야. 여기 감정이입 능력 같은 건 없어. "오, 여기 나 같은 사람이 있네" 이런 거였잖아. 난 너한테 칭찬 못 해줘.

리바이 아무튼 심리학자가 뭔 이상한 알약을 주고는 강박장애 치료를 시작해야 한다고 그러더라고요. 뭐라더라…, 뭐였지…? 노출 방지 어쩌구 하는 거였는데….

조시 노출 및 반응 방지요?

리바이 그래요, 그거! 자기가 아는 사람들한테 내 치료를 의뢰해 주겠다고 하길래, 당신과 그걸 할 수 있는지 알아보겠다고 했어요.

• 강박장애obsessive-compulsive disorder는 강박사고obsession와 강박행동compulsion으로 이루어지며, 강박적인 생각이 지속적으로 떠오르고 이에 반응하여 자신의 의지와 무관하게 강박적인 행동을 하게 되는 것이다. —옮긴이

노출 및 반응 방지

노출 및 반응 방지ERP는 내담자가 자신의 공포를 직면한 채 떠오르는 강박적이고 침투적인 생각을 제압하거나 없애버리려는 시도를 하지 않고 그대로 내버려두는 방식의 치료법이다. 의도적으로 자신을 공포에 노출하여 편도체가 날뛰게 하고, 그러면서도 불안에서 기인한 강박행동은 하지 않음으로써 편도체가 스스로 재배선하도록 유도하는 방법이다. 흥미롭게도 편도체는 활성화되었을 때만 재배선될 수 있기 때문에, 공포를 느끼는 대상에 스스로 다가가는 일이 위협 반응을 줄이기 위한 첫걸음이 되는 것이다.

노출 및 반응 방지는 강박장애의 표준 치료법이며, 전 세계에서 쌓인 실제 경험적 증거들로써 효과가 증명되었다. 강박장애를 치료하려면 심리치료사가 강박장애에 대한 지식을 반드시 갖추고 있어야 한다. 연구에 의하면, 전통적인 상담 치료는 장기적으로 강박장애를 악화시킬 수도 있다고 한다. 강박장애에서 매우 흔한 강박사고 중 하나가, 침투하는 생각의 내용에 관해 괜찮다는 확인을 받고자 하는 것이기 때문이다.

강박장애에서 흔한 강박행동의 하나가 반추인데, 개방적 대화 치료는 의도치 않게 반추를 더욱 부추길 수 있다. 강박행동은 불안에서 생겨난다. 만약 우리가 불안이 시키는 대로 행동한다면, 우리는 불안을 해소해준데 대해 강박행동(과 편도체)에게 고마움을 느끼게 되므로, 그 순환이 되풀이된다. 다른 모든 불안장애와 마찬가지로 강박장애에서 회복하는 일에서는 불확실성 속으로 기꺼이 들어서려는 자신의 의지가 핵심축이다. 이는 수년간 불확실성을 회피하려고 기를 써본 사람으로서 하는 말이다.

조시   어디서부터 시작할까요, 리바이?

리바이   무슨 말이에요?

그는 내 시선을 피하며 의자에서 고쳐 앉았다.

조시   당신을 괴롭히는 침투적 생각을 살펴보자고요. 어디서부터 시작하면 좋으시겠어요?

리바이   난 못해요….

조시   무섭죠. 알아요. 당신의 가장 큰 두려움을 직면하려면 특별한 종류의 용기가 필요해요. 그저 이곳이 안전한 장소라는 것, 그리고 거기에 첫걸음을 내디딜 때 제가 당신 옆에 있다는 것만 알아주세요.

리바이   난 이거 못해요. 당신이 틀렸으면 어떡합니까? 진짜로 악령이 있고 당신이 그걸 놓친 거면요? 그 생각들이 말하는 대로 내가 끔찍한 괴물로 변한다면요? 왜 당신이 하는 말과 다른 모든 사람이 하는 말이 다른 거죠?

탐정 이런 의심이 어디서 생겨났는지부터 알아보는 게 좋겠어.

조시 다른 모든 사람요?

리바이 내 아내, 우리 공동체 사람들. 알잖아요.

직관 심상치 않은 기운이 느껴지는데….

불안이 네가 틀렸을 수도 있어.

조시 공동체요?

리바이 (목소리를 높이며) 그래요, 공동체! 당신 뭐 앵무새예요? 계속 내가 한 말끝만 따라하게?

나는 아무 말도 하지 않았다.

리바이 미안해요.

조시 괜찮습니다.

리바이 난 어떤 신앙 공동체에 소속돼 있어요. 우리는 교회도 있어요. 의식 같은 것도 올리고요. 그 사람들 외부인이 보기엔 이상해 보일지 모르지만, 그냥 자기 신앙에 독실한 것뿐이에요. 우린… 우리는 독실한 신앙을 갖고 있어요.

분석가 이 심상찮은 일을 파헤쳐보려는 거라면 계속해도 괜찮아.

조시   당신은 항상 이 공동체에 속해 있었나요?

리바이   아뇨, 내가 항상 신앙심이 있었던 건 아니에요. 내
인생에서 힘든 시기에 그들이 날 받아줬죠. 그 점
에서 사피아에게 고마워요. 그들이 날 구원했어요.
사피아가 날 구원했죠. 아내는 내 수호천사예요.
우리가 만난 지 한두 달쯤 지났을 때 아내가 날 그
쪽에 소개해주었어요. 그때 이후로 난… 살면서 한
선택들에 대해 죗값을 치르며 참회하려고 최선을
다해왔어요. 나의 죄들에 대해. 우리는 예배당에서
공동체 사람들 앞에서 결혼식을 올렸어요. 내 인생
에서 가장 행복했던 날이었죠.

나는 미소를 보였다. 그러는 게 예의인 것 같아서였다. 이
시점에는 어떻게 받아들여야 할지 몰라서 그냥 계속 리바이
의 세계에 나를 푹 담그려는 노력만 했다.

리바이   내가 머릿속이 이상해져 힘들어하기 시작하자 그
들이 나를 돕고 싶어 했어요. 마이클 목사, 사피아
그리고 공동체의 몇몇 사람까지 정말로 나를 돕는
데 힘을 보태려고 했다니까요? 그들은 내가 좋은
사람이라고 생각해요. 악령이 내 정신의 일부를 타
락시킨 게 틀림없다고 믿고요. 그들은… 진심으로
나를 염려해주는 사람들이에요. 내 생각에 그들은

217

당신네 사람들처럼 세상을 보지는 않죠.

공감이 그 지원 네트워크에 대해 고마움을 느끼는 건 분명하지만, 목소리에 미심쩍어하는 기미가 있네.

조시 두 가지 상충하는 도움 방식 사이에 당신이 끼어 있는 것 같군요. 하나는 가정과 공동체에서 오는 것이고, 다른 하나는 의료계에서 오는 것이고.

리바이는 잠시 생각에 잠겼다.

리바이 예, 그런 것 같아요. 하지만 이상해요. 나는 사피아나 마이클 목사한테는 우리가 하는 일에 대해 전혀 말하지 않았어요. 심리학자를 만난 일도 당신을 만난 일도, 그리고 내게 지정된 일반의한테 진료받은 일도 그들에게는 말하지 않았어요.

조시 여기서 하는 일을 숨겨야 한다고 느끼시는 이유는 뭔가요?

별안간 리바이가 온몸으로 크게 몸서리를 쳤다. 한순간 딴 곳에 가 있었던 사람 같았다. 그는 자신을 진정시키려는 듯 커다란 두 팔로 자신을 끌어안았다.

조시 괜찮으세요?

리바이 예. 내 생각에….

그가 일어서더니 뭉친 걸 풀려는 듯 한쪽 어깻죽지를 돌리며, 이를 악물고 힘겹게 숨을 토해냈다. 어깨 통증은 내 질문에서 생각을 돌릴 반가운 핑곗거리가 아니었을까?

리바이 그냥 각자 별개로 분리해두고 싶어서인 것 같아요.

공감이 겁 먹었어. 두려움에 떨고 있잖아.

다정이 그래. 지금은 밀어붙이지 말자고.

조시 알겠습니다.

리바이는 다시 자리에 앉더니 지난 세션 때도 그랬던 것처럼 의례적으로 손가락 관절들을 꺾기 시작했다. 딱 보니 불안할 때 나오는 습관인 걸 알 수 있었다.

조시 이 주제가 불편하시군요. 이곳이 안전한 공간이고, 당신이 저와 그 얘기를, 아니 어떤 얘기라도 하고 싶다면 뭐든 말할 수 있다는 것만 기억해주세요. 당신이 하는 어떤 얘기도 이 방 밖으로 나가지 않습니다. 다만 저는 다루기 쉽지 않은 내용은 감당할 수 있는 속도로 조절하면서 진행해야겠다는 걸 깨달았네요. 지난번에 다음 세션에는 오지 않을 수도 있다고 하셨죠? 정말 안 오셨다면 많이 서운했을 거예요.

다정이 좋았어. 진심이 전해졌어.

비평가 그랬나?

불안이 그가 다시 안 왔다면 우리 걱정거리가 좀 줄었겠지.

도망이 훌륭한 지적이야.

리바이가 고개를 끄덕였다. 그리고 꽉 쥐었던 두 손을 풀고 차분하게 무릎 위에 내려놓았다.

조시　이런 질문해도 괜찮을지 모르겠는데, 그 공동체 의사는 어떤 사람인가요?

리바이는 잠시 창밖을 내다보며 내 질문을 생각했다. 나는 더 자세히 얘기해보라는 듯 부드럽게 턱을 살짝 올렸다.

리바이　공동체에 영적인 대체의학 의사가 있어요. 몇십 년 전에 이민 왔다가 우리 교회의 일원이 된 여자분이죠. 엄청난 이득을 취하는 현대의 일반 의학에 대한 해독제 같은 분이랄까? 일반적 치료는 안 듣는 사람들을 그 의사가 아주 많이 도와주었죠. 성스러운 주문을 외우고 영의 힘을 빌려 정신과 육체와 영혼을 정화해요. 수천 년에 걸쳐 전해 내려온 고대의 지혜를 갖고 있대요. 모두가 그 사람이 나를 도울 수 있다고 기대했던 것도 그 때문이고요. 하지만 그 사람은 나를 돕지 못했어요.

분석가　이 공동체가 주는 도움에 대해 신뢰를 잃은 것 같군.

엉뚱이　당연히 그랬겠지! 마법사한테 가서 강박장애를 치료할 수는 없잖아! 어느 별에 사는 사람들이야? 나도 정말 가보고 싶네. 엄마, 나 돌아왔어요!

비평가　그 사람들, 다 정신이 나갔구먼.

침착이 리바이의 참조틀로 돌아가. 그렇게 비판만 하고 있지 말고.

리바이 아…, 내게 조금은 도움이 되긴 했죠.

조시 어떻게요?

리바이 참회요.

조시 자기태형? 그러니까 스스로 등을 때리는 거요?

리바이 그래요. 난 그걸 참회라고 불러요.

조시 사피아는 이 모든 일을 어떻게 생각해요?

리바이 사피아는 완전히 동의하죠. 그 의사의 생각과 마이클 목사가 하는 말이면 모두 지지해요.

엉뚱이 이거 완전 정신 나간 짓이야.

침착이 참조틀, 좀!

조시 그렇군요. 이를테면 어떤 생각인가요? 지금까지 당신이 시도한 것들이 어떤 것인지 알아야 해요.

리바이 우리 공동체는 나를 낮게 하려고 아주 많은 걸 시도했어요. 예를 들면…, 악령을 굶겨 죽이려고 내가 굶기도 했고요. 내 피를 몇 리터나 뽑아서 바치기도 했어요. 아주 친절하게도 당신이 지적했다시피 내가 나를 채찍질을 하기도 했죠. 침묵의 서약도 했고, 성적인 의례…를 치른적도 있었는데, 그 의식에 대해선 자세히 말하지 않을게요. 이런 일을 하는 내내 사피아가 옆에서 격려해줬어요. 사피아는 내가 의지할 수 있는 바위 같은 존재예요.

트리거 아, 힘들어.

생리 반응 중.

다정이 나 울 것 같아.

침착이 아냐, 울면 안 돼.

조시 잠깐만요…, 무슨 의식이라고요?

리바이 온갖 기괴하고 영적인 것들이에요. 모르는 사람이
우연히 봤다면…, 놀라 자빠질 거예요. 맥락을 모
르고 보면, 이게 대체 뭔가 하겠죠.

조시 모르는 사람이 우연히 어떤 장면을 보게 된다는 거
죠?

분석가 넌 리바이를 놓치고 네 관심만 따라가고 있어. 너 자신의
호기심을.

비평가 넌 이 세션을 너 자신에 관한 세션으로 만들었어.

불안이 넌 모르는 게 나을 거야.

리바이 구체적인 건 말하고 싶지 않아요. 그저 모두 '정화'
라는 이름으로 행해졌다고만 해두죠. 그게 효과가
있었다는 말은 아니지만. 하하!

내 심장이 달음질치고 근육은 욱신거리고 초조했다. 의자
팔걸이를 너무 꽉 잡아서 손을 놓았을 때는 땀에 젖어 손가
락 모양이 찍혀 있었다. 나는 찻잔으로 손을 뻗으며 침착하

고 든든하게 보이려고 애썼지만, 손이 떨려서 나를 예리하게 주시하는 리바이 앞에서 차를 조금 흘리고 말았다.

리바이   괜찮아요?

침착이   일치성. 진정성. 전문가적 솔직함 챙겨.

분석가   지당하신 말씀.

조시   예, 이야기를 듣다가 좀 충격받은 것뿐이에요. 리바이에게 충격받은 건 전혀 아니고요. 이런 이야기를 제게 해주셔서 감사합니다. 당신이 겪으신 일을 들으니 좀 동요가 됐어요. 정말 엄청난 일을 겪으셨네요. 그런 일을 겪으셨다니 정말 슬퍼지네요.

리바이는 고개를 약간 갸우뚱한 채 잠깐 내 얼굴을 자세히 들여다보더니, 별안간 마음을 닫아거는 것처럼 보였다. 그는 그 주제에 관해서는 더 이상 말하기를 거부했다. 그러고는 다시 손가락 관절을 우두둑 꺾기 시작했다.

조시   노출 및 반응 방지 치료를 좀 시도해보시겠어요?

리바이   이 도시에서 나이트클럽 경비원으로 일하면서 별의별 제안을 다 받아봤지만 이런 제안은 또 처음이오.

리바이가 미소를 지었다. 나도 그를 따라 미소 지었다. 이건 그가 자신이 용납할 수 있는 한도를 넘지 않는 조건이라면 세션을 지속하겠다는 의사 표현이었다. 자신이 방금 들려준 가정과 공동체에 관한 이야기의 성격 때문에 노출 및 반응 방지 치료를 좀 더 긍정적인 맥락으로 볼 수 있게 된 건지도 몰랐다.

리바이   좋아요. 해봅시다.

리바이는 자기를 괴롭히는 침투적 생각은 폭력적인 것과 성적인 것, 두 가지라고 털어놓았다. 친구들과 가족에게 신체적으로 성적으로 폭력을 가하는 장면들이 침투적으로 떠오르고, 그 가족들 중에는 자기 딸과 아직 아기인 손녀도 포함된다는 것이었다. 그 생각들은 특히 손녀에게 초점이 맞춰져 있는 것 같았는데, 이는 강박장애와 침투적 생각에서 흔한 경우다. 위협 반응은 '위험이 더 클수록' 더 예민하게 반응하기 때문이다. 출산 직후의 엄마들 가운데 자기 아기를 대상으로 한 침투적 생각을 경험하는 이가 그렇게 많은 것도 바로 이런 이유 때문이다. 위험 평가를 해본 뒤 나는 리바이가 자기 가족에게 위험한 인물이 결코 아니라고 판단했음을 다시 한번 강력히 강조하는 바다. 리바이의 침투적 생각이 곧 리바이는 아니다. 침투적 생각이 종종 큰 영향력을 휘두르는 이유는 바로 그 생각의 내용이 생각의 주체인 당사자와 정반대되는 성격을 띠기 때문이다. 하지만 그의 안녕에 대해서는 분명히 염려할 수밖에 없었다. 특히 조금 전에 들은 그 의식의 잠재적 학대 가능성을 고려하면 더욱 그랬다.

224

우리의 노출 및 반응 방지 연습은 리바이가 딸과 손녀의 사진을 나에게 보여주는 것으로 시작됐다. 그는 이 일을 너무나도 어려워했지만 그래도 끝까지 참아냈다. 나는 노출을 시작할 때와 연습하는 내내 1~10까지 불안의 점수를 매기게 했다. 나에게 어린이용 미니 풀장에 있는 손녀의 사진을 보여줄 때, 리바이는 곧바로 고개를 돌리고 괴로워하며 이를 악물었다.

조시　손녀를 보셔도 괜찮아요. 이 사진, 리바이가 직접 찍으신 건가요?

그는 훌쩍이며 고개를 돌렸고, 자신을 역겨워하는 것처럼 보였다.

리바이　예, 내가 찍었어요.

조시　이 사진을 찍으실 때도 그런 생각이 올라왔나요?

리바이　아뇨! 당연히 아니죠.

조시　그럼, 그건 긍정적인 신호 아닌가요?

그는 아무 말도 하지 않았다.

분석가　그의 주의를 계속 노출에 맞추려고 해봐.

조시　이 사진에 다른 사람들은 누가 있어요?

리바이는 억지로 고개를 돌리고 사진을 쳐다보았다.

리바이　얘가 내 딸이에요. 여기는 내 전처…, 이건 내가 만든 엉성한 울타리예요.

225

그는 코가 막힌 상태에서 씨익 미소를 지었다. 잠시나마 사진 속의 불안 트리거를 잊은 것이다.

조시 그날 이야기를 더 해주세요. 그리고 사진은 계속 쳐다보고 있으시고요. 사진에서 눈을 떼지 않도록 노력해보세요.

리바이는 그날의 이야기를 내게 들려주기 시작했다. 그날은 손녀의 생일이었고, 가족들은 대부분 정원에 모여 있었다. 그들은 정원에 놓는 어린이용 미니 풀장을 샀고 함께 바비큐를 만들어 먹었다. 리바이와 전처는 좋은 관계를 유지하고 있었고, 두 사람 다 딸을 가능한 한 잘 보살피려고 노력했다. 그날이 그해의 가장 좋았던 날 중 하루였다.

조시 듣기만 해도 기분이 좋아지네요! 처음 이 사진을 열었을 때 불안이 10점 만점에 10점이라고 하셨죠? 지금은 어떠세요?

다정이 제발⋯ 제발⋯.

리바이 어⋯, 6점이요⋯. 여전히 무섭고 이상한 느낌이지만⋯, 그래도 6점이요.

다정이 좋아!

공감이 그래!

조시 사진을 피하지 않으면서도 불안이 줄어든 것 느끼셨죠? 아직 어느 정도 불안이 남아 있는 건 아직 뇌가 완전히 안전하다는 판단을 내리지 못했기 때문이에요. 하지만 더 시도할수록 뇌도 생각이 바뀔 거예요.

리바이는 입을 약간 벌린 채 앉아 있었다. 상황을 파악하려 애쓰는 것 같았다. 그리고 나는 그의 표정에서 약간의 희망을 발견했다.

리바이　당신은 정말 확실히 나한테 악령이 없다고 생각하는 거죠?

조시　그렇습니다.

그는 알았다는 듯 고개를 끄덕였다.

조시　우리는 위협 반응에게, 그 생각의 내용이 끔찍한 것처럼 보여도 그 생각 자체는 위험하지 않다는 걸 가르쳐야 해요. 그 생각들은 우리의 도덕감에 현저히 대비되고 거슬리는, 기괴하고 이상한 생각일 뿐입니다. 불편한 거지 위험한 게 아니에요.

리바이　내가 나아질 거라고 생각해요?

조시　네, 물론이죠. 그렇다고 생각합니다. 그래도 우리는 자기 자신을 잘 보살피려고 더 노력해야 해요.

자기돌봄

나는 내담자들에게 "자신을 돌보기 위해 무슨 일을 하시나요?"라고 자주 묻는다. 그럴 때마다 종종 어리둥절해하는 표정과 맞닥뜨린다. 뉴스에서든 소셜미디어에서든 우리의 전반적 안녕을 위해 '해야 할' 일들에 관한 정보가 끊임없이 쏟아지니 놀랄 일도 아니다. 이런 대중적 공간에서 흘러나오는 애매모호하고 진부한 말 가운데는 **자기돌봄**Self-care이라는 개념도 있다. 나는 자신을 보살피는 일을 적극 권하는 사람이다. 왜 그러지 않겠는가? 나는 심리치료사이고, 사람들을 염려하며, 자기돌봄은 중요한 일이다. 하지만 불행히도, 내 생각에 이 용어는 유린되고 오용되어 사람들의 불안감과 두려움, 완벽주의를 돈벌이 수단으로 삼는 수백만 달

러짜리 산업으로 변모했다. 소셜미디어에서 '자기돌봄'이라는 단어를 검색하면, 유산균이 살아 있다는 요거트 때문에 황홀한 표정을 짓고 있는 사람들, 산 정상에서 정교하게 세팅한 4K 카메라 앞에서 명상 자세를 취하고 있는 사람들, 케일 스무디를 마시며 울룩불룩한 식스팩 근육을 코앞에 들이미는 사람들, 흐뭇한 얼굴로 등산하는 사람들의 상투적인 사진에 별 관련도 없는 달라이 라마의 인용문을 띄워놓은 몽타주가 뜬다. 케이크 위에 그려진, '바운더리'나 '놓아버리기'에 관한 알쏭달쏭한 격언들도 빼놓을 수 없다.

심리치료의 관점에서 볼 때 '자기돌봄'이란, 자신에게 자양분이 되고 유익하다고 생각하는 일이다. 그건 사람마다 다 다르다. 우리가 자신을 돌보는 일에 관한 한 생초보는 아니다. 건강하게 먹고 과음하지 않는 것, 운동과 수면이 일상의 삶에 중요하다는 걸 우리는 안다. 하지만 개개인의 주관적인 자기돌봄이야말로 우리의 전반적 안녕에 진정한 차이를 만들어줄 수 있다.

불안을 떨치기 위해 자기돌봄을 하고 싶다며 도움을 요청하는 내담자들을 보면, 개인적으로 필요를 느껴서라기보다 유행에 반응한 경우가 더 많아 보였다. "마음챙김, 요가, 태극권, 글루텐 끊기, 감사일기 쓰기, 호흡 명상, 칸나비디올 오일, 만트라 등 온갖 걸 다 해봤어요. 그런데 아무것도 효과가 없었어요!" 이런 말을 수도 없이 들었다. 이 방법들은 모두 자기돌봄을 실천하고 정신 건강 문제를 예방하기에 아주 좋은 방법이 될 수 있다. 하지만 이 중 어느 것도 우리가 '고치려고' 하는 감정에 대한 즉효약은 아니다. 게다가 모든 사람에게 효과가 있는 것도 아니다. 생활에 녹아든 자기돌봄이 아니라 자기돌봄을 흉내 내기 위해 무언가를 하고 있다면, 그런 것들은 효과가 없을 것이다. 그건 자기 자신으로 존재하는 것이 아니라 자기돌봄을 강요하는 것이다. 매일 아침 억지로 달리기를 하면서도 달리는 걸 너무 싫어하는 것과 마찬가지다. 솔직히 말하자면, 나 역시 수년간 이런 함정에 빠져 있었다.

자기돌봄은 완벽히 갈고 닦아야 하는 기술이 아님을 기억하자. 그렇게 생각한다면 당신을 건강한 상태로 되돌리기 위해 하는 일이 오히려 당신의 기분을 더 나쁘게 만들고 에너지를 고갈시키는 역설적 상황에 빠질 수 있다. 자신을 돌보는 일에 관한 온갖 세미나에 참석하고 모든 팟캐스트를 들어도, 결국 무엇이 당신에게 효과가 있는지를 알려주는 기준은 바로 자신이다. 다른 사람들이 아니라 당신의 기분을 좋게 하는 게 무엇인지 판단할 때는 자신을 신뢰하라. 자기돌봄의 핵심적 의미를 제대로 이해하지 못하고, 자기돌봄에 '실패'했다는 생각을 몽둥이 삼아 오히려 자신을 괴롭히는 내담자들을 볼 때마다 정말 마음이 아프다.

나의 자기돌봄은 여러 방식으로 이루어진다. 전통적 방식으로 보일 수도 있다. 나는 자연 속을 걷는 것, 책을 읽는 것, 사우나에서 긴장을 푸는 것, 개와 노는 것, 뜨거운 욕조 속에 기대앉아 있는 것, 하루를 보내는 틈틈이 마음챙김의 순간을 갖는 것을 좋아한다. 그러나 전통적인 방법으로 보이지 않는 것들도 있다. 늦잠, 비디오게임, 휴일에 친구들과 맥주를 마시고 군것질을 하며 밤새 웃고 떠들며 노는 것 등. 이런 일들도 나에게는 자양분이 된다. 나는 전형적인 자기돌봄의 완벽주의를 흉내 내려던 노력을 그만두고, 시간을 들여 내 몸과 마음에 귀를 기울이고 내 몸과 마음이 원하는 것을 해줘야 한다는 걸 알게 됐다. 우리는 인간이다. 때로는 우리에게 휴식과 영양과 침묵이 필요하다. 자극과 쾌락주의와 사교적 시간, 기억에 남을 경험들이 필요한 때도 있지만 말이다.

전통적인 자기돌봄 방식들이 자신에게 안 맞는다고 해서 낙심하지는 마시라. 나는 내 친구들이 요가나 헬스 같은 활동을 통해 마음의 평화를 얻는 걸 보면 기분이 좋다. 만약 그 방법이 당신에게 맞는다면 계속하면 된다! 나는 이따금 초보 수준의 요가를 즐겁게 할 때도 있지만, 안타깝게도 나의 운동 능력은 고무볼이나 타고 놀 정도밖에 안 된다. 그래서 나는 때때로 의자에 궁둥이를 붙이고 앉아 온라인게임을 하면서 간간이 밀크셰이크를 먹고 헤드셋을 통해 남들을 약 올리며 저녁 시간을 보낸다. 자기돌봄이란 주관적이며 현재 자기 인생에서 벌어지는 일에 따라 달라질 수 있다. 그저 현재 당신에게 효과가 있는 방법이 무엇인지 알아내기만 하면 된다. 자기돌봄은 '해야만' 하는 어떤 일이 되면 효과가 줄어든다는 것을 잊지 말자. 그보다는 매사에 생산적이어야 한다는 불안한 집착의 족쇄를 풀어주는 일이어야 한다.

내담자들도 그렇고 내 개인적으로도 죄책감이 자기돌봄에 시간을 들이는 걸 가로막을 때가 있다. 죄책감은 아주 성가신 감정이다. 그 감정이 정당한 자리가 아닌 곳을 차지하는 걸 허용하지 말자. 우리는 간간이 멈추고 자신을 위한 시간을 보내도 괜찮다. 무엇보다 휴식하고 재충전했을 때 더 생생하고 더 나은 버전의 내가 될 수 있다. 당신만을 위한 시간을 보내고 있을 때 머릿속에서 '~해야 하는데'라는 소리가 들려온다면 꺼지라고 말해주자. 생산성 불안에 대해서도 마찬가지다.

자기돌봄은 하나의 기술이며, 자신에게 유연한 태도와 연민을 갖는 것 역시 그 기술의 일부다. 이 말이 당신의 아이들을 굶기거나 방임해도 된다는 뜻도, 당신이 돌보는 사람에게 약을 주지 않아도 된다는 말도, 당신이 담배를 피우며 긴장을 푸는 시간에 방해된다는 이유로 물에 빠진 여동생에게 구명조끼를 던져주지 않아도 된다는 뜻은 아니다. 그보다는 당신 자신과 다른 사람들이 대부분 존중하는, 소중하고 개인적인 바운더리를 설정해야 한다는 뜻이다. 그래도 괜찮다. 그건 건강한 일이고 필요한 일이다.

자기돌봄은 균형 잡힌 삶을 위해 필요한 기술이다. 잘 발효된 김치를 먹으며 카메라 앞에서 윗몸일으키기를 하는 것과는 무관하다. 중요한 건, 자신에게 이롭다는 걸 아는 일을 하는 것이다. 비록 때로는 그걸 위해 불편함을 참아내고 자신의 바운더리를 위해 용감한 태도를 취해야 한다는 걸 의미하더라도 말이다.

# #
자흐라 3

자흐라가 처음으로 만면에 미소를 띠고 상담실로 들어왔다.

자흐라 선생님, 저 운전해서 왔어요! 여기까지 제가 차를 몰고 왔다니까요!

한눈에 봐도 자흐라는 흡족함으로 환히 빛나고 있었다.

자흐라 뭐, 정확히 처음부터 끝까지 운전한 건 아니지만 요. 제 친구가 도로 입구까지 절 태워다 줬고, 저는 여기까지 남은 1킬로미터를 운전했어요. 아주 오랫동안 제 차 운전석에 앉아보지도 못했는데….

다정이 굉장해.

공감이 자신에 대해 약간 연민을 느끼고 있군.

조시 정말 대단해요. 잘하셨어요! 정말 멋지게 불안과 직면하셨군요. 훌륭한 노출 치료이자 의지적 인내 연습이었어요.

자흐라   그러니까요!

별안간 어떤 생각 하나가 불시에 자흐라를 덮친 것 같았다. 그 생각은 하나의 감정이 되었고 이어서 물리적 표정으로 형태를 갖췄다. 자흐라는 갑자기 풀이 죽어 보였다. 어깨를 축 늘어뜨리고 깊은 한숨을 내쉬었다.

자흐라   솔직해질게요. 그냥 길 하나였을 뿐이에요. 친구한 테 한 시간 뒤에 다시 와서 집까지 태워달라고 부탁했어요. 전 아직 운전이 너무 겁나요. 도착해서 차에서 내리는데 어찌나 안도가 되던지. 다시 차도를 달리는 제 모습이 상상이 안 돼요. 전 그냥….

조시   조금 전에는 자신을 자랑스러워하셨잖아요. 한 번에 한 걸음씩 하자고요. 성공의 가치를 판단하는 일을 왜 내면의 비평가에게 맡기세요?

비평가   왜냐면 나는 경이롭고 강하고 객관적인 만물의 척도니까.

침착이   늘 자기만 잘났지.

자흐라   그건 그냥 잊어버리세요. 대신 제 스트레스 양동이에 들어 있는 다른 것들에 대해 한탄할게요.

직관   자흐라가 앉기 전에 행동하자.

분석가   자흐라가 이미 시작해놓은 노출 작업을 이어가자고.

침착이   코트 가져와.

자흐라   어디 가시는 거예요?

나는 문 앞으로 걸어가 재킷을 입었다.

조시   운전 노출 치료를 여기 앉아서 할 수는 없잖아요?

자흐라의 눈이 커다래졌다.

운전 불안

운전 불안 Driving Anxiet은 공황장애와 광장공포증에서
유독 흔히 발현되는 양상 중 하나다. 대부분의 운전 불
안은 운전 자체에 대한 공포가 아니라, 어떤 식으로든
통제를 잃게 되어 비극적인 사고를 일으킬지도 모른
다는 공포와 관련된다. 운전 불안이 있는 사람은 대부
분 운전하는 도중에 자신에게 공황발작이 일어날 것이
고, 그러면 자신이 통제를 잃고 중앙 분리대를 들이받
아 서른두 대가 연쇄 추돌하는 사고를 일으킬 것이라
고 믿게 된다. 이런 불안에는 대체로 침투하는 생각이
동시에 끼어들어 차가 충돌하는 장면이나, 뒷좌석에서
가족이 비명을 지르는 가운데 차가 다리 밑으로 떨어
지는 장면을 상상하게 만든다. 이건 모두 운전대에 앉
았을 때 우리 몸속에 쇄도하는 아드레날린 때문이다.
일반적으로 불안과 공황은 당신이 통제력을 잃게 만들

지 않는다. 불안과 공황이 뭔가 하는 게 있다면, 그것은 당신이 주변 환경을 극도로 예민하게 인지하고 과도하게 조심하게 만드는 것이다. 대부분의 사고는 경솔함과 부주의함 때문에 일어난다. 불안은 우리의 머리를 부주의함과는 반대쪽으로 돌리고, 도로에 오른 우리는 잠재적 위협을 과도하게 분석한다. 하지만 사람들에게 운전을 회피하도록 설득하는 것은 흔히 그 '만약의 경우'다. 위협 반응은 그 사람들로 하여금 운전을 시도하기에는 걸려 있는 위험이 너무 크다고 판단하게 만든다. '만약 공황발작이 일어나 네가 통제를 잃으면 어떡할래? 네가 기절하면 어쩔 거냐고? 운전대에서 심장마비가 일어난다면 어떻게 되겠어?' 보통은 죄책감까지 이런 위협 반응을 거들고 나선다. 가족들의 목숨을 위태롭게 하면 안 된다거나 자기가 운전하는 건 너무 무책임하고 다른 운전자들에게 위험한 일이라는 것이다.

운전 불안에도 다양한 수준이 존재한다. 어떤 사람들은 아무 생각 없이 어디든 운전해 갈 수 있다. 이 사람들의 편도체는 추월 차선을 달릴 때도 조용하다. 그런가 하면 서행 차선으로만 달리는 이들도 있다. 그리고 차도와 고속도로 둘 다 철저히 피하고 지역의 '안전한' 길만 이용하는 사람들도 있다. 광장공포증이 있는 사람들은 특정한 지리적 한계선 안에서만 운전하는 경우가 많다. 이를테면 집을 중심으로 15킬로미터 반경 안에서만 다니는 식이다. 이 스펙트럼의 가장 끝에는 운전을 완전히 피하는 사람들이 있는데, 이들은 운전 생각만 해도 아드레날린이 뿜어져 나와 불안한 회피의 그림자에 갇혀버린다.

교통사고를 당한 사람 중에는 외상 후 스트레스 장애 PTSD를 앓는 이들이 있을 수 있다. 이런 사람들을 노출 치료할 경우에는 더욱 신중하게 개입해야 하며, 트라우마 기반 치료가 필요할 수도 있다.

자흐라 저 때문에 죽을 수도 있는데 무섭지 않으세요? 공황발작이 와서 제가 통제를 잃으면 어떻게 하시려고요?

불안이 난 겁난다고.

생리 엉덩이 근육이 얼마나 잘 버틸지 시험해보는 중이야.

조시 운전할 줄 아시잖아요. 면허는 있으시죠?

자흐라 그렇긴 하지만….

우리는 건물 뒤 주차장에서 자흐라의 차 앞좌석에 앉았다. 자흐라는 떨면서도 키를 꽂아 시동을 걸고 좌석벨트를 매면서 운전할 준비를 했다.

자흐라 그런데 대체 어디로 간다는 거예요? 저 정말 무서
운데….

조시 우선 이 길 끝까지만 가볼까요? 잊지 마세요. 한 번
에 한 걸음씩!

차가 덜덜거리다 움직이기 시작하며 도로 쪽으로 천천히 이
동했다. 자흐라의 호흡이 빨라지기 시작했다. 계속 입술 앞
으로 흘러 내려오는 머리카락을 훅 불어냈다. 두 손이 떨리
고 있었다. 자흐라는 운전대를 꽉 붙잡았다.

자흐라 못 하겠어요. 저를 좀 보세요. 손도 떨리고 다리도
떨려요. 지금 저를 통제하지 못하고 있어요.

조시 아뇨. 잘 통제하고 계세요. 보세요, 당신은 여전히
차를 안전하게 몰고 계시잖아요. 아, 저 사람이 먼
저 지나가라고 하네요.

나는 트럭 안에서 자흐라에게 자기 트럭 앞으로 지나가도
된다고 손짓하는 남자를 가리켰다. 자흐라의 발이 미끄러지
면서 가속페달을 너무 세게 누르는 바람에 엔진에서 시끄
러운 소리가 났다. 하지만 차는 제자리에 가만히 있었다. 클
러치를 넣지 않았기 때문이었다. 자흐라가 당황하며 공황에
빠지려 했다.

자흐라 (목소리를 높이며) 맙소사, 보셨죠? 전 못한다고요!

나는 자흐라 쪽으로 얼굴을 돌리고 미소를 지었다. 그러고

는 라디오를 켰다.

조시 야아, 샤니아 트웨인, 목청 하나 끝내주네요.

자흐라는 허둥지둥 클러치를 넣고 주도로로 들어섰다.

조시 잘하셨어요. 제대로 하셨잖아요. 불안 척도에서 지
금은 어디에 계세요?

자흐라는 집중하느라 아랫입술을 깨물고 얼굴을 찡그리고
있었다.

조시 자흐라, 10점 만점에 불안이 몇 점이에요?

자흐라 지금 전 우리와 길에 있는 사람들 모두 죽일 것 같
아서 선생님 질문에 답할 짬 없어요.

조시 맞아요. 제 잘못이에요.

자흐라 8점이요. 무섭지만 집중하고 있어요. 그런데 우리
대체 어디 가는 거예요?

조시 병원으로 갈까요?

자흐라의 눈이 공포로 커다래졌다.

자흐라 어머나, 왜요? 저 뭐 잘못됐어요? 불안증 말고 다
른 문제도 있는 거예요? 선생님 생각에 제가 죽어
가고 있는 거 같으세요?

조시 왜냐면…, 거기가 자흐라 직장이니까?

나는 킥킥 웃기 시작했다. 웃음을 참을 수 없었다.

자흐라 그래요. 일리가 있네요. 불안증이 없던 때 제가 하

던 일을 연습하는 거. 하지만 누가 저를 보면 어떻게 해요?

조시   그게 왜 문제죠? 사람들은 자흐라가 잘 지내는 걸 보면 기뻐할 텐데요.

우리는 복작거리는 로터리로 다가가고 있었다.

자흐라   아, 안 돼. 로터리는 무서워요. 제가 꼼짝도 못하고 멈춰 서 있으면 어쩌죠? 이건 정말 못하겠어요.

불안이   조시, 이러는 거 정말 맞는 거야?

분석가   내담자와 기꺼이 함께하겠다는 말. 말로만 하지 말고 실천해야지.

다정이   게다가 자흐라에게 네 믿음을 전달할 수도 있지. 그러면 강력한 효과를 발휘할 수도 있어.

조시   서두르지 말고 천천히 하세요. 할 수 있어요.

불안이   정말 그랬으면 좋겠네!

자흐라는 조심스럽게 알맞은 타이밍에 로터리로 들어갔다. 손은 여전히 떨렸지만, 원을 잘 그리며 차를 몰았고 로터리를 빠져나가며 방향 지시등을 켰다. 자흐라는 내가 예상한 것보다 훨씬 더 유연하게 해냈다.

조시   훌륭해요. 계속 갑시다.

자흐라는 아직도 두려움으로 눈을 커다랗게 뜨고 있었지만, 그래도 용케 미소를 지어 보였다. 갑자기 뒤에서 오싹하게 끼이익거리는 소리가 났다. 상업용 밴을 모는 어떤 공격적인 운전자가 도로를 이리저리 누비며 오더니 우리 바로 뒤까지 따라붙었다. 길이 좁아지기 시작해서 그 차가 추월할 공간이 남아 있지 않았다. 그는 경적을 울려대며 전조등을 켰다 껐다 했다. 나는 백미러로 그를 쳐다보았다.

비평가　꼴통이군.

자흐라는 겁을 먹었다. 공간이 없어서 차를 세울 수도 없었다. 우리는 느린 속도로 좁은 길을 계속 달렸다. 자흐라는 어깨를 앞으로 구부정하게 웅크린 채 떨고 있었다. 우리 뒤의 남자는 계속 경적을 울리며 조명을 깜빡거렸다.

조시　아주 잘하고 계세요. 우리가 할 수 있는 건 저 사람을 무시하고 우리가 하고 있는 일에 집중하는 거예요.

자흐라는 팔을 더 심하게 떨면서 뺨에 흘러내린 눈물을 소매로 닦아냈다.

침착이　이번엔 우리가 잘못 판단한 건지도 몰라, 조시.

불안이　압박감이 장난 아닌데….

생리　이마에 식은땀 좀 솟게 해줄까?

밴은 범퍼와 범퍼가 거의 부딪힐 정도로 가까이 따라붙었다. 운전자는 고랑이 깊게 파인 머리를 창밖으로 내밀더니 욕설을 뱉어내기 시작했다. 길을 가던 사람들이 멈춰 서서 무슨 일인가 하고 고개를 돌리고 쳐다봤다. 자흐라는 더 심하게 떨고 있었고, 눈물이 흘러내리고 있었다. 그런데 걱정스러울 정도로 조용했다. 이제 나는 자흐라가 염려됐다. 또우리 뒤의 저 놈한테 주먹도 날리고 싶었다.

다정이　자흐라는 아주 잘하고 있는데….

공감이　분명 지옥 같은 기분일 거야. 노출 자체만으로도 이미 너무 힘든데 말이야.

비평가　뒤의 저 작자. 정말 비열한 놈이군.

탐정　차량 번호와 밴에 적힌 회사 이름 적어둬.

엉뚱이　나중에 저놈이 가족을 그리워하며 춥고 외롭게 자고 있을 때, 녀석의 타이어를 그어버리자.

탐정　안 돼.

구원이　돌아갈 때는 네가 운전할 수 있지?

비평가　맨체스터의 백기사 아니냐?

우리는 건널목 앞에 도착했고 자흐라는 어느 가족이 지나가도록 차를 멈췄다. 밴의 운전석에서 적나라한 경멸의 외침이 들려왔다. 밴의 엔진은 시끄럽게 회전속도를 높였다. 밴은 서서히 앞으로 다가오더니 자흐라의 차를 살짝 받았다.

생리　옳거니, 바로 그거지. 투쟁 반응 작동.

나는 좌석벨트를 풀고 차 문을 열었다. 내가 차에서 내려 밴 운전자 쪽으로 걸어가는데, 그새 자흐라가 쏜살같이 차에서

243

내려 밴 앞으로 달려갔다. 자흐라는 이 사고 장면을 녹화하려는지 휴대폰을 세워 들고 있었다. 자흐라는 놀라운 에너지를 발산하며 열려 있는 밴의 차창으로 다가갔다.

자흐라　(큰 소리로) 나는 노출 치료를 하려고 애쓰는 중입니다. 당신은 왜 무모하게 운전하면서 사람들을 위협합니까!

운전자는 처음에는 놀라더니 이내 비웃기 시작했다. 자흐라는 휴대폰 카메라로 범퍼가 부딪힌 장면을 촬영했다. 지나가던 사람 몇 명이 멈춰서 이 소동을 지켜보았다. 어린아이 한 명도 자기 휴대폰으로 이 장면을 촬영했다.

자흐라　부끄러운 줄 아세요. 당신, 신고할 겁니다.

자흐라는 밴 옆면에 장식체로 새겨진 회사 이름을 보았다.

자흐라　셰인 도나휴 컨스트럭션에 연락해서 이 영상을 보낼 겁니다.

운전자가 방어적으로 웃었다.

셰인　하! 내가 바로 셰인 도나휴인데, 어쩌려고? 내 앞에서 당장 꺼지고 저 뭣 같은 차나 후딱 치우시지. 아니면 내가 대신 치워줄까?

어처구니없게도 그는 팔을 뻗어 자흐라의 휴대폰을 자흐라의 차 방향으로 쳐냈다. 휴대폰이 뒤집어지며 포장도로 위에 떨어졌다. 지켜보던 사람들 사이에서 놀란 탄성이 새어

나왔다. 나는 피가 끓고 분노가 치솟았다. 내가 직접 놈을 상대하러 가려는데, 자흐라가 강철 같은 태도를 보이며 눈으로 '하지 마요'라고 말했다. 나는 조수석 옆에 그냥 남아 있었다. 자흐라가 도나휴에게로 천천히 고개를 돌렸다.

자흐라　지금 이게 무슨 짓이죠?

셰인　비켜! 영어는 알아들어?

자흐라의 오른손이 초고속 반사신경과 끝내주는 정확성으로 열려 있는 셰인의 차창 속으로 들어가더니 운전대 뒤에서 자동차 키를 돌려서 빼냈다. 그가 무슨 일이 벌어지는지 깨닫기도 전에 일어난 일이었다. 즉각 밴의 시동이 꺼졌다. 자흐라는 열쇠를 높이 치켜들고 서 있었고, 셰인은 너무나 당황스럽다는 듯 자흐라와 열쇠를 바라보았다.

자흐라　걱정해줘서 고마운데, 영어는 잘 알아들어요. 이제는 당신이 이 말을 알아들으면 좋겠네요. 공격적인 사람이 바로 뒤에서 시끄럽게 경적을 울려대고 불빛을 쏘아대면 사람은 겁을 먹게 돼. 욕설은 접어두더라도 말이야.

셰인　망할, 내 열쇠 내 놔!

셰인이 팔을 뻗쳤지만, 자흐라는 약 올리듯 팔을 흔들었다.

셰인　이게 감히 어디서!

그는 이미 격분했고, 급히 차 문을 열었다.

불안이 아, 안 돼!

침착이 저놈을 저지해.

자흐라는 침착하게 뒷걸음질 치며 나에게 다시 한번 눈길을 쏘아 보냈다. 떨고 있지만 통제력을 잃지는 않은 것 같았다. 자흐라는 열쇠를 높이 쳐들었다.

자흐라 내 의사 선서를 걸고 맹세하는데, 내 쪽으로 한 걸음만 더 다가오면, 이 열쇠는 저기 수로로 들어갑니다.

자흐라는 근처에 있는 수로를 가리켰다. 던지면 쉽게 빠뜨릴 수 있는 거리였다.

자흐라 내 말 알아들어요? 내가 말하는 영어 이해해요?

남자가 앞으로 움직였다. 자흐라가 팔꿈치를 굽히며 던지려는 동작을 취했다. 남자가 얼어붙듯 멈춰 섰다.

셰인 오케이, 오케이…. 그냥 그것만 두고 가요.

값비싼 대가를 치를 수도 있다는 걸 깨닫자, 마초의 겉모습은 온데간데없이 사라졌다. 그는 내 쪽을 쳐다보고 이어서 주변에서 구경하는 사람들을 쳐다보았다. 이제야 상황의 심각성을 인지한 것 같았다.

셰인 미안해요. 일하러 가야 하는데 늦어서…, 중요한 일이라서요.

자흐라 도로에서 사람들의 목숨을 위험에 빠뜨릴 정도로 중요하다고요?!

셰인의 밴 뒤에서 몇 대의 차가 기다리고 있었다. 그들은 모두 무슨 일이 벌어질지 궁금해서 시간이 지체되는 것쯤은 아무렇지 않은 듯 보였다. 셰인은 여전히 당황해서 허둥대고 있었다. 점점 더 절실해 보였다. 나는 차 지붕에 기대 상황을 관망했다.

셰인　　내가… 내가 이기적이었어요. 제발 수로에 던지지 말아요. 나도 집에 먹여 살려야 할 가족이 있단 말입니다.

자흐라　가족요? 당신 아이들이 당신한테서 이런 행동 안 배우기를 진심으로 바랍니다. 생각해보면 어쩔 수 없는 거죠, 안 그래요? 자기 아버지한테서 결점까지 포함한 모든 가치관을 맹목적으로 받아들이게 되니까요.

자흐라는 열쇠를 쥔 손을 등 뒤로 가져갔다.

셰인　　저기, 의사 선생님. 미안합니다. 제발 제 열쇠 돌려주시면 안 될까요?

자흐라　사과 고마워요. 자, 그러면 이제 우리 각자 중요한 하루를 계속 이어가볼까요?

자흐라는 열쇠를 던졌고 셰인은 허둥거리며 간신히 열쇠를 잡았다. 열쇠가 손에 들어간 순간 그의 태도가 돌변했다.

247

셰인   야, 이 멍청한 년아! 빌어먹을 놈의 네 똥차 얼른 안 치우면 확 박살내버릴 거다. 너 남자였으면 벌써 내 손에 죽었어. 3초 줄 테니 얼른 그 망할 차 치워라. 3초 뒤에 바로 액셀 밟을 거니까.

불안이   으악, 안 돼.

자흐라는 차분한 미소를 띠고는 아무 말도 하지 않았다. 그러고는 여유를 부리며 천천히 차에 올랐고 나도 그대로 따라 했다. 자흐라는 혼자 웃으며 시동을 걸었고, 우리는 그 자리를 떠났다. 지금 자흐라의 태도에는 차분한 자신감이 있었다. 자세도 변했고, 여유만만하게 한 손으로만 운전대를 잡고 있었다.

자흐라   병원으로!

나는 어리둥절해서 백미러로 뒤쪽을 보았다. 놀랍게도 밴은 여전히 그 자리에 있었다. 멀어지면서 밴이 점점 작아졌다. 그리고 우리가 코너를 돌기 직전, 셰인이 밴에서 뛰쳐나와 허공에 두 팔을 정신없이 흔들어대는 게 보였다. 그러고는 몰려 있는 사람들 앞에서 자기 밴의 펜더에 발길질을 해댔다. 코너를 다 돌아 이제는 셰인도 밴도 보이지 않았다. 나는 설명해달라는 듯 자흐라를 쳐다봤다. 자흐라가 밴의 키를 내 무릎 위에 던졌다.

엉뚱이   와우, 끝내주는데!

비평가   그자가 자초한 거야.

조시   잠깐만요, 그러면 아까 던지신 건 뭐예요?

자흐라는 히죽 웃었고, 후회하는 기미는 찾아볼 수 없었다.

자흐라   아주 튼튼한 자전거 열쇠가 저한테 있었는데, 차 키와 좀 비슷하게 생겼거든요. 그놈이 눈치 못 챌 만큼 비슷할 거라는 데 모험을 걸어봤죠.

나는 웃음을 멈출 수 없었다. 대범한 도박이었다.

자흐라   엄밀히 말하면 전 법을 어긴 거예요. 그놈의 열쇠 를 훔친 거니까요. 저를 경찰에 신고하는 게 선생 님의 법적 의무예요?

조시   아뇨. 경찰이 신경 쓸 것 같진 않네요. 또 어차피 나 중에 우편으로 셰인 도나휴 컨스트럭션에 그 열쇠 를 부쳐주실 거잖아요?

자흐라   네, 그럴 거예요. 사과 편지도 넣을까요?

조시   아뇨.

우리는 병원 주차장에 도착했다. 마치 자흐라가 거기까지 자동 조종 장치로 온 것 같은 느낌이었다. 자흐라는 차를 세 우고 주차 브레이크를 걸고는, 크게 한숨을 내쉬더니 울기 시작했다. 어색했다. 나는 옆에 앉아 있었고, 이 자리는 익숙 하고 편안한 내 치료실 의자가 아니었다. 그렇지만 연민과 감정이입의 원칙은 여전히 적용됐고, 나는 그저 약간 난처

249

했을 뿐이다. 이제 자흐라는 완전히 흐느끼며 울고 있었다. 깊게 흉골을 들썩이며 큰소리로 엉엉 우는 울음이었다. 아까 있었던 일을 고려하면 충분히 이해할 수 있는 카타르시스였다.

공감이   오늘은 처리해야 할 감정이 너무 많았어.

다정이   그래도 아주 잘 해냈지.

자흐라는 두 팔을 받침대 삼아 운전대에 엎드렸다. 그 자세로 흐느껴 우는 동안 자흐라의 몸은 감정의 파도에 따라 들썩거렸다. 내게 이는 치유와 감정적 성장으로 보였지만, 병원 주차장에서 울고 있는 사람 옆에 앉아 있는 상황에서 내가 어떻게 해야 할지는 판단이 잘 서지 않았다.

다정이   친구였다면 응원의 의미로 등에 손을 얹었을 텐데…. 정말 그러고 싶다. 자흐라가 너무 힘들어하고 있잖아.

분석가   하지만 자흐라는 네 친구가 아니잖아? 네 내담자라고.

침착이   그러지 마. 전문가다운 행동이 아니야. 내담자의 몸에 손대지 마.

공감이   현재 취약한 상태인 여성이 조금 전에 공격적인 남자와 말싸움을 벌였어. 그런데 옆에서 어떤 남자가 허락도 없이 자기 몸에 손을 댄다면 어떨지 상상해봐.

다정이   여성 심리치료사 동료 중에서, 가끔이지만 필요하다고 느낄 때 그런 행동을 한 사람들을 알아. 지금은 그런 게 필

250

요한 때가 아닐까?

하지만 넌 여자가 아니야. 지금 넌 실제 세계에 있어.

분석가 넌 187센티미터의 남자고. 둘 사이의 치료적 관계에는 명백
히 너에게 영향력을 실어주는 힘의 역학이 작동하고 있어.
제발 그 점을 고려해. 해서 좋을 게 없는 행동이야.

조시 알았어.

자흐라 네?

조시 아, 미안해요. 제 생각들과 논쟁하던 중이었어요.
괜찮으세요?

자흐라 괜찮아요. 고마워요, 제게 시간과 공간을 마련해주
셔서. 제가 감당하기엔 너무 많은 일이 있었네요.
하지만 선생님이 맞았어요. 노출 치료요. 이제 운
전하는 데 훨씬 자신감이 생겼어요.

자흐라는 뒤로 기대어 마음을 가다듬었다.

자흐라 (미소를 지으며) 혹시 이거 다 선생님이 꾸미신 일
아니에요? 셰인은 선생님 친구이거나 그런 거?

조시 아, 셰인이랑 저는 그렇고 그런 사이죠. 하하.

자흐라가 미소를 지었다.

자흐라 병원에는 저 혼자 다녀와도 될까요? 지금이 제가
저지른 일의 결과를 깨끗이 받아들일 절호의 기회
인 것 같아요.

분석가   그러면 한결 낫지.

다정이   바로 그거야!

조시   물론이죠. 다녀오세요. 전 여기서 어슬렁거리고 있을게요. 끝나면 나와서 절 찾으세요.

자흐라는 맨체스터 왕립병원의 정문으로 들어갔다. 자흐라가 자랑스러웠다. 그 일은 자흐라에게 맡겨두고 나는 몇 년 동안 와보지 못한 이곳을 산책하러 나섰다. 예전과 똑같은 분주함이 느껴졌다. 러섬을 통과하는 차들의 소음과 병원 밖 바에서 들려오는 대학생들의 웃음소리가 뒤섞여 있었다. 나는 공원을 거닐며 풍경을 즐겼다. 나뭇가지 사이를 지나는 바람의 휘파람 소리를, 사람들이 모여 놀고 있는 잔디밭에서 날아온 희미한 풀 냄새를, 공을 쫓아가는 스태퍼드셔 테리어를 부르는 개 주인의 목소리를. 여름날이 또 하루 지나가고 있었다. 오랜만에 이곳에 오니 기분이 좋았다.

공원에서 벗어나 병원 주변의 거리를 따라 걸었다. 목이 말라 환타를 사려고 신문가판대를 찾았다. 익숙한 거리로 접어드니, 예전에 이 근처에 자주 가던 피자 가게가 있다는 게 생각났다. 별안간 한기와 지독한 향수가 나를 덮쳤다. 배 속에서 마치 와인 오프너로 내장을 찌르는 것 같은 통증이 느껴졌다. 나는 계속 걸음을 옮겼다. 배가 너무 아파서 몸이 절로 앞으로 숙여졌다. 갑자기 커스터드 소스 위를 걷고 있는 것처럼 걸음도 잘 옮겨지지 않았다.

트리거 맨체스터 아동병원이야.

생리 이 단추들이 뭘 의미하는진 모르겠지만, 내가 이 단추들을
몽땅 누른 건 분명해.

불안이 어라, 이게 다 어디서 온 거지?

나는 해리되었다. 모든 게 가깝고도 동시에 멀게 느껴졌다.
맨체스터 아동병원의 새 입구가 스르륵 열리는 커튼처럼 나
를 맞이했다. 다리가 후들거렸고 머리도 어지러웠다. 심장
은 쿵쾅거리고 혀는 마비된 느낌이었다. 약간 비틀거렸지만
옆에 있는 가게 유리창을 짚어서 넘어지지는 않았다. 나는
마음챙김 호흡을 시도했다. 한 중년 여성이 옆을 지나가다
가 입에서 담배를 뺐다.

여자 괜찮으세요? 상태가 별로 안 좋아 보이는데….

여자의 눈이 경계하듯 나를 훑었다. 코카인 중독자인지 확
인하려는 모양이었다.

조시 전 괜찮습니다. 혹시… 담배 한 대 더 있으세요? 지
금 담배 한 대면 정말 도움이 될 것 같은데요.

해리

2010년 3월, 보트하우스

내 절친 마이클이 바텐더로 일하는 덕분에 할인 가격으로 산 커피를 여섯 잔째 들이켰다. 공부를 해보려고 시도하고 있지만, 너무 많은 카페인으로 인한 과각성 상태가 오히려 집중을 방해하고 있었다. 전화벨이 울렸고, 나는 글쓰기를 멈출 핑계에 감사하며 재깍 전화를 받았다.

조시 여보세요, 엄마. 엄마가 열심히 공부하는 아들의 집중을 방해했다는 거 아세요? 논문 쓰고 있었어요!

엄마 방금 네 페이스북 봤는데, 어제 밤새 밖에서 놀았나 봐? 그런 얼토당토않은 소리는 넣어둬라.

조시 어젠 친구 생일이었다고요!

엄마　그래, 그래…. 너 괜찮니? 어떻게 지내?

조시　그럭저럭 지내고 있어요. 아시잖아요. 늘 그렇듯이 내내 여유 부리다가 발등에 떨어진 불 끄는 중이에요. 엄마는 어때요?

엄마　난 괜찮아. 네 동생이랑 얘기 좀 해볼래? 지난주부터 내내 기분이 안 좋나 봐. 지금 옆에 있어.

조시　물론이죠. 잠시만요. 밖으로 좀 나갈게요. 밖이 신호가 더 잘 잡히거든요. 다리도 좀 펼 겸.

마이클에게 내 물건 좀 봐달라는 신호를 보내는 동안 엄마가 해리를 바꿔주었다.

조시　어이, 잘 지내?

해리　응.

조시　기분이 안 좋은 목소리네. 무슨 일 있어?

해리　아무 일 없어.

조시　그런 거 나한텐 안 통한다.

잠깐 침묵이 흐르고 해리가 다시 말했다.

해리　내 외모가 너무 마음에 안 들어. 난 뚱뚱해.

조시　왜 충분히 멋진데. 그리고 어떻게 보이는지는 중요하지 않아. 게다가 넌 아주 날씬하다고. 왜 그런 생각을 하게 된 거야?

해리　내 몸에서 어떤 부분들은 정말 창피해. 체육 시간에 체육복 갈아입기가 겁날 정도로. 배가 항상 불룩하게 부풀어 있고, 항상 속이 메슥거려.

최근 해리는 심한 복부 팽만으로 힘들어했고, 때로는 그 때문에 토하기도 했다. 엄마가 여러 차례 병원에 데려갔는데, 의사들은 위산 역류 약을 처방해주었다.

조시   배가 아직도 부풀어 있어? 약이 안 들어?

해리   의사가 그러는데 시간이 좀 걸린대. 애들이 내 배를 보면 놀려댈까 봐 그게 걱정이야. 그래서 계속 거짓말을 둘러대고 체육 시간에 빠지고 있어.

해리의 말투에서 망설임이 묻어나왔다. 제 형에게 말하고 있는데도 말이다. 해리는 수줍은 아이였고, 이 말을 꺼내는 게 해리에게 아주 어려운 일임을 목소리의 떨림을 통해 알 수 있었다. 해리가 슬퍼하는 소리를 들으니 마음이 아팠지만, 동생이 자신의 불안정하고 취약한 모습을 털어놓을 만큼 나를 신뢰한다는 사실은 나를 특별한 사람처럼 느끼게 해주었다.

조시   탈의실에서 옷 갈아입을 때 그 기분 나도 알아. 나도 늘 주눅 들었었어. 우리 때는 체육 선생님 흉내 내면서 장난치곤 했지. "샤워 한 판하거라, 제군!" "하지만 아직 체육이 끝나지 않았습니다, 선생님!"

해리가 웃음을 터뜨렸다.

해리　참 짓궂었네.

조시　그렇지. 우린 악동들이었거든. 어쨌든 네 모습 아주 보기 좋아. 잘생긴 내 동생. 안 믿기면 아래층에 가서 고1 때 내 사진을 봐. 꼭 감방에서 막 끌려 나온 죄수 같은 몰골이었지. 세로로 난 상처 때문에 눈썹도 갈라져 보였고.

해리　알아, 형이 머리 다 밀었을 때 엄마가 엄청 싫어했었잖아. 형 머리 거대한 계란 같았어.

조시　고맙다.

우리는 동시에 킬킬거렸다.

조시　언제 나 보러 올 거야?

해리　학기 중간 휴가 때 엄마랑 갈게.

조시　잘생긴 네 얼굴도 꼭 챙겨와라. 이 대학에는 진짜 멋진 사람들이 꽤 있는데, 그중 연하를 좋아하는 사람들도 있어서 내가 너를 잘 지켜야겠지만.

전화기 너머에서 눈을 굴리고 있을 해리의 모습이 눈에 선했다.

조시　아, 그리고 같이 게임도 하게 컨트롤러도 하나 더 챙겨오고. 같은 집에 사는 마이클이 포털을 한 번도 안 해봤다더라.

해리　알았어. 나 이제 끊을게. 얘기 나눠줘서 고마워.

해리는 전화 통화를 오래하는 걸 안 좋아했다.

조시   고맙긴. 필요한 일 있으면 언제든 문자 보내! 배는
         금방 나아질 거야, 분명. 사랑한다, 해리!

해리   나도 사랑해.

해리의 기분이 나아진 것 같아서 내 기분도 나아졌다. 나는
자신에 대해서는 늘 회의적이었지만, 해리를 웃게 하고 그
애에게 맹목적인 사랑을 전하는 일만은 잘했다. 해리에게
관심을 쏟고 있다는 느낌을 전해주면 내 기분도 좋아졌다.
그 기분이 이타적인 것인지 이기적인 것인지 아니면 둘 다
인지 판단이 안 섰다. 아니면 해리의 기분을 좋아지게 할 수
만 있다면 그런 건 아무래도 상관없는 걸까?

　나는 보트하우스 카페 안에 열어둔 내 노트북 컴퓨터 앞
으로 돌아갔다. 그새 마이클이 커피를 한 잔 더 따라놓았다.
나는 마이클에게 엄지를 들어 보였다.

조시   고마워, 마이클. 방금 동생과 통화했어.

마이클   그 잘생긴 동생? 걔한테 무슨 일 있어?

나는 마이클에게 해리의 위산 역류 문제에 관해 이야기했
고, 우리는 해리가 배가 나온 건 KFC와 달달한 과자를 좋아
해서라며 웃었다. 해리가 배가 부풀고 구토를 한 게 정말 그
때문이길 바랐다. 그 말이 사실이라면 그 어떤 대가라도 치
를 수 있었다.

# #
노아 3

심리치료사들이라고 실존적 불안 및 그에 수반하는 불안증과 공황의 거미줄에 절대 걸리지 않는 건 아니다. 자기 인식 역시 우리가 모든 범위의 인간적 감정을 경험하는 것을 막아주지는 않으며, 그저 감정을 이해하는 도구로서 인식을 제공해줄 뿐이다. 하지만 그 인식조차 내 존재의 무익함에 골몰한 채 상담실 안을 맴도는 걸 멈추게 하지는 못했다. 그때 갑자기 잡지들이 우르르 떨어지는 소리가 나면서 나를 실존적 사고의 쳇바퀴에서 빼냈다. 4년치 《테라피 투데이Therapy Today》가 무게를 견디지 못하고 바닥에 떨어진 것이다. 나는 늘 언젠가는 날을 잡고 저 잡지를 다 읽을 거라고 생각했다. 나의 투사된 이상적 자아의 낙관적 망상이었다. 나는 그냥 저 잡지들을 수집하는 걸 즐겼던 것 같다. 캔디크러시 게임을 하거나 유튜브와 레딧에서 보낸 시간, 혹은 실존적 불안에 관해 반추하며 보낸 시간의 절반만 썼더라도 저 잡지들은 진작에 다 읽었을 텐데…. 후회는 없다. 문에서 조용한 노크 소리가 들렸다. 노아와 세션을 진행할 시간이었다.

조시　　잘 지내셨어요, 노아?

노아　　그럭저럭요, 고마워요. 선생님은 어떠세요?

조시　　전 다 좋아요.

우리는 각자 평소에 앉던 자리에 앉았다. 나는 물을 좀 따랐고 둘 다 잠시 시간을 갖고 마음의 준비를 했다. 비가 창을 토독토독 때리고, 유리창 표면에 모인 빗물이 삼각주 모양을 형성했다가 강한 바람을 맞아 다시 흩어졌다. 내게는 노아가 오늘 슬픔을 데리고 온 것 같다는 느낌이 들었다.

노아　　사실 저 그렇게 좋지 못해요. 죄송해요, 입에 발린 인사가 자동으로 나오는 것 같아요. 무슨 동네 가게 주인이랑 인사 나누는 것도 아닌데, 제가 거짓말을 했네요.

조시　　괜찮아요. 요즘 어떤 감정을 느끼는지 저에게 더 들려주고 싶은 것 없으세요?

노아　　사실은 감정을 느끼는 것과 정반대에 가까워요. 대

체로 아무 감정도 느끼지 못하고 있어요. 때때로
눈물이 왈칵 쏟아져서 단조로운 무감정 상태를 깨
뜨리기는 하지만, 대부분은 아무것도 안 느껴져요.
그는 안도감을 불어넣어줄 말을 기대하는 듯이 나를 바라보
았다.

분석가　우울증이로군.

조시　무감각한 느낌, 세상과 유리된 듯한 느낌, 눈물, 모
두 흔히 우울증과 연관된 증상이에요. 노아는 과거
에도 우울증을 겪어보신 것으로 아는데, 이 감정,
아니 무감정이 익숙하신가요?

노아　네, 전에도 이런 적 있어요.

조시　그래요. 그러니까 전에도 이런 삽화를 겪었고 그
상태를 빠져나와 보셨겠군요? 그런 상태도 끝난다
는 걸 아시겠고요.

노아　이성적으로는 그렇죠. 하지만 그래도 힘들어요.
나는 고개를 끄덕였다.

공감이　우울의 늪에서 아무 감정도 느껴지지 않을 땐 무척 고립된
느낌이 들지.

노아　지난 나흘 동안 뭔가를 할 의욕이 거의 생기질 않
았어요. 직장에서 간신히 일을 해내고 오늘 여기까
지 저를 억지로 끌고 왔어요. 팔다리가 납덩이 같

261

아요. 뇌도 제 맘처럼 움직여주질 않고 집중하기가 어려워요. 기억하고 생각을 유지하는 것도 어렵고요.

분석가 브레인포그로군.

공감이 그건 아주 성가실 수 있는데….

조시 브레인포그는 여러 모로 방해가 될 수 있어요. 우울증의 다른 증상들에 더해진다면 특히 더 그렇고요. 우울증의 원인이 될 만한 이유를 찾아보면 어떨까요?

노아 우울증은 단지 화학물질의 불균형일 수도 있다는 말을 들었어요. 그런데도 우울증에 관해 얘기를 나누는 것만으로도 도움이 될까요?

조시 저는 당신과 당신의 경험, 당신의 스트레스 양동이에 담긴 내용물, 자신에 관한 당신의 생각들에 관해 이야기하는 게 우울증에 정말 도움이 된다고 믿어요. 화학물질의 불균형이 있든 없든, 여기서 이야기하는 건 아주 좋은 일이라고 생각해요. 약물치료에 관해서는 나중에 주치의나 정신과 의사와 상의해보시고요.

노아 이야기하는 게 어떤 식으로 도움이 되나요?

조시 대화 치료가 우울증에 도움이 된다는 건 가설로도 제기되었고, 여러 측면에서 과학적으로 증명도 되었어요. 자신의 생각과 감정을 맥락 속에 넣어 판단하는 데도 도움이 되고, 의식의 주변부에 숨어 있던 것들을 알아차리게 될 수도 있죠. 게다가 저는 이야기를 하는 것이 마음속에 담긴 짐을 덜어내고 가볍게 하는 좋은 방법이라고 믿어요. 우리가 가진 믿음들이 우리의 행동에 어떤 영향을 주고 있는지도 살펴볼 수 있죠. 저는 우리의 행동이 굳어진 틀에서 빠져나가지 못하고 계속 맴도는 경향이 있다고 생각하거든요.

노아 선생님도 우울증을 겪어보신 적 있어요?

조시 네, 그럼요.

분석가 조심해.

직관 지금은 약간의 자기폭로가 도움이 될 것 같아.

노아 어떻게 대처하셨나요?

조시 그건 사람마다 다 달라요. 제게 도움이 된 방법이 노아에게는 안 통할 수도 있어요. 우울증에는 다양한 요인이 있을 수 있으니까요.

노아 그건 알지만, 전 그냥 희망적인 이야기가 듣고 싶어요.

조시 짧게 얘기하자면, 제 우울증의 핵심 요소가 계속 반추해서 생각하려는 강박이었다는 걸 깨달았어요. 똑같은 생각과 걱정을 계속 반복하고, 괜찮다는 느낌을 받으려고 머릿속에서 가능한 모든 시나리오를 돌려봤어요. 전 이러한 습관적 행동을 고치기 위해 많이 노력해야 하고, 또한 나 자신과 세계에 관한 자기 제한적 믿음들에도 저항해야 한다는 걸 깨달았죠. 여기에는 제 삶에 자양분이 될 만한 것들을 선택하는 일도 수반되었고요.

침착이 이제 그걸 되돌려서 노아의 참조틀에 맞춰봐.

조시 노아도 반추하며 힘들어하시는 편인가요?

예상치 못하게 노아가 씨익 웃었다.

노아 저는 스포츠라면 모두 젬병인데요, 만약 반추 경기가 있다면 올림픽에도 나갈 정도예요.

노아가 의자에서 뒤로 기대앉았다.

노아 저도 우울할 때는 머릿속에서 많은 시간을 보내요. 예를 들면, 어제도 사무실에서 아무것도 없는 허공을 쳐다보며 깊은 생각에 빠졌죠. 누가 들여다봤다면 제가 아주 이상하게 보였을 거예요. 제 관심의 초점은 모두 머릿속에 있었죠. 샤워할 때도 똑같은 일이 있었어요. 끔찍하게 돌아가는 제 생각에 완전히 사로잡혀서 욕실에서 꼬박 40분을 보냈죠. 침대에 누워서도 마찬가지였고요. 한 시간이나 불안한 생각으로 마음을 졸이다가 자리에서 일어났어요. 그러니까 선생님 말씀은, 반추가 우울증의 한 부분을 이루는 행동이라는 건가요? 제가 문제를 해결하거나 처리하느라 생각에 골몰해 있었던 게 아니고요?

분석가 그건 상황에 따라 다르지.

조시 맞아요. 반추는 행동이에요. 머릿속에서 끔찍한 상황들을 반복해서 돌리고 최악의 시나리오를 상상하는 건, 비판적 사고나 분석적 사고가 아니라 반추죠. 이건 우울증과 불안증에 똑같이 적용돼요. 우울증 상태일 때 우리는 최악의 시나리오에 곧잘 끌리죠. 그리고 우울증의 렌즈를 통해 보고 있으면서도, 자기 실존의 가장 진실하고 적나라한 모습을 보고 있다고 확신하고요.

노아 렌즈요?

조시 네, 우울증과 불안증은 자신들의 렌즈를 제시함으로써 우리가 세계를 인지하는 방식에 영향을 미쳐요. 첫 데이트에 성공한 뒤 상대에게 홀딱 반한 사람 같달까요?

비평가 너랑 데이트하고 그렇게 느낀 사람은 아무도 없어.

엉뚱이 하하.

조시 그런 사람들은 장밋빛 안경을 끼고 세상을 보잖아요. 발에 스프링이라도 달린 듯 발걸음이 가벼워 둥둥 떠다니는 것 같고 기쁨이 흘러넘치죠. 크리스마스 아침에 자기가 자기 무덤 앞에서 울고 있는 게 아니라 살아 있다는 걸 깨달은 스크루지 영감처럼요. 우리가 세상을 보는 렌즈는 우리 마음 상태에 따라 달라질 수 있어요. 우리가 우울할 때는….

노아 똥색 안경으로 세상을 보는 거로군요.

탐정 노아로서는 꽤 드문 단어 선택이로군.

조시 네, 우울증과 불안증은 우리가 똥색 안경으로 세상을 보게 만들 수 있죠. 동의해요.

노아 하지만 그저 렌즈일 뿐이잖아요. 그래도 그 사실을 상기하는 게 저한테 도움이 될 것 같아요. 제가 보는 것, 느끼는 것이 절대적인 것, 객관적 진실이 아니라는 거요.

조시 네, 그렇죠.

노아 하지만 그 경험은 너무 강렬하잖아요. 너무 설득력 있고요. 슬픔은 너무 현실적인데, 그 마비된 듯한 감정이 기운을 다 빼앗아가서 마치 내가 비현실 속에 있는 것처럼 느껴져요.

한 줄기 강풍이 창틀을 때려 우리를 동시에 놀라게 했다.

노아   그때 얘기했던 직원 회식에 갔었어요.

조시   그렇군요. 어떠셨어요?

노아   솔직히 말하면 이 우울증의 파도를 일으킨 게 그 모임이었다고 생각해요.

나는 그 말에 즉각 관심이 치솟았지만 그런 티를 내지 않으려 노력했다.

노아   약속 장소인 레스토랑에서 모였는데, 저는 거기 도착하기도 전에 모든 사람에게 좋은 인상을 심어줘야 한다는 부담감을 느꼈어요. 저는 동료 여럿이 앉아 있는 테이블의 한쪽 끝에 앉았어요. 그들은 모두 괜찮았어요. 친절하고 세심하고. 하지만 제 생각이 문제였어요. 머릿속이 저를 너무 괴롭혔어요. 머릿속으로는 온갖 잡다한 생각이 떠오르는데, 전 그냥 사교적인 척 흉내만 내고 있는 느낌이었어요. 완전한 연기. 제 생각은 아주 잔인했어요.

조시   어떻게요?

노아   어떤 목소리가 저를 저격하듯 힐난했어요. '일단 너를 알게 되면 이 사람들도 널 싫어할걸. 넌 나쁜 인간이잖아. 이 겉과 속이 다른 사기꾼아.' 계속 그런 식으로 이어졌어요. '넌 존재 가치가 없어, 사랑받을 수 없어.' 끝날 줄을 몰랐어요. 가혹하게. 제가 그 자리에서 뒤로 물러나며 쪼그라드는 느낌이었어요. 그러다가 대화에 참여할 때는 그냥 고개만 주억거렸죠. 동의를 표하면서요. 당연히 제 내면의 비판자는 그걸 좋아했어요. '넌 네 주장도 펼칠지 모르지? 이 겁쟁이.'

조시   마치 당신의 즐거운 시간을 망치려고 몰려든 불량배 같군요. 기운이 다 빠졌을 것 같아요.

노아의 눈시울이 붉어졌다. 노아는 재빨리 눈물을 닦았다.

노아   전 그래도 싸요.

조시   왜 그렇게 생각하시죠?

노아는 상담실의 한 귀퉁이를 바라보았다. 질문을 무시하려는 것 같았다.

노아   제가 어떻게 해야 그 목소리를 끌 수 있을까요? 어떻게 내면의 비평가, 우울증, 그 생각들을 멈춰야 할까요? 가망이 없다는 느낌이 들어요. 게다가 저는 사회적 불안도 있죠. 그 회식 날 밤 이후로 저는 우울증 속으로 빨려 들어갔어요. 모든 게 끔찍하고 어둠침침한 구름처럼 느껴져요.

조시   저는 노아가 내면의 불량배들에게 시달림을 받는 게 당연하다고 생각하지 않아요. 그런 사람은 아

무도 없어요. 당신 내면에 왜 그런 목소리가 존재
한다고 생각하세요? 혹시 누군가의 목소리와 닮지
않았나요?

노아   아동기에 관한 뻔한 얘기죠. 비평가의 목소리는 아
버지와 좀 비슷하게 들리긴 해요. 하지만 그건 너
무 쉽게 집어낼 수 있는 거죠. 게다가 저도 제 아버
지 같은 사람일까 봐 겁이 난다고요. 그 목소리는
제 목소리가 맞지만, 아버지한테 영향받은 목소리
란 느낌이 들어요. 그리고 연민이라곤 한 톨도 없
는 목소리로 느껴지기도 해요. 그건 제 어머니겠
죠. 보호의 결핍, 제 편이 되어주는 이가 아무도 없
다는 것. 저는 두 사람 모두의 성향이 혼합된 결과
물 같아요. 그래도 어머니는 여전히 피해자예요.
어머니에 대한 원망이 올라올 때마다 이 사실을 애
써 떠올리곤 해요.

노아는 자기 생각의 흐름을 그대로 타고 흘러갔다.

노아   그리고 뿔뿔이 흩어진 친구들, 제가 받은 교육 과
정도 거기 포함해야겠죠. 친밀함이 결여된 관계들.
제 모든 실수. 너무… 많은… 실수.

다정이   노아는 자신에 대한 연민이 별로 없구나.

노아   이 목소리는 제가 태어났을 때부터 줄곧 길러진 것

같아요. 어떤 뒤틀린 운명처럼, 결국 저에게 나타
나기로 되어 있었던 것 같다고요. 부드러운 것 없
이는 거친 것도 없잖아요? 음과 양? 전 거친 쪽이
에요. 옆에 있는 등나무를 훨씬 더 아름다워 보이
게 만드는 흉한 잡초가 저예요. 반대되는 것과의
대조를 알지 못한다면 아름다움이라는 개념 자체
도 존재할 수 없죠. 제가 그 반대되는 존재예요. 저
는 다른 사람들을 좋은 사람으로 보이게 만들죠.

비평가 와우, 대단한데?

노아가 팔을 긁었다.

분석가 자해? 네가 해야 할 일 잘 챙겨.

침착이 물어보라고.

조시 자신을 그런 식으로 묘사하는 걸 들으니 마음이 아
프네요, 노아. 팔을 자주 만지시는 것 같던데, 저로
서는 이걸 꼭 짚고 넘어가야 해요. 혹시 다시 자해
를 시작하셨나요?

노아는 들켰다는 듯한 표정으로 나를 바라보았다.

불안이 노아가 괜찮으면 좋겠어. 걱정돼.

노아 걱정하지 마세요. 칼을 대진 않았어요. 사실, 피부
를 자꾸 긁어서 뜯어내기는 하지만요.

분석가 표피 박리 장애로군.

노아   그냥 전에 난 상처들 주위에만요.

조시   알았어요.

약물 치료, 주치의 및 정신과 의사와 자주 연락하는 일의 중요성에 관해 이야기한 뒤, 노아가 자신에 대해 갖고 있는 몇 가지 믿음, 특히 가치관 및 가치와 관련된 믿음에 관해 계속 이야기를 나눴다. 나는 사람 중심 모델을 적용하여 노아가 스스로 탐색의 방향을 이끌어갈 여지를 만들어주었고, 그가 아동기부터 키워온 부정적인 자기도식(우리가 자신에 관한 정보를 해석하는 틀)과 내사된 믿음 몇 가지를 파악해 기록했다. 그런 다음에는 어떤 일이 일어나고 있었는지에 관한 비공식적 평가를 구성하기 위해 인지행동치료의 몇 가지 모델을 활용했다.

우리는 핵심 믿음들을 찾아 기록하는 것부터 시작했다. 나는 물론 화이트보드를 활용했다. 핵심 믿음이란, 어느 시점에 우리가 당연히 진실이라고 가정하는, 우리 자신 또는 우리 주변 세계에 관한 깊이 뿌리 내린 믿음인데, 이는 대체로 어떤 도전도 받지 않고 유지된다. 노아의 핵심 믿음 몇 가지를 살펴보면, '나는 사랑받을 수 없는 사람이다' '나는 나쁜 사람이다' '나는 겉과 속이 다른 사기꾼이다' '나는 좋은 걸 누릴 자격이 없다' 등이 있었다. 나는 노아에게 그의 험난했던 어린 시절을 돌아보며 그런 핵심 믿음이 자리 잡은 이유를 알아보자고 권했다. 그리고 어떤 행동 하나가 그가 어떤 사람임을 알려주는 신호일 수 없다는 말로 그가 절대적으로 고수하는 완강함에도 이의를 제기했다. 부모가 당신에게 학대 행동을 했다고 해서 당신이 사랑받을 수 없는 사람이라는 뜻은 아니다. 오히려 그건 보호자 역할을 하지 못한 부모의 실패일 가능성이 더 크다. 부모에게 학대당한 아이가 자신이 사랑받지 못하는 존재라고 결론 내리는 이유는 이해되지만, 그렇다고 그 결론이 사실이라는 의미는 아니다.

현재의 핵심 믿음들을 살펴보면서 우리는 노아의 행동이 이런 해로운 믿음들을 어떻게 더 강화하고 있는지 탐색하기 시작했다. 노아는 자기가 사랑받을 수 없는 존재라는 증거가 있다고 믿었다. 자기가 한 번도 진지한 관계를 맺어본 적 없다는 사실이 그 증거라는 것이다. 하지만 이 믿음을 들여다보는 과정에서 우리는 노아가 불안을 피해 안전을 추구하느라 친밀한 관계를 회피하는 일이 잦다는 걸 알게 되었다. 이는 트라우마로 가득한 그의 성장기를, 그리고 안정적이고 안전한 관계가 그에게 얼마나 낯설게 느껴질 수 있을지를 고려하면 전적으로 이해되는 일이었다. 또한 노아는 자기에게 가깝고 진실한 인간관계가 없었던 게 전혀 놀랍지 않은 것이, 그런 관계를 경험해본 적도, 심지어 그런 관계를 목격한 적도 없었기 때문이라는 점도 깨달았다. 그는 사람들을 만족시키려 하거나 비위를 맞추려 하는 등 안전하다고 느끼기 위해 하는 행동들을 더 찾아냈다. 다시 한번 우리는 과거의 행동과 현재 행동 사이의 유사성을 포착했고, 그런 유사한 행동들이 핵심 믿음을 강화하고 있다는 점도 짚어냈다.

노아 이해했어요. 저의 근거는 허술하고 제 과거와 핵심 믿음의 렌즈 때문에 왜곡되었다는 걸 알겠네요. 그래도 전 좋은 사람은 아니에요.

노아는 절망적이고 피곤하고 공허해 보였다.

탐정 그 비밀 때문인 것 같아.

불안이 뭔가 이상한 느낌이 드는데….

생리 네 배 속에서 파닥대는 나비들이 불길한 예감을 더 고조시키고 있어.

조시 첫 세션에서 당신이 품고 있는 비밀을 말할 수 있는 자신감을 갖게 되길 원한다고 하셨죠. 노아를 짓누르고 있는 걸 제게 얘기하면 도움이 될 것 같지 않나요? 우리가 그걸 당신의 핵심 믿음과 관련지어 살펴보고 거기 도전해서, 어쩌면 그 무거운 것을 스트레스 양동이에서 덜어낼 수도 있지 않을까요?

그의 두 팔이 떨리기 시작했다. 이어서 다리도 떨렸다.

노아   전 나쁜 사람이에요.

다정이   그렇지 않아요.

조시   괜찮아요, 노아….

비평가   네가 할 말은 아니지.

분석가   공허한 말로 안심시키려 하지 마.

구원이   하지만 노아가 너무 힘들어하고 있잖아.

노아   괜찮지 않아요. 괜찮지 않은 것들도 존재하는 법이
잖아요.

탐정   기억해. 노아가 뭔가 위태한 말을 하면 너는 전화를 걸어
당국에 알려야 한다는 걸.

불안이   나도 알아. 무서워.

침착을 유지하며 노아에게 안정감을 주려고 최선을 다했지
만 나는 불안했다. 그 불안은 흥분에서 오는 것이 아니었다.
창을 때리는 빗소리만이 정적을 채우는 유일한 소리였다.
나는 가만히 앉아서 기다렸다.

노아   전….

노아의 떨림이 더욱 심해졌다. 그는 자신을 달래려 몸을 앞
뒤로 흔들었다. 턱은 단단히 악물려 있었고, 긴장으로 목에
서 핏줄이 울룩불룩 움직였다.

노아   못하겠어요…, 지금은. 전 누군가의 연민을 받을

자격이 없어요. 사랑받을 자격이 없어요. 여기 있
을 자격도 없어요.

노아는 바로 일어나더니 문으로 걸어가 나가버렸다.

조시   노아!

나도 벌떡 일어나 뛰어가서 문이 닫히기 전에 붙잡았다. 복
도를 보니 계단실로 나가는 문이 쾅 닫히고 있었다. 엘리베
이터를 타고 1층으로 내려가며 로비에서 그를 만날 수 있기
를 바랐다. 엘리베이터 문이 열리고 보니 절망적이게도 로
비가 너무나도 혼잡했다. 회의실에서 네트워킹 행사가 있었
는데, 마침 거기서 사람들이 다 쏟아져 나온 참이었다. 나는
뒤꿈치를 들고 서서, 잡담을 나누며 뷔페 음식을 먹고 있는
사람들 머리 위로 마치 잠망경을 들여다보듯이 빙 둘러 보
았지만 노아는 보이지 않았다.

불안이   노아가 괜찮았으면 좋겠는데. 경솔한 일은 그 무엇도 하지
            말고.

직관   좋은 상황이 아닌걸.

분석가   노아는 아주 위험한 상태야.

나는 상담실로 돌아가 노아의 주치의에게 전화를 걸었다.
내담자가 자해나 자살의 위험이 있다고 느껴질 때면 그들에
게 알리는 것이 나의 의무다.

우울증

우울증은 우리의 감정에 부정적 영향을 미치는, 흔하지만 몹시 힘든 정신질환이다. 우울감을 느끼는 건 임상적 우울증과 약간 다르며, 우리는 누구나 때때로, 특히 슬픈 소식이나 트라우마 사건이 일어났을 때 기분이 울적하고 마음이 처질 때가 있다. 반면 임상적 우울증은 가라앉은 마음이 장기간 지속되는 것이라 할 수 있다. 우울증도 불안증처럼 정도에 따라 스펙트럼상에 걸쳐 나타난다고 볼 수 있다. 한쪽 끝에는 기분이 가라앉거나 의기소침하거나 좀 공허한 마음이 드는 정도의 가벼운 우울증이 있다. 반대쪽 끝에서는 낮게 가라앉은 기분이 끝없이 이어지고, 육체적으로도 감정적으로도 마비된 느낌이 들며, 자신과 세상을 확고하게 부정적인 시선으로만 보고, 내면의 비판자에게서 사납고 냉혹한 비판을 받는다. 중증 우울증은 자살 충동을 불러일으킬 수도 있고, 심리적·신체적 징후들의 대혼란이 펼쳐지는 끔찍하고 끈적끈적한 지하 세계에서 살아가는 것처럼 느끼게 할 수 있다.

우울증의 심리적 증상은 머릿속에서 들리는 가혹한 목소리 같은 식의 자기비판적 생각으로 발현될 수도 있다. 내담자들은 머릿속 목소리가 '네가 왜 존재해야 하

276

는 건데?' '넌 늘 사람들을 실망시켜' '넌 짐 덩어리야' '넌 사랑스러운 구석이라곤 없어' 따위의 말을 늘어놓는다는 이야기를 자주 한다. 우울증은 자기 존재에 대한 인식에도 변화를 일으킬 수 있는데, 이 인식은 그 순간에는 무척 설득력 있게 느껴진다. 우울증적 사고의 몇 가지 예를 들어보면, '이 모든 게 대체 무슨 의미가 있어?' '세상은 슬픈 곳이야' '나는 여기서 외롭게 살 운명이야' 등이 있다. 이런 생각에는 자신을 고립시키고자 하는 강렬한 충동이 동반되는데, 이 충동을 따르게 되면 우리가 부정적 생각에 기울지 않도록 균형을 잡아주고 우울의 무게를 덜어줄 수 있는, 다른 사람들의 견해가 자리하는 환경에서 멀어지게 된다.

그뿐 아니라 우울증은 신체적 증상의 형태로도 찾아올 수 있다. 가장 흔한 증상은 피곤함과 기진맥진함, 가슴 통증과 어깨 통증, 구부정한 자세, 전반적으로 무거운 느낌, 구역질과 두통 등이다. 수면도 영향을 받아서 아예 잠을 자지 않을 수도 있고, 반대로 너무 많이 잘 수도 있다. 우울증은 식욕에도 곧잘 변화를 일으켜, 음식을 전혀 먹지 않는 사람들도 있고 계속 과식하는 사람들도 있다. 만약 당신이 이런 신체적 증상 중 무엇이라도 겪고 있다면 자신을 게으르다거나 무기력하다거나 식탐이 많다는 식으로 자신을 비난하지 말기를 바란다. 대신 이게 우울증은 아닐지 생각해보고 친구나 가족이나 전문가에게 도움을 구하라. 아주 우울한 상태일 때 스스로를 평가하는 것은 결코 도움이 되지 않는다.

우리가 우울을 느끼는 데는 많은 이유가 있다. 우울증은 실연이나 사별 같은 개인적인 문제 때문에 일어날 수도 있고, 환경이 초래한 결과일 수도 있으며, 유전적 소인이 있을 수도 있다. 치료사로서 나는 내담자들이 우울증의 잠재적 원인을 탐색하는 것을 돕는다. 그들을 방해하는 자신과 세상에 관한 믿음이 있다면, 그 믿음에 도전하도록 돕는 것이 내가 할 일이라고 생각한다. 우울증은 사람을 고립시키는 속성이 있다. 그래도 좋은 치료사와 함께한다면 세상으로 다시 돌아가는 데 도움을 받을 수 있다고 나는 믿는다.

# #
슈퍼마켓

2015년 9월

찬장이 텅 빈 것을 보고 느릿느릿 슈퍼마켓으로 갔다. 나는 거의 빈털터리 상태였다. 그 주에 예약한 내담자 중 일곱 명이나 연락도 없이 나타나지 않았고, 나는 상담이 과연 내게 맞는 일인지 의심하고 있었다. 요즘에는 내담자들 중 누구도 별 진전을 보이지 않는 듯 느껴졌고, 이 직업을 가지려고 정부에서 그렇게나 많은 돈을 대출한 나 자신에게 화가 났다. 이타주의나 감정이입은 패배자들의 몫이지. 내가 내담자들을 실망시키고 있다는 느낌이 들었다. 괴성을 지르며 뛰어다니는 아이들이 진열대 사이 좁은 통로를 가로막아 내가 저렴한 야채 수프 통조림 사는 것마저 방해하자, 그 절망감은 더욱 깊어졌다.

나는 쉽게 조리할 수 있는 기본적인 음식들로 카트를 채웠다. 파스타, 수프, 채소, 빵 그리고 당황스러울 정도로 많은 치즈. 지난 몇 달간 거의 베이지색 아니면 노란색 음식만 먹고 살았는데, 카트 속을 들여다보니 정말 우울했다. 슈퍼마켓 스피커에서 포 탑스의 〈로코 인 아카풀코〉가 흘러나왔다. 내가 좋아하는 노래였다. 그런데 그 순간만큼은 슬프고 외롭고 세상과 단절된 느낌을 안겼다. 탈지우유 몇 개를 재빨리 카트에 던져넣고 계산대로 걸어가는데, 매장 한가운데서 느닷없이 눈물이 쏟아졌다.

계산원은 불안증을 일으킬 듯한 속도로 내가 골라온 물건들의 바코드를 스캔하기 시작했다. 나도 그 속도에 맞춰 물건을 담으려고 노력했지만, 몇 개는 장바구니에서 빠져 바닥에 떨어졌고, 계산원은 매서운 눈으로 나를 노려봤다. 나는 마음을 다잡고 나머지 물건들을 장바구니에 챙겨 넣었다. 계산원이 엄한 눈빛으로 나를 빤히 쳐다보고 있는 가운데, 나는 물건 값을 지불하려고 카드를 꺼냈다.

카드가 결제를 거부했다. 계산원은 무자비한 표정을 풀지 않았다. 뒤에 줄 선 사람들도 짜증의 기운을 뿜어내는 것 같았다. 나는 다시 시도했다.

카드가 또 결제를 거부했다. 나는 주머니에 손을 넣어

다른 카드를 꺼냈다. 그러던 중 내 손이 장바구니를 치는 바람에 내용물이 쏟아져 바닥에 우당탕 떨어졌다. 뒤에서 기다리던 줄에서 짜증스럽게 웅성거리는 소리가 들리는 것 같았는데, 생각해보면 그 소리는 대부분 내 마음속에서만 울렸던 것 같다. 가슴이 무겁게 짓눌리는 느낌이 더욱 심해졌고, 눈물샘이 떨려왔으며, 이제는 다리뿐 아니라 팔도 무겁게 느껴졌다. 나는 모두가 보는 앞에서 울음을 터뜨리기 일보 직전이었다. 내가 감정을 절제해야 한다는 믿음을 고수하는 사람은 아니지만, 그런 내게도 창피함은 견디기 어렵다.

게다가 나는 신의 개입을 믿는 사람도 아니다. 유아론 solipsism은 현실적이지도 않고 건강한 생각도 아니라고 생각하기 때문이다. 나는 신에게 남다른 관심을 받을 만큼 특별하거나 가치 있는 존재가 아니다. 하지만 잔뜩 흐린 이날 오후에는 수호천사가 곤란에 빠진 나를 도와주려고 샐퍼드에 찾아와준 게 분명했다. 옆 계산대에서 얼굴에 피어싱을 잔뜩 한, 키가 작고 옹골찬 몸집의 남자가 자기 물건의 계산을 끝낸 뒤, 떨어진 치즈 앞에서 허둥대고 있는 나를 알아봤다.

데클란　　어! 혹시 조시 아닙니까?

바닥에 떨어진 물건 옆에 무릎을 꿇고 있던 나는 뺨을 타고 흘러내리는 눈물을 재빨리 훔쳐냈다.

조시   네, 맞는데요.

내가 아는 사람 같지는 않았다.

데클란   괜찮으세요? 카드가 말을 안 들어요? 그런 일이 생기면 정말 짜증나죠.

그는 자신감 있는 태도로 내 쪽으로 다가왔다. 그리고 계산원에게 눈을 찡긋해 보이며 자기 신용카드를 꺼내 카드 리더기에 밀어 넣었다. 그러자 삑 소리가 나며 결제가 이뤄졌다.

데클란   이 비접촉 결제 도구 참 위험해요. 온갖 충동구매의 유혹에 빠트리니까요.

나는 어안이 벙벙했다.

조시   가… 감사합니다. 요 옆에 ATM이 있을 거예요. 현금으로 돌려드릴게요. 제 카드가 안 먹히는 바람에…. 근데 왜 그러신 거예요?

데클란   신경 쓰지 마세요. 치즈 얼른 담으세요.

그는 지갑을 접어 반바지 주머니에 다시 넣었다.

데클란   당신이 제 여동생을 도와주셨어요. 동생은 여러 문제로 무척 힘들어했어요. 집 밖으로 아예 나가지 못했고, 조카들을 빼앗길지도 모른다는 두려움에 몹시 불안해했죠. 당신의 심리치료가 제 동생에게 정말 큰 도움을 줬어요. 가족으로서 고마움을 전합니다. 동생은 지금 잘 지내요. 자기가 원하는 만

큼은 아니지만, 그래도 그럭저럭 괜찮아요. 예전에
비하면 엄청 좋아진 거죠.

조시   전….

그가 미소를 지었다.

데클란   제가 드리는 선물이에요. 대단한 것도 아니고요.
고마움의 표시로 받아주세요. 제 여동생과 우리 가
족이 함께 드리는 감사예요.

그는 뒤돌아보지 않고 걸어 나갔다.

    나는 마침내 물건들을 챙겨 집으로 향했다. 슈퍼마켓을
나서는데 눈물이 뺨을 타고 줄줄 흘렀다. 그러나 슬픔의 눈
물은 아니었다. 내 직업에 대한 나의 사랑은 종잇장처럼 얄
팍하지 않지만, 심지어 직업이 나를 거의 정의한다고 할 수
도 있지만, 이 사람은 내 삶에 어려운 시기가 닥쳤을 때, 내
가 의심에 사로잡혀 있을 때, 내가 내 직업을 사랑한다는 사
실을 다시금 일깨워주었다.

# #
대프니 4

오늘 나는 겉모습에 꽤 신경을 썼다. 새 옷을 사느라 돈을
좀 뿌린 결과 막 의류 매장에서 빠져나온 듯한 모습이었다.
스웨터 하나는 라벨도 떼지 않았다가, 대프니가 도착하기
직전에 뭔가가 등을 찌르는 느낌에 알아차리고 떼어냈다.

대프니   좋은 아침이에요, 조슈아. 우리 커피 좀 마시는 거
어때요? 나 완전 방전됐거든요.

조시   좋죠, 제가 준비해 올게요. 어떻게 드시고 싶으세
요? 공용 공간에 그럭저럭 괜찮은 커피머신이 있
거든요. 제가 잠시 다녀올게요.

대프니   같이 가요. 커피는 내가 만들게요. 기분 나쁘게 듣
지는 말고요. 지난번에 당신이 만들었던 커피는…

좀 별로였거든요. 사실은 영 아니었어요.

비평가 하하.

구원이 공용 공간은 보통 사람들로 북적거리는데. 유명 배우와
함께 거기 가는 거 정말 좋은 생각일까? 쓸데없이 주의를
끌게 될 텐데….

분석가 기밀성이 중요해.

조시 정말요? 우리 상담 세션은 기밀유지로 보호받는다
는 거 잊지 마세요. 그 공용 공간은 대개 사람들로
붐비고 시끌벅적하고 정신 없어요. 저는 당신한테
원치 않는 주의가 쏠리거나 기밀성이 위태로워질
상황은 원치 않습니다. 이 건물 사람들은 전부 다
제가 심리치료사라는 걸 알아요.

대프니가 못마땅한 표정으로 눈썹을 치켜 올렸다.

대프니 내가 변장하고 이 건물을 들락거린다고 생각하세
요? 당신한테 온 우편물이라도 되는 것처럼? 사람
들은 내가 이 건물로 들어오고 나가는 걸 이미 여
러 번 봤어요. 평생 대중의 큰 관심을 받으며 보낸
내게 이 건물의 탕비실 정도는 별문제 되지 않아요.

조시 그렇군요. 앞장서시죠….

대프니는 태연하게 공용 공간으로 들어가 커피머신 앞으로
향했다. 스무 명 정도가 여기저기 흩어져서 책을 읽거나 휴

대폰을 들여다보거나 커피를 마시거나 이른 점심을 먹고 있었다. 이 모든 게 너무 비현실적으로 느껴졌다. 내 뇌는 상담실 안에서 보는 대프니에 대해서는 이제 어느 정도 둔감해졌지만, 여기서 여러 사람과 섞여 있는 이 상황은 전혀 다르게 느껴졌다.

불안이 아무도 대프니를 몰라보기를….

구원이 대프니가 불편해지지 않으면 좋겠는데….

비평가 대프니는 지적이고 성숙한 성인이야. 대프니가 커피를 준비하도록 내버려둬.

불안이 난 어색한 상황이 생기는 건 싫어.

대프니 아메리카노였죠?

대프니가 내 쪽을 돌아보며 물었다. 말하는 사람이 누군지 보려고 몇 사람이 고개를 들었다. 내 주변 시야로 놀란 듯 휘둥그레 쳐다보는 사람들의 모습이 보였다.

조시 네, 고마워요.

커피콩이 갈리는 소리가 들리고 이어 스팀이 나오는 시끄러운 소리가 방 안을 가득 채웠다. 둘러보니 대프니를 알아본 사람이 몇 명 보였다. 한 남자는 보고 있던 잡지를 탁자에 내려놓았다. 젊은 여자 한 명은 휴대폰 화면을 넘기던 엄지의 움직임을 멈춘 채 놀라서 입을 다물지 못했다. 또 한 여자는 휴대폰에 다급히 타이핑하는 동시에 대프니에게서 눈

286

을 떼지 못했다. 마치 운전하면서 동시에 급한 메시지를 보내야 하는 사람처럼. 대프니는 사람들이 어떻게 하든 전혀 주의를 기울이지 않았다. 그리고 커피 두 잔을 들고 내게로 걸어와 나에게 한 잔을 건넸다. 나는 상담실로 돌아가자는 제스처를 취했다. 갑자기 어떤 목소리가 우리를 멈춰 세웠다. 돌아보니 복도 저쪽 끝에 있는 건물 관리 회사의 제마이마가 서 있었다. 젠장.

제마이마 저… 어…, 실례지만…, 혹시 당신은…?

나는 눈을 커다랗게 뜨며 표정으로 '아냐! 꺼져!'라는 신호를 보냈다. 물론 제마이마는 내가 하는 어떤 일에도 주의를 기울이지 않았고, 대프니에게만 온 신경이 쏠려 있었다. 어찌 제마이마를 탓하겠는가? 우리의 평범한 오피스 건물 직원 휴게실에 대스타가 나타났는데 말이다. 매일 목격할 수 있는 일은 아닌 것이다. 대프니가 제마이마 쪽으로 돌아섰다. 대스타가 자기를 알아봐 주자 이 젊은 여인의 얼굴이 발그레해졌다.

제마이마 방해해서 죄송해요. 그저 당신의 작품을 좋아하는 열성팬이라는 말씀드리고 싶었어요. 저는 제마이마라고 해요.

엉뚱이 집어치워. 제마이마. 여기서 제일가는 열성팬은 나라고. 썩 꺼져.

침착이 아니. 넌 치료사지.

비평가 철 좀 들어라. 조시.

대프니 안녕하세요, 제마이마. 만나서 반가워요. 신경 써 줘서 고맙고 따뜻한 말도 고마워요. 여기서 일하나 봐요?

제마이마 네, 네…. 저는 저기 복도 끝에 있는 건물 관리 회사 에서 홍보 일을 하고 있어요. 엄청 대단한 일은 아 니지만, 그래도….

대프니 먹고살 만하다고요?

제마이마 네, 맞아요. 함께 일하는 사람들도 좋고요. 괜찮은 직업이에요.

대프니가 제마이마에게 미소를 지어 보였다.

대프니 나도 매일 출근해서 인정 많고 착한 사람들과 일할 수 있다면 정말 좋겠어요. 진심으로 부럽네요.

제마이마는 자기도 모르게 나를 쳐다봤다. 마침내 상황을 파악하고 있는 듯했다. 대프니가 여기에 있는 이유를 이제 야 알게 된 것이다. 제마이마가 어색하게 쭈뼛거리기 시작 했다.

제마이마 친절하게 대해주셔서 감사해요. 다시 말씀드리지 만 방해해서 정말 죄송합니다. 조시는 자기 일을 정말 잘해요. 제 친구 타샤 말이 조시가 불안 치

288

료를 아주 잘 한다고 하더라고요. 그러니까 제 말은⋯, 아니 넘겨짚으려는 건 아닌데⋯, 아⋯, 아, 죄송합니다. 저는 그냥⋯.

대프니 고마워요, 제마이마. 내 이름은 대프니예요. 당신은 나를 예명으로 알고 있겠지만, 오늘 나는 대프니이고, 당신 말이 맞아요. 조시는 아주 훌륭한 전문가 같아요.

대프니가 나를 보며 미소를 지었다.

다정이 오오. 정말 상냥한 말이네.

생리 심장을 쿵 때리고 배 속에 나비 떼를 풀어놓자. 얼굴에 블러셔도 좀 발라줄까?

나는 어디에 시선을 둬야 할지 몰라 두 사람 사이 공간을 보며 어색하게 미소를 지었다.

비평가 헛소리. 넌 그저 들어주는 역할만 했을 뿐이야. 더 한 게 뭐가 있어. 심리치료사라면 누구나 똑같이 했을 거라고. 대프니는 어느 심리치료실에서라도 속마음을 터놓을 준비가 되어 있었어. 네가 하는 일이라곤 너 자신의 통제 문제와 결핍들을 무시하고 다른 사람들의 성취를 통해 대리만족하는 게 다잖아. 그러면서 무슨 특별한 사람인 척 사기를 치고 있냐?

다정이 그만해. 넌 말도 안 되는 소리를 하고 있어.

침착이   내 말이. 이제 입 좀 닫아라.

생리   카페인 때문에 후들거려.

대프니   우리는 가봐야겠어요, 제마이마. 다정하게 말해줘서 고마워요. 남은 하루도 행복하게 보내요.

우리는 치료실로 돌아와 각자 평소에 앉던 자리에 앉았다. 대프니의 거동에서는 느긋함과 자신감이 풍겨 나왔다.

대프니   이번 주에는 아주 많이 생각하고 되돌아봤어요.

나는 고개를 끄덕였다.

대프니   정체성에 관한 모든 것이요. 내가 누구인지 깊이 들여다봤죠. 진정성이란 뭘까? 일치성이란 뭐지? 그리고 충만한 삶을 사는 것처럼 보인다는 것에 관해서도 곰곰이 생각해봤고요. 공연과 공연 사이 내내 이런 생각을 했죠. 정말 바빴어요! 어머니와의 사이에서 몇 가지 바운더리를 설정한 것도 도움이 되었어요. 지난주에 어머니 일로 신경질적으로 우는소리 했던 것, 사과할게요.

오늘 대프니의 눈은 내 눈을 똑바로 쳐다보고 있었고, 나는 그 눈빛에 존중과 신뢰가 담겨 있다고 느꼈다. 이에 내 마음은 뿌듯해졌고, 대프니가 자기 자신으로 존재해도 안전하다고 느끼도록 돕는 데 한몫했다며 나 자신을 인정해줄 수 있었다. 이런 감정은 경험이 많든 적든 수많은 심리치료사가 항상 느끼는 자기회의에 대해 훌륭한 해독제가 되어주었다.

조시   건강한 바운더리를 설정하셨나 봐요?

대프니   네, 어머니는 대개 매일 내게 문자를 보내거나 전화를 걸어요. 난 저녁에만 문자를 보내달라고 부탁했었죠. 그랬더니 어머니가 불평과 훈계를 하기 시작했어요. 그래서 나는 새 휴대폰과 심 카드를 샀고, 옛날 휴대폰은 저녁이 될 때까지 감춰뒀죠. 가까운 친구들과 가족들만 새 번호를 알아요. 잔인한 일인지도 몰라요. 하지만 어머니를 완전히 잘라내고 싶지는 않거든요. 이렇게 하면 어머니와 건강하게 상호작용하면서도 나의 하루에 어두운 그림자를 드리지 않을 수 있어요.

공감이   그 맘 충분히 이해하지.

조시   충분히 이해합니다.

대프니   정말 얘기하고 싶은 건 따로 있어요. 내가 며칠 전에 데이트를 했다는 거죠.

대프니가 수줍게 미소를 지었다. 찰나였지만 54세 여인의 태도가 갑자기 19세 때의 모습으로 돌아간 것처럼 보였다.

조시   오! 무엇보다, 그렇게 바쁜 일정을 다 소화하시는 게 정말 부럽네요.

비평가   오늘 아침 넌 휴대폰으로 멍청한 테니스 게임하느라 화장실에서 한 시간을 꼬박 보냈지. 게으름뱅이 같으니.

조시   데이트는 어떠셨어요?

대프니   순조로웠어요. 진지한 관계로 발전할 것 같지는 않지만, 그래도… 아주 좋았어요. 심지어…, 해방감까지 느꼈달까요?

분석가 지난 세션에서 빈 의자 치료를 할 때, 대프니가 잠깐 자신의 성 정체성에 관해 말했고 자신의 정체성에도 의문을 던졌었지.

직관 그 상세한 내용의 공백을 채우는 건 대프니에게 맡기는 게 좋겠어. 대프니가 그러고 싶다면 말이야.

조시   아, 그래요? 어떤 일이 있었는데요?

대프니는 포개고 있던 다리 위로 상체를 굽히고는 팔꿈치를 만지작거렸다. 약간 들뜬 미소가 얼굴에 번졌고 혀로 뺨 안쪽을 눌렀다.

대프니   내가 나 자신으로 느껴졌던 거의 첫 번째 데이트였던 것 같아요. 그냥 나와 상대방 둘뿐이었죠. 내 주의는 그 순간에 집중되어 있었어요. 외부의 영향력들이, 그러니까 내 일과 대중과 가족이 나를 어떻게 생각할지는 고려하지 않았어요. 지금 이 순간의 연결만이 존재했죠.

대프니는 뒤로 기대앉았다.

대프니   맨체스터에는 아주 조용하고 훌륭한 바들이 있더라고요. 도심에 있지만 눈에 잘 띄지 않는 은밀한 분위기의 멋지고도 조용한 가게를 주위에서 추천해줬어요. 우리가 어두운 구석 자리에 앉아 있어서인지 나를 알아보는 사람은 거의 없었어요. 바쁜 일정 가운데서 그렇게 여유로운 시간을 보낼 수 있었던 게 특히 좋았어요.

공감이   대프니처럼 유명한 사람들에게는 그게 정말 특별한 일일 거야.

대프니   상대가 누구였는지 궁금하지 않아요?

탐정   내가 알고 싶어 한다는 건 말 안 해도 뻔한 거 아니야?

분석가   우리는 당신의 참조틀 안에 머물고 있는 거라고요.

조시   전혀 궁금하지 않다고 하면 거짓말이겠죠. 하지만 세부적인 사항은 알려주고 싶을 때만 말씀하시면 됩니다.

대프니는 분명 알려주고 싶었던 모양이었다.

대프니   우리 극단 단원 중 한 사람이에요. 여러 해 전부터 알고 지냈죠. 그는 나보다 훨씬 젊지만, 여러 면에서 훨씬 더 성숙해요. 박식하고 자신감도 넘치고요. 내겐 그런 면이 너무 매력적이었어요. 그는 내가 나를 인간으로 느끼게 만들어줬어요.

대프니는 지난 세션에서 했던 어떤 얘기를 떠올렸다.

대프니 전에 조건성과 무조건적 사랑이라는 개념에 관해 얘기해줬잖아요. 그게 무슨 얘기였었죠?

조시 '무조건적인 긍정적 관심'이란 감정적 곤란에 처한 사람들을 도울 때 치료사나 다른 사람들이 아무 조건 없이 대하는 태도를 표현하기 위해 로저스가 만든 용어예요. 성급히 판단하지 않으면서 귀를 기울이고, 상대의 감정을 무시하는 게 아니라 공감하며, 자신과 반대되는 견해를 가졌을지라도 상대방에게 전인적인 한 사람으로서 관심을 기울이는 거예요. 제 생각에는 로저스가, 사람들이 무슨 얘기든 '자기에 관한 이야기로 돌리고' 자신의 감정을 가장 우선시하려는 욕구로 인해 대화를 어렵게 만드는 걸 정말 싫어했던 것 같아요.

대프니 음, 조던은 그 특징을 모두 갖고 있어요.* 그는 아주 세심했어요. 나와 의견이 다를 때도 긍정적인 시각을 유지했어요. 공격할 기회를 노리지도 않았고, 자신을 내세울 기회로 삼지도 않았죠. 난 그 사람의 말과 세상에 완전히 빠져 들었어요.

조시 정말 멋진 데이트였던 것 같네요. 정말로 더 진지

---

* 원문에서 대프니는 조던을 칭할 때 성별 중립적 표현인 대명사 they를 사용했다.

한 관계의 가능성은 닫아버리실 생각인가요?

대프니는 몸을 앞으로 숙이고 턱을 손바닥으로 괴고는 그 질문에 관해 깊이 생각했다. 다리를 힘차게 까딱거리면서.

대프니 그러지 않는 게 좋을 거라 생각해요. 여러 이유로 요. 좀 전에도 말했지만, 요즘 내가 이런저런 생각 을 깊이 하고 있는데, 나 자신에게 편안해지기 위 해서는 아직 내 안에서 발견해야 할 것이 많다는 느낌이 들어요. 내 안에는 몇 가지 감정적 걸림돌 들도 있는데, 이것들을 걷어내는 일은 나 혼자서 해내는 게 가장 좋을 것 같아요. 당신이 인스타그 램에 올린 어느 영상에서 그랬죠. 홀로 자신의 불 안에 직면할 때, 결국 그 불안에 과감히 맞선 공이 모두 자신에게 돌아간다고요. 그 불안을 넘어서며 성장을 이뤄내는 거죠. 그러면 상호의존적 관계에 서 얻는 지원에 그 공을 나눠주지 않아도 되고요.

조시 하지만 그렇다고 해서 어려운 결정을 내리고 삶을 헤쳐가는 일을 모두 홀로 해야 하는 건 아닙니다. 삶에서 어떤 변화의 시기를 거쳐갈 때 누군가가 곁 에 있거나 바른길로 안내해주는 것은 건강한 일이 라고 생각해요. 특히 그 사람이 아무 조건 없이 사 랑하고 염려해주는 사람이라면요.

대프니　무슨 말인지 알아요. 하지만 나의 깊은 직관이 그러라고 말하는 것 같아요.

직관　나도 동의해요.

대프니　내 내면의 비평가는 내게 이런 얘기를 늘어놔요. 이 나이에 정체성을 탐색하는 건 불필요하고 지나치게 감상적인 일이라고요. 마치 이제 그만 도박을 접고 더 이상 손실을 키우지 말아야 한다는 것처럼요. 하지만 그 목소리에는 내가 아닌 부분이 많아요. 그 목소리는 나를 형성한 것들을 포함해 내게 영향을 미쳐온 모든 것이 축적된 결과죠. 이건 어머니만을 뜻하는 건 아니에요. 치료사들은 강한 어머니 문제에 특히 촉각을 곤두세운다는 건 나도 잘 알지만요. 어머니는 그 퍼즐에서 하나의 조각일 뿐이에요. 그리고 난 어머니를 탓하지도 않아요. 솔직히 그렇게 훌륭한 엄마는 아니었지만, 나 자신을 판단하고 평가하는 일에 책임을 져야 할 사람은 바로 나니까요.

대프니는 창밖을 내다보며 말을 이었다.

대프니　그게 가장 중요한 거 아닌가요? 우리가 자랄 때 맞추려 애썼던 기준들요. 그것들이 어마어마한 영향력을 발휘하죠. 젠더 조건화, 가부장제의 규범들,

여자는 어때야 하고 남자는 어때야 한다는 이상들. 사람들을 엉망으로 만드는 건 바로 이런 구성주의 문화예요. 나는 각 부분이 모여 이뤄낸 내 존재의 총합이 뭔지 한 번도 제대로 이해한 적이 없어요. 그러니 내가 해온 모든 일은 그 각각의 부분을 내가 할 수 있는 한 최선을 다해 제시하려 노력한 것뿐이에요. 내 생각에 다행히 난 그 일은 아주 잘 해낸 것 같아요. 이만큼 큰 행운을 누린 사람은 그리 많지 않은 것 같고요.

나는 고개를 끄덕이며 그 말을 인정했다.

대프니 딸아이가 어렸을 때 우리는 레고 세트를 사준 적이 있었어요.

엉뚱이 요즘 그거 엄청 비싸던데. 뭐, 돈 많은 사람들한테야 무슨 대수겠냐만….

대프니 아이는 레고로 집과 작은 사람들을 만들고는 그 레고 사람들에게 우리의 이름을 붙였어요. 자기와 엄마와 아빠의 이름을요. 이 레고 작품은 좀 달랐어요. 아름답게 구현되었죠. 당시 나는 그게 흉하다고 생각했지만, 그런 생각을 아이에게 보이지 않으려 애썼어요. 아이의 기를 죽일 필요는 없었으니까요. 이미 제 아빠가 충분히 기를 죽이고 있었고요.

하지만 지금 나는 그때의 내 평가가 나의 불완전한 구성의 총합에서 비롯된 것이었음을 알고 있어요. 이게 말이 되는 소리인지는 모르겠지만….

조시 맞습니다. 당신은 당신 자신의 인생에서 당신이 생각하는 상징들을 보신 거예요. 레고가 당신 자신의 정체성 구성을 반영하는 것으로요.

대프니 내 생각에도 그런 것 같아요.

한동안 침묵이 이어졌다.

대프니 내가 진짜 나 자신으로 느껴지는 지점에서, 경직 모드나 순응 모드에 빠지지 않고 더 많은 일을 하는 게 나를 앞으로 나아가게 해주는 길이라고 생각해요. 그 반대로 하는 건 내 인생을 지속 불가능하게 만드는 일이라고, 내 몸과 마음이 말해주는 것 같아요. 그건 너무 무거워요.

공감이 평생 우뚝 선 동상처럼 남들 시선에 노출된 삶을 지속하는 건 분명 외롭고 진 빠지는 일일 거야.

조시 높이 선 동상처럼 수많은 사람의 시선을 받는 건 무척 어깨가 무거운 일이죠.

대프니는 나를 보며 동의한다는 듯 미소를 지었다.

대프니 정말 내가 동상처럼 시선을 받으며 살고 있다는 느낌이 많이 들어요. 게다가 나 스스로 항상 그 동상

298

을 떠받치는 받침대 역할까지 하고 있었죠.

대프니는 시선을 떨구고 자기 무릎을 내려다보았다. 이번에는 연기로 감추지 않고 스스로 그 슬픔을 있는 그대로 느끼도록 자신에게 허용하고 있다는 걸 알 수 있었다.

조시 그곳에서 내려오셔도 괜찮아요. 아시죠? 그 아래도 나쁘지 않아요. 게다가 위에서 내려다 보이는 사람들의 정수리는 그리 예쁘지 않을 수도 있고요.

대프니는 억지로 미소를 지었다. 고개를 들어 나를 보는 눈에서 순도 백 퍼센트의 진심이 묻어났다.

대프니 정말 나도 그럴 수 있으면 좋겠어요. 하지만 겁이 나요….

나는 대프니의 눈을 똑바로 바라봤다. 아름답다고도 할 수 있을, 강렬한 치유의 순간이었다.

구원이 괜찮아요.

다정이 괜찮아요.

공감이 괜찮아요.

엉뚱이 너한테 무슨 텔레파시 능력이라도 있는 줄 아냐?

대프니 진짜 내 모습을 남들이 보는 게 무서워요. 한 인간으로서 나에게 가해질 비판이, 나에 대한 거부가 두려워요. 내가 평생 노력해 이뤄낸 모든 걸 잃을까 봐 겁이 나요. 내 딸, 내 일을 잃을까 두려워요. 그 동상이 서 있는 자리는 너무 높아요. 나도 머리로는 이해하지만, 세상에는 거기서 내려오는 게 불가능한 사람들도 있어요.

대프니의 뺨으로 눈물 두 줄기가 흘러내렸다.

분석가 이분법적 사고를 하고 있군.

침착이 그 이분법을 지적하거나 허점을 들춰볼까?

조시 음…, 혹시 그 일을 양자택일의 문제로 보시고 있진 않나요? 그 자리에서 내려오는 걸 그 자리를 완전히 버린다는 것으로 생각하시고 있지 않나요? 아무도 당신이 그래야 한다고 말하는 사람은 없어요. 당신의 공적인 페르소나는, 당신이 평생 해온 많은 일에 의해 만들어진 매우 다른 사람이라고 하셨죠. 그러면 먼저 이걸 여쭤봐야 할 것 같네요. 그 사람으로서 존재하는 것을 당신이 좋아하는지 말이죠.

대프니 물론이죠, 당연히 좋아해요. 늘 그렇진 않지만, 좋아해요. 난 예술가로서 살아가는 일을 사랑해요. 연기하고 연출하는 것도, 감탄과 사랑을 듬뿍 받는 것도 정말 좋아요. 거의 비현실적으로 느껴지는 세계죠. 그곳에 들어갈 수 있다는 게 나에게는 정말 큰 행운이에요. 솔직히 말하면, 사람들이 나를 '강한' 사람이라고 생각하고 한 여자로서 나의 독립성에서 영감을 받는다는 말을 들으면, 그게 얼마나 큰 기쁨인지 몰라요.

대프니는 티슈로 뺨을 살짝 눌러 눈물을 닦았다.

대프니 그렇지만 명성은 때로 쓸쓸함을 남겨요. 고립적이기도 하고요. 사람들은 할로윈이나 가장무도회 때 가면을 쓰면 아주 짜릿해하잖아요. 하지만 그렇게 느끼는 건 그게 상당히 이례적인 일이고, 평소의 일상에서 벗어나 일시적으로 하는 일임을 알기 때문이에요. 그날이 지나면 그들은 가면을 벗을 수 있잖아요. 그리고 다음에는 또 다른 가면을 사서 새로운 재미를 맛볼 수 있겠죠. 가면을 벗는 게, 동상 받침대에서 내려오는 게 그토록 무서운 이유는, 내가 그 위에 있는 사람과 너무 다르기 때문이에요.

내가 어떤 말을 해야 할지 생각하는 동안 침묵이 우리를 에워싸고 있었다.

조시 혹시 그 둘을 다 할 수 있다는 생각은 해보신 적 없나요? 그때그때 필요에 따라 거기 올라갈 수도 있고 내려갈 수도 있잖아요. 당신의 공적인 얼굴은 당신을 나타내는 여러 얼굴 중 그저 하나일 뿐이에요. 우리는 누구나 여러 얼굴을 가지고 살아가요. 성격이나 정체성 혹은 인간으로 존재하는 일은 딱

301

딱하게 굳은 단 하나의 틀이 결코 아니거든요.

엉뚱이 "나는 그냥 나야"라고 말하는 사람들이 그토록 짜증스러운 이유지.

조시 그런데 저는 여기 제 앞에 있는, 저와 같은 공간에 있는 그 사람과 더 많은 이야기를 나눠보고 싶어요. 여기는 안전해요.

대프니의 얼굴 위로 또다시 조용히 눈물이 흘러내렸다. 나는 대프니가, 다시 받침대 위로 올라가 사다리를 끌어올리기 전, 한정된 시간 동안만 열리는 이 기회를 잡을 준비가 거의 다 되었다고 느꼈다. 대프니는 취약한 상태였다.

직관 네 소개를 해.

비평가 대프니를 아이 취급하지 마!

직관 왠지 지금은 아이처럼 대하는 게 좋을 것 같아.

조시 안녕하세요, 제 이름은 조시예요. 당신의 이름은 뭔가요?

대프니는 나를 쳐다보았고 내 질문에 담긴 진지함을 느꼈던 것 같다. 더없이 진지하게 던진 질문이었다.

대프니 안녕하세요, 조시. 내 이름은… 난… 모르겠어요….
대프니는 내게서 너무 멀게 느껴져요. 나는… 내가 누구인지 모르겠어요.

우리는 정체성과 젠더, 페르소나, 성 정체성 등의 민감한 주제들에 관해, 그리고 만약 대프니가 더 조화롭고 솔직한 삶을 살기로 선택했더라면 그 선택이 자신의 개인적 삶에 어떤 영향을 미쳤을지에 관해 이야기를 나누었다. 나의 한 부분은 이제 대프니를 'she'라는 대명사로 칭하는 게 부적절하다고 느꼈지만, 이는 내가 대프니의 솔직한 바람을 존중하려면 헤쳐 나가야만 하는 어려움이었다. 내가 'they' 같은 다른 대명사로 불러주면 좋겠느냐고 묻자, 대프니는 아직은 그렇게 불리는 일에 준비가 안 됐다고 말했다. 대프니가 생각이 바뀌었음을 알리거나 자기가 선호하는 대명사가 뭐라고 말해주기 전까지는 나는 계속 대프니를 'she'로 부르기로 했다. 나는 주제넘게 나서기가 두려웠다. 그 선언을 하고 말고는 내 몫이 아니었다.

대프니는 여성으로 정의된 성별로 살아가는 것을 불편해했다. 그 정의에 도전할 만큼 충분히 안전하게 느끼지 못했으며, 특히나 명성에 따라 오는 압박과 얄팍한 선입견 때문에 더욱 그랬다고 설명했다. 핵심은 대프니가 공적인 페르소나로 살아가는 일에 지쳤지만, 그래도 자신이 성공한 직업인이 된 데 감사하고 이 성공한 버전의 자신을 유지하고 싶어 한다는 것이었다. 내 생각에 대프니는 여자란 어떠해야 한다는 경직된 통념에 구애받지 않으면서, 필요에 따라 그 동상 받침대에 올라가거나 내려갈 수 있기를 바라는 것 같았다. 나는 언제든 대프니가 선택만 한다면 받침대를 오르내릴 수 있다고 말했다. 이 말이 대프니에게서 압박감을 크게 덜어준 것 같았다.

세션이 진행될수록 나는 이 멋진 사람의 심오하고 순수한 모습을 더 많이 경험하고 있었다. 나는 스타 배우로서의 그를 깡그리 잊고, 여태껏 목격한 사람이 별로 없을 이 비범한 사람과의 만남에 경이로움을 느꼈다.

대프니는 자신의 뜻에 따라 다시 유명 배우의 자아로 돌아가기로 결정했다. 이는 자아의 전환이 자연스러운 흐름이 될 수 있도록 이 자아와 저 자아 사이를 부드럽게 이동하는 연습이었다. 동상 받침대에서 뛰어내렸다가 다시 올라가는 기술. 나는 이 기술이 대프니에게 아주 유익할 것이라 믿는다. 대프니는 이 기술에 아주 능숙해질 것이다.

대프니　　내가 출연한 영화 중 당신이 가장 좋아하는 영화는 뭐예요?

나는 불시에 들어온 이 질문에 당황했다.

대프니　　설마 그 탐정 누아르 영화는 아니겠죠? 나는 그 영화 생각만 해도 너무 오그라들어요. 1990년대는 특이한 시대였죠. 아, 내가 라이터 가지고 나온 장면을 당신이 흉내 냈던 거 기억나네요.

조시　　전 그 영화 좋아합니다. 그 라이터 장면도 좋아하고요. 담배를 피우던 시절에, 친구들은 제가 "이 라이터로 태울 뭐 좋은 거 없을까?" 하는 대사를 칠 때마다 몹시 괴로워했어요. 사실 그건 제가 가난했던 시절에 친구들에게 담배 한 대 얻으려는 수작이었거든요. 아직도 그 라이터 갖고 계세요? 저도 하나 사려고 했었는데, 복제품은 질이 너무 떨어지더라고요.

우리는 함께 웃었다.

분석가 지금 네 참조틀 속으로 너무 들어왔어.

대프니 난 라이터를 모아두는 습관은 없어요. 20년도 더된 거라면 말할 것도 없고요. 하지만 그 정서는 이해해요.

대프니가 핸드백의 지퍼를 잠갔다.

대프니 조슈아, 당신에게 감사의 인사를 하고 싶어요. 우리 세션이 끝나가고 있는 건 알지만, 진심을 담아고마움을 전하고 싶어요. 당신은 아무런 판단도 내리지 않고 한 사람의 인간으로서 내 말을 들어주었어요. 내가 그럭저럭 나다운 존재로 느낄 수 있게도와주었어요. 그게 무슨 뜻이든 간에요. 정말 고마워요. 아직 깊이 생각해봐야 할 일이 아주 많지만, 긍정적인 느낌이에요. 마치 저녁에 긴장을 풀

며 퍼즐을 맞추는 일처럼 느껴진달까요? 내게는
앞으로 나아갈 길이 있어요….

대프니가 미소를 지었고 나는 고마움으로 온몸이 떨려왔다.
울 것 같기도 했지만 평정을 유지하고 나도 미소를 지으며
대프니를 바라보았다.

대프니 내 공연에 당신이 와준다면 정말 기쁠 거예요. 이
번 주가 공연 마지막 주인데, 당신이 와주면 내게
는 아주 큰 의미일 거예요.

불안이 이런.

조시 저는… 아….

대프니 이해해요. 기밀유지 등의 이유 때문이죠. 심리치료
의 바운더리와 프로 정신…. 하지만 연극 공연에
당신을 초대하겠다고 의식적인 결정을 내린 건 나
라는 사실을 꼭 말하고 싶네요. 당신이 오더라도
우리가 대화를 나눌 필요는 없어요. 그리고 절대
당신의 직업적 성실성에 의혹이 제기될 일도 없을
테고요.

조시 정말 친절한 제안이네요. 안타깝지만 저는 그러는
게 옳은 일이 아니란 생각이 듭니다. 직업적 바운
더리를 엄격히 지키라고 하는 데는 다 그럴 만한
이유가 있죠. 때로는 자신이 원하는 바를 희생해야

하더라도요. 하지만 당신의 초대를 어마어마하게 감사하게 생각한다는 것만은 꼭 알아주셨으면 좋겠습니다. 감사해요. 그 연극의 스타가 친히 저를 초대해주셨다는 게 현실인지 안 믿겨서 앞으로 몇 년 동안은 저를 자꾸 꼬집어볼 것 같아요.

대프니의 얼굴에 아름다운 미소가 번졌다. 새하얀 치아가 다 드러나는 그 환한 미소 때문에, 한순간이나마 대프니는 무척 행복한 사람으로 보였다.

# #
해리

2012년 4월, 데이타임 퀴즈쇼

해리는 맨체스터 아동병원 84병동에서 낮에 하는 퀴즈쇼를
보고 있었다. 엄마와 나는, 불과 2주 전만 해도 내 동생이 만
나게 될 거라고 누구도 예상하지 못했던 종양학과 전문의
닥터 피넌과 함께 앉아 있었다. 닥터 피넌은 수없이 지었을
눈빛으로 엄마를 바라보았다. 의사는 이 소식을 수없이 전
달했을 것이다. 하지만 아무리 많이 해본다고 쉬워질 일 같
지는 않았다. 연습 횟수만 더 늘었을 뿐….

피넌   예비 생검을 통해 안타깝게도 여러 개의 종양이 간
        과 회음부로 전이된 것이 발견되었습니다. 이 때문
        에 다량의 복수가 찼습니다. 최근 해리의 복무 팽

만과 잦은 구토의 원인이기도 하고요.

엄마는 얼어붙은 것 같았다. 망연자실하여 석상이 되어버린 것 같았다. 엄마의 표정을 보니 가슴이 찢어졌고, 내가 느낀 공포의 엄습보다 그 감정이 더 견디기 힘들었다. 우리 앞에 다가온 힘겨운 시간 동안 나는 동생뿐 아니라 엄마에게도 버팀목이 되어야 할 터였다.

피넌   즉각 화학 치료를 시작할 것을 권고드립니다. 저희는 오늘부터 6회에 걸쳐 시스플라틴과 옥살리플라틴을 혼합하여 투여해야 한다고 판단했습니다. 분명 궁금한 게 많으실 테죠. 그러니까….

내 귀에서 날카로운 이명이 들려 의사의 말이 알아들을 수 없이 흐릿하게 뭉개졌다. 엄마는 이 모든 이야기를 어떻게 받아들여야 할지 몰라 입을 다물지 못한 채 앉아 있었다. 의사는 치료의 복잡한 내용과 부작용에 관해, 앞으로 우리에게 실질적으로 필요한 것에 관해 계속 말을 이어갔다.

엄마   죄송한데요, 더 이상 못 듣겠어요. 너무….

엄마는 그 방에서 나갔고, 복도에서 엄마가 흐느껴 우는 소리가 들려왔다. 그 소리는 이후 오랫동안 내 귀에서 떠나가지 않을 터였다.

조시   이해해주실 거라 믿어요…. 이 모든 게… 저희에겐 너무 충격적이고 끔찍한 일이라….

피넌   이해해요. 어머니와 형님, 두 분도 너무 안타깝군요. 물어보고 싶은 것 있으세요? 지금 답해드릴 수도 있고, 아니면 언제든 마음의 준비가 되었다고 느낄 때 물어보셔도 괜찮아요. 지금 물어보셨다가 어머니한테는 나중에 알려드려도 되고요.

내 뇌에서는 공황과 혼란의 수프가 빙빙 돌고 있었다. 나는 그저 나를 안심시켜줄 것을 원했다. 뭐라도.

조시   그… 그거… 치료 가능한가요?

지금 생각하면 그때 나는 이미 그 답을 알고 있었던 것 같다. 하지만 내 일부는 내가 잘못 이해한 것이기를 바라고 있었다.

피넌   사람마다 화학치료에 다르게 반응하니까 뭐라고 단정하기는 어려워요. 전이된 종양의 수를 고려하면 치료가 아주 까다로울 것 같은데, 그래도 시도해볼 겁니다. 비교적 작은 종양들을 줄일 수 있다면, 나아가 죽일 수도 있다면, 간 수술을 고려해볼 수 있어요. 확률이 낮기는 하지만, 말씀드렸듯이 우리는 최선을 다해 노력해볼 거예요.

조시   예후는 어떻습니까?

피넌   지금으로서는 시간을 예측하는 건 도움이 안 된다고 생각해요. 단계별로 차근차근 진행해야죠.

조시 솔직하게 말씀해주세요. 이런 상태에서 호전되는 사람은 얼마나 되나요?

닥터 피넌은 대화 내용을 기록하고 있던 남자 간호사를 쳐다봤다. 간호사는 그 말을 해도 괜찮다는 신호로 고개를 끄덕여 보였다. 닥터 피넌의 시선이 다시 내게로 돌아왔다.

피넌 안타깝게도 많지는 않습니다. 가능성이 매우… 낮죠.

더 이상 버틸 수 없었다. 나는 두 손으로 머리를 움켜쥐고, 돌이킬 수 없는 깊은 절망 속에서 엉엉 울었다. 내 안에서 육체적으로도 정신적으로도 뭔가가 부서진 것 같은 느낌이었다. 그들이 충격을 줄이기 위해 가능성 얘기로 치장해 사형 선고를 내리는 것만 같았다.

간호사가 다가와 내 등에 손을 얹었다. 그는 아무 말도 하지 않았지만, 그 손길로 따뜻한 연민을 내게 전해주었다.

피넌 우리 한 번에 하나씩 해나가요, 조슈아. 우리는 해낼 거예요. 한 번에 한 가지씩. 지금은 당장 필요한 일만 생각하자고요.

나는 눈물을 닦아내고 간호사가 준 티슈로 코를 풀었다.

조시 하지만 동생에게는 어떻게 말해야 하죠? 열몇 살밖에 안 된 동생에게 망할 놈의 암이 잔뜩 퍼졌다고 어떻게 말하냐고요. 제 동생에게 어떻게 그런 얘기를…. 내가 그 앨 얼마나 사랑하는데… 내가 더 나이가 많은데… 몸을 함부로 한 건 난데… 왜 그 애가 걸린 거죠?!

다시 눈물이 솟구쳤다. 갈비뼈가 아팠다. 입안이 바짝 말랐고, 속은 너무 메슥거렸다.

피넌   참으로 안타깝습니다. 그러는 게 낫겠다면 해리에게는 제가 말할게요. 때로는 직접 아이에게 알리기를 바라는 가족들도 있지만, 오늘 조시와 어머니가 어렵다고 느낀다면 제가 할게요. 전적으로 그 마음 이해해요. 하지만 치료를 오늘 당장 시작하자는 제안은 꼭 드리고 싶네요. 어떻게 하길 원하시는지만 알려주세요.

종양학과 전문의 진료실을 나온 나는 넘어지지 않으려 몇 차례 벽에 기대 몸을 가누어야 했다. 이제 난 뭘 하지? 불쌍하고 가여운 내 동생 해리. 아직은 해리를 볼 수 없었다. 내겐 계획이 없었다. 계획도 없이 해리를 보러 갈 수는 없었다. 내가 아직 해리를 볼 수 없는 건 내가 겁쟁이이기 때문이었다. 너무 고통스러울 것이다. 아, 그리고 엄마! 엄마는 어디 계시지? 괜찮으시면 좋겠는데. 세상에, 난 너무 이기적이구나.

비평가   그래, 넌 이기적이야.

나는 비틀거리며 병원 정원으로 들어갔다. 눈이 벌겋게 충혈됐고, 두 손은 덜덜 떨렸다. 담배를 한 대 꺼내 불을 붙이고 어느 동상을 받치고 있는 차가운 돌에 등을 털썩 기댔다. 몇 사람이 나를 멀리 피해 갔다. 내게 벌어지고 있는 지옥의 사건 지평선에 빨려 들어갈까 봐 두려운 걸까? 나는 꽁초를 비벼 끄고 곧바로 다시 한 대 피워 물었다. 계획을 세워야 한다. 생각해, 조시. 생각하라고.

나는 엘리베이터에서 내려 84병동, 그러니까 맨체스터 아동병원의 아동 종양학과 병동으로 들어섰다. 아까보다 조금은 차분해졌지만 여전히 온몸이 떨렸다. 가슴속 메슥거림도 사라지지 않았다. 버저를 누르자 접수 담당자가 문으로 와 나를 맞이해주었다. 충격을 받고 처음 이 병동에 들어오는 가족들을 맞이하는 경험이 많은 사람 같았다. 그는 내 팔을 부드럽게 잡고 복도를 따라 안내했다.

담당자   해리를 보러 오셨나요? 해리가 당신 동생인가요?

조시   예, 제가 해리 형이에요. 동생을 괴롭히러 왔어요. 형이란 으레 그러니까. 제가… 제가… 해리한테 나쁜 소식을 전해야만 하는데…, 아직은 모르고 있겠죠? 혹시 의사 선생님이 말해주셨나요? 우리가 말해줘야 해요! 제 어머니 보셨나요?

담당자   괜찮아요. 해리는 8호실에 있어요. 어머니도 여기

계시고요. 준비되면 들어가세요.

8호실 문에 난 긴 세로 유리창을 통해 낮 시간 퀴즈쇼가 방영되고 있는 작은 텔레비전이 보였다. 엄마는 침대 옆에 앉아 해리의 손을 잡고 있었다. 어머니의 표정에는 차분하고 따뜻한 격려가 담겨 있었다. 가장 어려운 상황에 처한 자식에게 자신이 필요하다는 걸 깨달았을 때 가장 강인한 부모들이 보여줄 수 있는 표정이라고 생각했다. 어머니가 해리에게 얘기하셨구나. 보기만 해도 알 수 있었다. 나는 엄마와 해리를 잘 알았다. 두 사람 다 미소 짓고 있었다. 대단한 사람들이다. 나보다, 나로서는 흉내도 못 낼 만큼 훨씬 강해 보였다.

나는 창 옆으로 조금 물러서서 한 간호사가 주사대에 이상한 색깔의 수액 주머니를 걸고 있는 모습을 바라봤다. 간호사가 뭐라고 말하는지는 들리지 않았으나, 엄마가 해리에게 알아듣기 쉽게 설명하려 애쓰고 있다는 건 알 수 있었다. 나는 들어가기가 너무 겁이 나서 바라보고만 있었다. 얼어붙은 듯 서서 나의 아름다운 가족을 뚫어지게 바라보았다. 충격과 비탄의 수액 주머니 속에 파리처럼 갇힌 불행한 관찰자. 나는 두 주먹을 불끈 쥐고 흔들었다. 해리가 간호사에게 뭐라고 말하고 있었다. 늘 그렇듯 사랑스럽고 예의 바르게.

구원이 우리가 해리를 구할 거야. 지구 끝까지 가서라도. 온 세상
의 섬유층판 간세포암 최고 전문가들을 찾아낼 거야. 그들
에게 연락해서 꼭 낫게 할 거야. 엄마와 나는 화학치료가
효과를 내도록 해리의 몸 상태를 최상으로 유지해줄 거
야. 작은 종양들을 죽이고, 그런 다음 간의 큰 종양은 수
술로 제거하면 돼. 이 화학치료가 안 들으면 다른 화학요
법을 찾아낼 거야. 내가 돈을 마련할 거야. 치료할 수 있는
병원이나 의사를 찾아낼 거야. 난 세 가지 일을 병행해서 돈
을 벌 거야. 어쩌면 임상시험도 있겠지. 기적의 신약을 위한
임상시험. 매일 그런 뉴스를 접하잖아! 언젠가 그 약이 효
과를 낼 거야. 내가 마음먹고 한 일은 언제나 좋은 결과가
나왔어. 이 일도 다르지 않아. 우리가 해리를 구할 거야. 내
가 장담해. 확신해.

나는 손잡이를 돌려 문을 열었다.

조시 나 왔어….

# #
리바이 4

처음 있는 일도 아니지만, 세네카 나이트클럽의 경비팀장이 상담실 문을 벌컥 열어젖혔다. 내가 홀짝거리고 있던 컵 수프가 위로 튀어 오르더니 빨간 국물이 내 턱과 윗옷에 흠뿍 려졌다. 리바이의 얼굴은 자신의 깜짝 생일 파티장에 막 들어선 아이처럼 기쁨으로 빛나고 있었다.

불안이   맙소사.

생리   심박수를 높이고 내장의 긴장은 풀어볼게.

침착이   다음번엔 문을 잠가놓을까?

비평가   소 잃고 외양간 고치는 분이 지당한 말씀을 하셨네.

리바이   조시! 당신 못 믿을 거요, 내가…

리바이가 내 턱과 셔츠를 쳐다보았다.

리바이　무슨 일이에요? 누가 당신 턱 날린 건가? 괜찮아요? 앞 손님이 장난 아니었나 보네?

엉뚱이　날 죽이고 있는 건 당신이라고.

조시　수프예요.

리바이　아… 하! 다음번에 내가 빨대를 갖고 올게요. 그건 입으로 넣었어야죠.

비평가　이 망할 리바이.

다정이　그래도 표정이 밝은 걸 보니 좋네.

조시　웃고 계신 모습을 보니 좋군요, 리바이. 미소가 우리 진척의 척도는 아니지만요. 오늘 저에게 들려줄 이야기가 기대되는데요.

리바이　내가 무슨 오락부장이라도 되는 것처럼 얘기하시네.

나는 미소를 지었다. 리바이가 자리에 앉으며 입술 사이로 푸우푸우 하는 소리를 냈다.

조시　제가 믿지 못할 일이 있었다고요?

리바이　그래요! 당신도 좋아할 거요. 그러니까 내가….

리바이의 휴대폰에서 돈 헨리의 〈더 보이즈 오브 서머〉가 울려 퍼져 대화가 중단됐다. 얘기가 끊어졌음에도 그 노래를 들으니 나도 모르게 유쾌한 기분이 들었다.

리바이　미안해요. 전화 좀 받을게요. 어젯밤 클럽에서 사고가 하나 있어서 내가 진술을 해야 하거든요.

조시   그럼요. 통화하세요.

리바이는 일어나서 창가로 걸어가 통화를 이어갔다. 자기 목소리 크기에 전혀 신경 쓰지 않는 리바이 때문에 대화 내용을 고스란히 들을 수 있었다. 나는 자리에 앉아 손가락을 꼼지락거렸다.

생리   저녁에 과일을 그렇게나 먹으면 건강에 좋을 거라고 생각한 거야? 그 보답으로 위산 한 동이 부어줄게. 감사 인사는 넣어둬.

나는 책상으로 가서 제산제를 집어 들었다. 차가운 차와 함께 약을 삼키고는 책상 위 서류들을 가지고 괜히 법석을 떨었다. 솔직히 말하면 약간 어색한 느낌이 들어서 나도 뭔가 할 일이 있다고 생각하고 싶었다. 나는 리바이와 나 사이에 특수한 역학관계가 존재한다는 걸 의식하고 있었고, 대체로는 괜찮다고 느꼈다. 독특한 역동을 인정하고 직업적 바운더리를 넘어서지 않게 하는 정도가 최선인 상황도 있기 때문이다. 이 치료 상황에서 리바이의 존재감과 치유 관계에 적극적으로 참여하는 그의 열성은 내가 섬세하게 다뤄야 할 대상이라고 나의 직관이 말해주고 있었다. 합리적인 한도를 벗어나지 않는 선에서….

분석가   바운더리를 분명히 설정하는 게 좋을지도. 네가 받았던 훈련을 기억해.

다정이 넌 네 일을 잘하고 있어. 관계를 깨뜨리지 않으면서도 이
    작업을 해낼 수 있어.

리바이는 전화를 끊고 다시 자리에 앉았다. 소파가 그의 체
중에 삐걱하는 소리를 냈고, 근육질의 허벅지를 감싼 청바
지 천이 늘어나면서 색깔이 변했다.

리바이 이제 됐네요. 미안해요. 내가 어디까지 얘기했더
    라…?

나는 자리에 앉으면서 리바이가 세션의 흐름을 주도하고 있
다는 느낌에 살짝 짜증을 느꼈지만, 그가 치료의 진전에 관
한 기쁜 마음을 전하려 했던 것이 기억났다. 그거야말로 모
든 치료사가 너무나도 듣고 싶은 이야기가 아닌가?

비평가 넌 리바이가 세션을 장악해서 짜증이 난다고 말할 깡다구
    가 없잖아.

침착이 깡다구? 정말? 요즘도 누가 그런 말을 쓰냐?

조시 계속 말씀하세요. 무척 알려주고 싶은 얘기가 있으
    셨던 것 같던데….

리바이 맞아요! 전화는 미안해요. 친구가 진술서 쓰는 거
    도와줘야 했거든요. 샌드라라는 동료가 어젯밤 어
    떤 정신 나간 녀석을 댄스플로어에서 끌어내려다
    가 싸움이 벌어졌어요. 그놈이 코카인에 취해서 말
    이 아니었죠. 얼굴에 붙어 있던 가루가 셔츠에까지

흘러내렸더라고요. 눈은 접시만큼 커져 있고…. 그러고는 무슨 핀볼인 양 사람들 사이를 튕겨 다니는 거예요. 술병을 넘어뜨리고 싸움을 벌이고 생난리를 피우지 뭡니까? 결국 젊은 여자 몇 명이 샌드라에게 와서 그자를 신고했고요.

리바이가 재채기를 했다. 아주 큰 소리로. 상자에서 티슈를 뽑아 더 크게 코를 풀고는 계속 말을 이어갔다.

리바이 샌드라가 그 망나니한테 다가가서 밖으로 안내해주겠다며 따라오라고 예의 바르게 말했죠. 그놈은 워낙 마약에 취해서 자기가 아주 힘세고 건장한 남자라고 착각했고, 게다가 그 멍한 눈에 샌드라가 게임 속 악당으로 보였던 모양이에요. 그래서 샌드라를 향해 주먹을 휘둘렀는데….

리바이는 이야기 속 캐릭터에 몰입한 것인지 요란하게 포효하는 소리를 냈다.

리바이 여기서 알아둬야 할 게 있어요. 샌드라는 주먹 따위 필요 없이 눈빛 하나로 그 악당을 뭉개버릴 수 있어요. 허튼짓은 안 봐주는 아주 무서운 여자죠. 특히 자기 심기를 건드렸다면 말할 것도 없고. 샌드라는 그 약쟁이의 어설픈 주먹을 무하마드 알리처럼 가볍게 피하고는 코를 세게 한 방 먹였죠. 그놈의 얼굴은 터져버렸고요. 이럴 때 보통 손님들은 겁을 잔뜩 집어먹는데, 이때는 오히려 박수갈채를 보내더군요. 그놈은 순 쫄보였어요. 그런 다음 우리는 그놈을 바깥으로 쫓아냈죠.

들썩거리던 배의 움직임이 가라앉자 리바이는 웃음 뒤로 긴 한숨을 내뱉었다.

리바이 아무튼, 아까 전화는 우리 팀원 한 명이 샌드라의 정당방위를 뒷받침하기 위해 얘기를 맞추려고 한 거였어요. 경찰이 조사를 나왔거든요.

조시 다사다난한 밤이었군요.

리바이 그게 평소와 다른 특별한 일이었다고 말할 수 있으면 좋겠네요.

리바이가 휴대폰을 주머니에 넣었다.

리바이 그건 그렇고, 당신이 가르쳐줬던 ERP인가, 당신이 숙제로 내준 그거… 해봤어요. 노출 및 반응 방지, 그거요.

갑자기 리바이의 주머니에서 돈 헨리가 또 노래를 부르기 시작했다. 그는 몸을 뒤로 기대며 주머니에서 휴대폰을 꺼냈다.

비평가 쯧.

리바이 아, 말을 깔끔히 맞춰두고 싶어 하는 그 게리가 건 거네요. 이 친구한테 자신감을 갖도록 북돋워줄 사람이 없어서….

조시 급한 일 있으시면 세션 일정을 다시 조정하셔도 됩니다. 저는 괜찮습니다.

비평가 거짓말쟁이.

내가 의도한 건 아니지만 리바이는 내 말투에서 약간 불만스러워하는 기미를 눈치챈 모양이었다. 위협적인 눈빛으로 나를 쏘아본 걸 보면 말이다. 돈 헨리의 노래가 멈췄고, 그러다 다시 시작됐다.

불안이 네 입장을 설명해.

분석가 바운더리가 있어.

다정이 넌 할 수 있어.

돈 헨리가 마침내 노래 부르기를 포기했고, 우리 둘은 서로를 쳐다보고만 있었다.

조시 심리치료는 우리 둘 다 전념해야 하는 일이에요, 리바이. 전 이 통화들이 오늘 우리가 이뤄낼 수도 있는 일을 방해할 수 있다는 점이 걱정되는 것뿐입니다. 그게 어떤 일이든 말이에요. 사실 저는 이미 그 통화들이 우리를 한참 방해했다고 생각해요. 게다가 제가 계속 우리 세션이 시작되기를 기다리며 앉아 있기만 하는 것도 터무니없는 일이라 느껴지고요. 지금이 적합한 시간이 아니라면, 덜 바쁘고 더 적당한 시간으로 기꺼이 일정을 조정하겠습니다.

불안이 쿵… 쿵… 쿵….

다정이 그만하면 괜찮았어.

불안이 '돈을 지불하는 건 나니까 내가 하고 싶은 대로 한다'라고 하면서, 널 괴롭힐걸?

리바이가 눈을 가늘게 모아 떴다. 그가 내 진지한 뜻을 이해하기를 바랐다.

리바이 당신 말이 맞아요. 사과하죠. 내가 이런 일에 익숙지 않아서요. 내가 무례했네요.

그는 휴대폰을 무음 모드로 설정하고 멀리 놓아두었다.

조시 감사합니다. 이해해주셔서 고마워요. 자, 이제 궁금증 좀 풀어주시죠. ERP 숙제는 어떻게 되었나요?

그의 표정이 다시 밝아졌다.

리바이 그렇지. 내가 딸과 손녀에 대해서 끔찍한 생각이 떠오른다고 했고, 당신은 그 문제를 해결하기 위한 과제를 내줬죠? 그런 도전은 내 성격에는 맞지 않았지만, 이런 문제에서 뭔가 아는 사람은 당신이니까. 사피아와 공동체의 신도들은 그게 신이 도운 결과라고 생각하지만…, 그 칭찬은 내 몫이라고 생각해요.

다정이 시도한 것만으로도 칭찬받을 만하죠.

공감이 ERP는 쉽지 않거든.

리바이 숙제 하나는 손녀와 단둘이 시간을 보내라는 거였죠. 이건 정말 어려웠어요! 손녀가 태어났던 무렵에는 그랬던 적이 많지만, 그 요망한 생각이 시작된 뒤로는 너무 오래 거부해왔던 일이죠. 딸 샹탈이 우리 집에 와서 뒷방에서 사피아와 바느질을 하고 있었어요. 평소라면 이럴 때 그 생각과 감정이 올라오는 게 두려워 핑계를 대고 집을 빠져나왔을 겁니다. 당신이 말한 그 위협 반응이겠죠. 하지만 이번에는… 이렇게 말했어요. "바느질은 따분해. 빔페는 할아버지랑 놀자." 그러자 심장이 쿵쾅거리기 시작하더군요. 생각들이 내 머릿속에서 휙휙 스쳐 지나가고….

공감이 게다가 마음속엔 의심과 두려움과 죄책감이 가득 찼겠지. 당신의 본능은 무슨 수를 써서라도 달아나고 회피하라고 말했을 테고.

리바이 죄스러운 생각들이 들자, 우리가 얘기했던 '만약의 경우'를 가정하는 생각들이 떠올랐어요. '아니야. 이건 그냥 위협 반응이야. 그놈들이 벌목용 칼을

갖고 차에서 내렸을 때와 같은 거라고. 하지만 지금은 안전해!'

생리 안구에 물기 좀 넣어줄까?

침착이 아니. 지금은 아니야.

다정이 리바이가 자랑스러워.

비평가 뭐, 아이랑 같이 좀 논 거 가지고?

리바이 나는 아이를 무릎 위에 세우고 까불까불 굴려줬어요. 우리는 함께 놀았어요. 음악도 들었고, 함께 웃었어요….

이 순간만큼 행복해하는 리바이를 본 적이 없었다. 기억을 떠올리며 그 순간을 다시 경험하는 것 같았다. 치료실 안에서 보이지 않는 빔페와 놀고 있는 듯, 함께 놀 때의 몸동작을 하고 있었다.

리바이 난 여전히 겁이 났어요. 하지만 빔페와 함께 노는 일에 전념할수록 두려움이 점점 줄어들더라고요.

조시 정말 대단해요. 엄청난 용기가 필요한 일인데.

다정이 당신이 자랑스러워요.

리바이 당신 덕분이죠. 아무튼 그게 끝이 아니에요. 끔찍한 생각들이 계속 나타났지만, 빔페와 더 많이 놀아줄수록 내 불안한 감정은 점점 옅어졌어요. 나는 당신이 말해준 위협 반응 같은 것들을 계속 다시 떠올렸어요. 그리고 당신은 짐작도 못 할 일이….

그가 다시 큰 소리로 웃기 시작했다. 나도 모르게 그의 기쁨에 전염되어 그를 따라 웃고 있었다.

리바이　웬 고약한 냄새가 방 안 가득 찼더라고요. 처음엔 내가 옷에 실례를 했나 생각하다가 내가 아기를 안고 있다는 사실을 기억해냈죠.

탐정　우리 이 사람한테 책상 하나 내주자!

엉뚱이　하하.

리바이　그렇게 조그마한 아이가 그렇게 지독한 악취를 만들어낼 거라고 누가 생각이나 했겠어요? 기저귀를 갈아주라고 빔페를 상탈에게 데려다주려다가, 그때 갑자기 생각했죠. 이건 좋은 노출 계기가 되겠다고요. 위협 반응이 내 행동을 좌지우지하지 않는 동안 노출할 수 있는 기회요. 내가 직접 손녀의 기저귀를 갈아주겠다고 말했어요.

나는 미소를 지었다. 용기에 귀 기울이는 건 정말 멋진 일이라는 생각이 들었다.

리바이　그렇게 내가 손녀의 기저귀를 갈아주었어요. 악령의 생각들이, 그 악마가 찾아왔지만…, 난 계속했어요. 변이 어찌나 많은지 빔페가 똥폭탄을 던진 것 같습니다. 아무튼 해냈어요. 내가 해냈다고요.

그는 울음이 터졌지만 스스로 울음을 멈췄다.

리바이 내가 해냈어요! 좀 서툴긴 했지만. 내가 기저귀를 거꾸로 채운 바람에 사피아와 샹탈이 와서 다시 채워야 했거든요. 그래도 두 사람은 행복해 보였어요. 계속 해보려고요. 기저귀 갈기를 피하는 그런 남자는 안 되려고요. 딸아이가 아기 때 많이 갈아주지 못한 게 후회돼요. 정말 뿌듯한 일이었거든요.

조시 정말 대단하세요. 마지막에 불안은 어느 정도가 되셨나요?

리바이 거의 다 사라졌어요. 나쁜 생각들도 진정되었고 가족들에게만 집중할 수 있었어요.

다정이 잘했어요! 훌륭해요!

분석가 성공적인 노출이었군.

엉뚱이 최선의 악령 퇴치였네.

조시 이제 악령 퇴치는 필요 없으실까요?

리바이 오늘은 필요 없어요. 갈 길이 멀지만, 고마워요. 당신의 그 이론들을 이제 이해하겠어요. 내가 한 건 그게 다가 아니에요. 들어봐요.

리바이는 가족에 대해 성적·폭력적으로 침투하는 생각과 이와 관련한 다른 노출 치료에 관해서도 이야기했다. 그는 사피아와 샹탈에 대한, 특히 칼이 등장하는 충격적인 생각들로도 괴로워했다. 그래서 그는 노출 치료의 일환으로 가족들과 같은 방에서 로스트치킨을 직접 칼로 자르기로 했다. 위협 반응이 또다시 커지며 몹시 불안해지고 자신감이 떨어졌지만, 빔페와 했던 노출 치료처럼 이번에도 뒤로 갈수록 불안이 줄어들었고 리바이는 일요일의 로스트치킨 만찬을 즐길 수 있었다. 과제 중에는 딸과 함께 스파에 가는 일도 있었다. 예전에도 샹탈은 여러 번 리바이에게 함께 가자고 했지만, 혹여나 수영복을 입은 딸을 보면 성적인 생각이 침투할까 두려워 항상 거절했었다. 이번에는 무작정 스파에 갔고 노출 치료를 해보라고 자신을 격려했다. 이제 자신을 자랑스러워하는 리바이가 충분히 이해가 갔다.

조시   불편함을 회피하지 않고, 자해 의식을 치르지 않고도 인내하려는 의지가 대단하시네요. 자기태형은 어떻게 되었어요?

나를 보는 그의 눈빛에 갑자기 걱정이 서렸다. 그러나 금세 가짜 미소로 걱정을 가렸다.

리바이   뭐, 분명히 말할 수 있는 건, 그런 건 전혀 안 했다는 거예요.

분석가   대단하네. 의례적 강박사고를 이겨내려면 시간이 아주 많이 걸릴 수도 있는데….

탐정   뭔가 이상한데?

직관   그러게.

리바이   하지만, 음….

리바이의 휴대폰이 다시 울렸다. 이번에는 돈 헨리가 아니라 일반적인 벨소리였다.

탐정   흠. 분명 휴대폰을 무음으로 설정해뒀는데….

리바이의 표정에 걱정이 더욱 또렷이 새겨졌다. 한순간 그는 두려움으로 얼어붙은 것 같았다. 그런 다음 재킷 주머니에서 다른 휴대폰을 꺼냈다.

리바이   미안해요. 이번은 꼭 받아야 해요. 이건 긴급한 전화라서요.

조시   그럼요, 이해합니다.

그는 긴장하면서 전화를 받았다. 마치 침투적 생각에 관해 설명할 때나 괴로운 기억을 떠올릴 때처럼 온몸으로 반응하고 있었다.

리바이   어, 여보. …나는… 지금 일하러 나왔는데…. 그래? 아니…, 이제 심리치료사는 안 만나…. 업무 회의야…. 게리가 해줄 말은 없을 거야. 이 회의에는 참석 안 했거든. …그래, 미안해…. 미안하다고 했잖아…. 그렇게…. 알았어. 들어가, 여보.

탐정   (상상의 시가에 불을 붙이며) 대체 무슨 일이 벌어지고 있는 걸까?

다정이 걱정스러운데…. 리바이가 괜찮으면 좋겠어.

리바이는 휴대폰을 다시 재킷 주머니에 넣었다. 그 휴대폰은 무음 모드로 돌려놓지 않았다. 조금 전에 느끼던 긍정적인 감정은 온데간데없이 사라지고 어리벙벙하고 쓸쓸하고 걱정 가득한 버전의 리바이로 되돌아간 것 같았다.

조시 괜찮으세요? 그 전화가 당신을 흔들어놓은 것 같네요.

리바이 사피아였어요. 맞아요, 전화가 울리면… 위협 반응이 일어나요. 요즘은 거의 항상 이래요.

조시 무슨 일이 일어나고 있는 겁니까, 리바이?

리바이 난 여기 오면 안 돼요.

조시 왜요?

리바이 사피아 말이, 애초에 내가 여기 온 건 허락받지 못할 일이래요. 신성모독이고 내 치유를 방해할 거라고요.

조시 예? 심리치료가요? 사피아가 당신이 치료받으러 오면 안 된다고 했다고요?

리바이는 여전히 겁먹은 모습이었다.

리바이 조시, 내 결혼생활에 관해 당신에게 말하지 않은 게 많아요. 복잡한 문제예요. 좀 혼란스러워요. 내게 도움을 주고 있는 게 심리치료인지, 아니면 우리가 집에서 하는 일인지 잘 모르겠어요.

불안이 예감이 안 좋은데….

탐정 더 자세한 내용을 알아봐.

조시 집에서 무슨 일을 하고 있는 건가요? 말씀해주실 수 있나요?

리바이 사피아는 특별한 사람이에요. 아내는 남달라요. 영혼과 성령의 목소리를 전달할 수 있는 특별한 능력을 갖고 있거든요. 사피아의 입으로 진실을 말하는 존재가 항상 사피아는 아니에요. 하늘 위에서 내려오는 심판을 전달하는 일종의 도구죠. 얼마나 미친 소리로 들릴지 나도 알지만….

불안이 으악. 안 돼.

엉뚱이 우리 다시 미치광이 마을로 들어가는 건가…?

다정이 리바이한테 무슨 일이 일어난 거야?

직관 여기 위험을 경고하는 적신호가 아주 많네.

리바이 사피아가 기름 부음을 받은 뒤로 우리의 결혼도 달라졌어요. 우리 둘 다 달라졌죠. 그리고 그 공동체가 우리의 삶이 되어버렸고요.

그는 아이처럼 슬픈 눈으로 나를 바라보았다.

리바이 죗값을 치러야만 돼요. 나는 치러야 할 죗값이 아주 많아요.

불안이 이거 정말 걱정된다.

탐정 얼른 알아내!

조시 알겠어요, 리바이. 그 공동체에서 죗값을 치르는 방법이 뭔지 저한테 말씀해주실 수 있나요? 그들이 당신에게 무슨 일을 시키고 있는 건가요? 사피아가 당신에게 무슨 일을 하고 있나요?

리바이 말 못 해요. 난 여기 오면 안 돼요.

조시 혹시 위험한 상황에 처해 계신가요?

리바이 아니요…. 나 가봐야 돼요. 다음에 봐요. 노출 및 반응 방지는 계속할게요. 고마워요.

리바이는 서둘러 방을 나갔다. 나는 그의 안위가 정말로 염려됐다. 그가 꼭 다시 오기를….

가정 내 학대

가정 내 학대 범죄 중 4분의 1은 남성이 당하는 학대다. 하지만 학대 생존자가 남성인 경우, 이들은 대부분 자신의 상황에 대한 후속 도움을 구하지 않는다. 그러는 데는 개인마다 다른 이유가 있겠지만, 남성이 가정 내 학대의 피해자가 되는 상황에 따르는 사회적 수치심도 무시할 수 없다. 이는 남성을 '강한' 존재 또는 '마초적' 존재로 간주해온 역사적 조건화에 어긋나기 때문이다.

내담자의 가정 내에서 학대가 벌어지고 있다고 의심된다고 해서 심리치료사가 (당장 목숨이 위협받는 상황이 아니라면) 항상 곧바로 신고하는 건 아니다. 우리는 엄격한 규칙을 준수하기보다는 현재 상황에 대해 내담자와 함께 작업하는 것을 우선으로 한다. 시간을 들여 내담자의 관점에서 그 상황을 이해할 때 더 긍정적인 결과를 이끌어낼 수 있다. 학대를 즉각 신고하려고 고집하면 도리어 복잡한 가정 상황을 더욱 악화할 수도 있다. 심리치료사는 상담사협회의 윤리적 기준을 준수해야 한다. 그 기준에 따르면, 심리치료사는 내담자나 다른 사람들을 심각한 피해로부터 보호할 때 상황을 어떻게 다룰 것인지 신중하게 숙고해야 한다. 만약 내가 리바이의 비밀을 누설한다면, 나는 그의 신뢰를 잃을 것이다. 내 직관에 따르면, 리바이가 만약 수사당국과 대면한다면 잘못된 상황을 모두 부인하고 이전의 삶으로 다시 돌아갈 것이고, 그러면 더 이상 심리치료실의 안전함은 누리지 못할 터였다.

내담자가 잠재적인 폭력 관계에 관해 밝히려면 크나큰 용기가 필요하다. 리바이는 용감하게도 나에게 그런 이야기를 들려주었다. 학대 생존자가 학대 사실을 처음으로 털어놓는 상대가 치료사인 경우가 많다. 나는 모든 치료사가 기밀유지 의무를 깨고 가정 내 학대를 무조건 당국에 신고한다면, 불신의 선례가 생길 거라고 생각한다. 리바이의 경우, 나는 전체적 상황을 이해하고 파악하는 단계에 들어가 있었다. 나는 리바이와의 연결이 강력하지만, 깨지기 쉬운 토대 위에서 아슬아슬하게 균형을 잡고 있다고 느꼈다. 까딱 잘못하면 그를 잃을 수 있고, 그렇게 되면 리바이는 심리치료 전반에 대한 신뢰를 잃을지도 몰랐다. 나의 직관은 지금까지 리바이가 내게 들려준 조각 정보들을 신고하는 것이 장기적으로 그에게 도움이 되지 않을 거라고 말하고 있었다. 나는 이 위험을 기꺼이 감수할 생각이었다. 하지만 치료사로서 나는 법률도 준수해야 한다. 만약 생명에 대한 명백한 위협을 느끼거나 발견한다면, 나는 주저 없이 경찰에 가정 내 학대 신고를 할 작정이었다.

학대에는 몇 가지 유형이 있다. 가장 흔한 것은 정서적 학대다. 가정폭력 국가지원센터와 자선단체 맨카인드 이니셔티브ManKind Initiative*에 따르면, 전화

---

* 영국에 본사를 둔 비영리 단체로, 가정 내 남성 학대 피해자를 지원하는 데 중점을 둔다. 남성도 가정폭력의 피해자가 될 수 있다는 인식을 확산하고, 피해 입은 남성들에게 필요한 지원과 상담을 제공한다.

를 걸어온 남성 피해자 가운데 정서적 학대를 호소하는 비율이 95퍼센트다. 또한 남성 통화자의 68퍼센트가 물리적 폭력도 신고했으며, 41퍼센트가 심리적 학대, 23퍼센트가 재정적 학대, 13퍼센트가 강압적 통제, 3퍼센트가 성적 학대를 보고했다. 맨카인드 이니셔티브는 남성이 학대적 관계를 유지하는 이유에 관한 연구 결과를 강조했다. 연구에 참여한 남성의 89퍼센트가 관계를 끊지 않는 이유로 자녀에 대한 걱정을 꼽았고, 81퍼센트는 결혼은 평생 유지해야 한다는 강한 신념을 갖고 있었으며, 71퍼센트는 사랑하기 때문에 남아 있는다고 했다. 그밖에 상대가 변할 거라고 믿어서, 자녀를 잃을까 봐 두려워서, 돈이 없어서, 갈 곳이 없어서, 창피해서, 상대방의 건강이 몹시 걱정되어서라는 이유들이 있었다. 놀랍게도 살해당할까 봐 두려워서 머문다고 한 비율도 24퍼센트였다.

강압적 통제란, 가해자가 정서적 학대의 수법으로 상대방을 조종하는 학대다. 여기에는 처벌, 요구, 욕설, 정서적 협박, 상대의 정신에 의문을 불어넣으려는 시도(가스라이팅), 사생활 침해, 폭행이 포함된다. 이런 학대의 생존자는 자기가 원하는 대로 행동하는 것이 아니라 상대방에게서 부정적인 대우를 당하게 될 것에 대한 두려움 때문에 행동하도록 조건화되어 있는 경우가 많다.

리바이의 관계에서 어떤 일이 일어나고 있었든, 이와 유사한 모든 사례에서 심리치료사로서 내가 할 일은, 윤리적인 것, 내담자에게 가장 이로운 것, 그리고 필요한 안전조치 사이에서 섬세한 균형을 잡는 것이었다.

# #
뒷골목 술집

이미 오후 내내 맨체스터의 칵테일 바들을 전전해 얼근히
취한 우리는 어느 지저분해 보이는 골목길에서 멈췄다.

조시　정말 여기가 맞아?

에이머스　응, 여기라니까.

에이머스는 녹슨 화재 비상구처럼 생긴 문을 두드렸다. 문이
활짝 열리더니 험악한 경비원 스티비가 우리를 내다봤다.

스티비　에이머스! 어떻게 지냈어? 얼마 만에 보는 거야?!

에이머스　오랜만이야, 스티비. 알잖아, 난 항상 잘 지내는 거.
　　　　　당신도 좋아 보이네! 근데 쟤는 들여보내주지마.
　　　　　아주 꼴통이거든.

에이머스는 션을 가리켰고, 션은 어색하게 애원하는 듯한

표정으로 응수했다.

스티비 그러니까 자네 친구인 거겠지.

그들은 힘차게 악수를 나눈 뒤 우리가 안으로 들어가도록 옆으로 비켜섰다.

희미한 조명 아래 테이블 위로는 촛불이 밝혀져 있고, 사람들이 곳곳에 무리 지어 앉아 있었다. 우리는 바 안으로 들어갔다. 작은 무대 위에선 재즈 트리오가 당김음이 두드러지는 박진감 있는 재즈곡을 연주하고 있었다. 정중하고 조용한 말소리가 공기를 채웠다. 바에서는 세련되고 고급스러운 분위기가 흘렀다. 거울로 된 바 뒤에서 바텐더 두 명이 칵테일을 만들고 있었다. 한 사람은 흔들던 셰이커를 내려놓았고, 다른 사람은 거품이 얹힌 칵테일 위에 토핑을 얹고 있었다.

에이머스 여기 앉자.

우리가 자리에 앉자 녹색 앞치마를 두른 젊은 여성이 주문을 받으러 왔다. 나는 버번 올드 패션드를 주문했다. 그러고는 음악에 집중해버려 친구들이 뭘 주문했는지는 기억나지 않는다. 술이 나오고 우리는 조용히 건배했고, 그러고는 의도적으로 왜곡한 음색과 기가 막힌 즉흥 연주에 감탄하며 앉아 있었다.

생리 방광 가득 참. 좀 비워줘.

조시   화장실 후딱 다녀올게.

선   나도.

카일라   응, 다녀 와.

선과 나는 부스에서 빠져나와 미로처럼 놓인 테이블들 사이를 뚫고 화장실이 있는 어두운 구석으로 다가갔다. 나는 유난히 바투 놓인 두 테이블 앞에 도착했다. 알코올이 부풀린 자신감은 충분히 그 사이로 지나갈 수 있다고 나를 설득했다. 양해를 구하는 몸짓을 취하며 두 의자 사이를 꾸역꾸역 빠져나가는데 뭔가가 내 시선을 붙잡았다.

생리   쿵… 쿵… 쿵….

탐정   이게 누구신가?!

길고 검은 머리의 한 여자가 무대 근처 한 테이블에 앉아 있는 게 보였다. 친구 무리와 함께였다.

불안이   어. 이거 놀라운 일인데?

탐정   저거… 자흐라 아니야?

분석가   흠… 지독한 광장공포증이 있는 사람이 음악이 연주되는 무대 바로 앞에 앉아 있다? 그럴 가능성이 얼마나 되지?

비평가   너 취했어. 진정해.

화장실에서 돌아온 나는 그 테이블 쪽을 보려고 애썼다. 그 무리의 사람들은 모두 우리 쪽으로 등을 보이고 있었다. 나는 자리에 앉아 술잔을 빙빙 돌렸다.

에이머스 괜찮아, 콜롬보?

조시 뭐?

에이머스 괜찮냐고 물었어.

조시 어. 저 앞에 아는 사람이 있는 것 같아서….

카일라 너한텐 우리가 그렇게 따분한 거야?

조시 늘 그렇지.

트리오가 연주하던 곡이 끝나고 따뜻한 박수가 쏟아졌다. 그 검은 머리 여자의 윤곽이 촛불 빛을 받아 도드라졌다. 자흐라와의 지난 세션의 기억들이 몰려왔다. 맨체스터의 도로를 운전하면서 했던 그 엉뚱한 노출 세션. 밴 운전자와의 말싸움, 불안에도 불구하고 계속 운전한 자흐라의 용감함, 자기가 일하던 병원으로 복귀하고자 하는 자흐라의 강한 의지, 자흐라가 내게 안겨준 경외감. 아동병원이 그렇게 가까이 있다는 사실을 깨달았을 때 공황이 들이닥쳐 그 세션의 많은 부분을 잊어버렸지만….

탐정 자흐라는 쿨한 내담자야.

생리 잠깐 시각을 왜곡하자. 고마워, 버번.

도망이 촛불과 도시의 자경단원. 환상적인 판타지로군.

침착이 시끄러워. 닥쳐.

트리오의 더블베이스 연주자가 앞으로 나와 연주를 잠시 쉬어간다고 말했다. 손님들의 웅성거리는 대화 소리가 조금 더 커졌고, 여기저기서 의자 끄는 소리가 들렸다. 나는 눈을 가늘게 뜨고 앞에 있는 무리를 쳐다봤지만 정말 자흐라인지 아닌지 아직 알 수 없었다.

불안이   맞아.

직관   아니야. 네가 맞길 바라는 거지.

그 여성이 자리에서 일어나 홀 끝에 있는 다른 바 앞으로 옮겨 갔다. 무리 중 두 사람이 스툴에 앉더니 다른 일행들과 마주 보도록 스툴을 빙 돌렸다. 그들은 모두 함께 웃고 있었다.

탐정   난 꼭 알아내야겠어.

분석가   아니, 그럴 필요 없어.

생리   이 느낌을 없애고 싶다면 그래야겠지.

조시   내가 술 좀 더 가져올까?

션   여긴 부르면 주문받으러 오는데?

조시   저쪽에 있는 사람이 내가 아는 사람인지 알아봐야겠어. 신경 쓰여서 안 되겠어.

카일라   누구인 거 같은데?

불안이   거짓말해.

침착이   친구들한테 거짓말하지 마.

분석가   기밀유지.

비평가   심리치료 시간도 아닌데 왜 일부러 내담자에게 가까이 가

려고 그렇게 기를 쓰는 거야? 너 자신의 이기적인 욕망을
채우려고?

분석가 다 일리 있는 말이야.

조시 너희가 모르는 사람이야.

바 쪽으로 걸어가려고 하는데 쭉 뻗은 팔 하나가 나를 붙잡
았다.

에이머스 난 널 알아. 내담자야, 그렇지?

나는 도둑질하다 들킨 아이 같은 느낌이 들었다. 친구들에
게 거짓말을 할 순 없다.

조시 응, 그냥…. 그 사람이 맞는지… 알아야겠어.

에이머스 그런데 그 사람이 널 보면? 그러면 뭔가 확실히 치
료 관계에 영향을 미치게 되는 거 아냐?

에이머스는 우리가 광란의 파티를 벌이고 내가 예전 내담자
에게 토했던 일을 끄집어내지는 않았다. 이 친구는 그럴 사
람이 아니다. 에이머스는 신중하고 한결같을 뿐 아니라, 상
황에 대한 이해력이 깊은 친구다. 나는 이 점이 그의 가장
과소평가된 특징 중 하나라고 생각한다. 에이머스는 그날
밤 내가 단순히 심하게 취했던 것이 아니라 내게 더 복잡한
사정이 있음을 알고 있었다. 그때는 내가 정신적으로 엉망
인 때였다.

조시 말을 걸지는 않을 거야. 내가 생각하는 그 사람인

지 아닌지만 확인하면 돼.

에이머스 친구야, 호기심이 버번에 취한 고양이를 죽이는
거다.

에이머스가 나를 자세히 살펴봤다.

에이머스 잠깐…, 너 네 모습을 보여주고 싶은 거구나. 이거
봐. 머리를 매만지고 옷깃도 바로잡았네. 게다가
네가 한결같이 차분한 사람처럼 보이고 싶을 때 짓
는 표정을 하고 있고. 자기가 어딘지 쿨한 사람인
것처럼 말이지.

에이머스의 얼굴에 미소가 떠올랐다.

생리 지금 네 얼굴에 필요한 건 바로 피야. 뺨과 머리통 전체가
새빨개지도록 피 잔뜩 보내줄게.

조시 난 그냥….

에이머스 그렇다면 좋아…. 가서 알아보자고.

에이머스가 나를 바 앞으로 데려갔다. 우리는 그 길고 검은
머리의 여자가 속해 있는 무리 옆을 지나갔다. 그런데 답답
하게도 그 여자와 우리는 마치 지구와 달처럼 한쪽 면만을
마주하도록 정해진 것인지, 우리가 홀 안에서 어느 위치로
옮겨 가도 우리의 시각은 전혀 바뀌지 않았다. 우리에게는
계속 그 사람의 등밖에 보이지 않았다. 에이머스가 바에 두
손을 올려놓았다. 나는 에이머스의 오른쪽에 서서 태연한

척하려고 애썼다.

비평가 야, 너 뭐 하고 있는 거야?

바텐더 에이머스. 뭘 드릴까요?

에이머스 전 헤밍웨이 다이키리로 주시고….

에이머스는 뒤로 물러나 몸을 쭉 펴고 서더니, 내 등을 툭 치며 모든 사람에게 들리도록 큰 소리로 말했다.

에이머스 여기 잘생기고 유명한 내 친구한테는 버번 올드 패션드 주세요!

불안이 차라리 날 죽여라.

엉뚱이 아유 좋아죽겠네. 아예 마이크에 대고 얘기하시지.

생리 이번엔 나비 대신 나방 떼를 처방해주마!

주변의 몇 사람이 궁금한 듯 쳐다봤다. 나는 양발에 체중을 옮겨 가며 어색하게 서 있었다. 우리 왼쪽에 있던 무리가 힐끗거렸고, 나도 돌아보지 않을 수 없었다. 참기에는 관심과 알고 싶은 마음이 너무 강했다. 긴 머리 여자가 빤히 내 얼굴을 뜯어봤다. 심장이 쿵쾅거리기 시작했다.

탐정 아니네. 콜롬보야.

불안이 휴.

안도감에 가슴을 쓸어내렸다. 우리는 카일라와 션의 술도 주문한 뒤 우리 테이블로 돌아갔다. 홀 뒤쪽의 붉은 벨벳 커튼이 물결지며 갈라지더니 재즈 트리오가 다시 무대로 나왔고 손님들은 박수갈채를 보냈다. 가짜 자흐라의 실루엣은 앞쪽 자리에 가서 앉았다.

에이머스 어때? 네가 생각한 사람이 맞았어?

조시   아니, 감사하게도.

트리오가 퓨전 재즈를 연주하기 시작하자, 친숙하고 따뜻한 감각이 관객들의 내면을 채웠다. 에이머스가 내 쪽으로 가까이 몸을 기울였다.

에이머스 그러면 왜 계속 그 사람을 쳐다보고 있는 건데?

에이머스 말이 맞았다. 나는 계속 그 여자를 보고 있었다. 나도 이유를 알 수 없었다. 내담자와 같은 시간, 같은 술집에 있게 되면서 각자의 사적인 삶이 우연히 그리고 어쩌면 어색하게 겹치는 난처한 상황에 빠지지 않은 것을 기뻐해야 마땅했다. 하지만 나는 내 안에 그 사람이 진짜 자흐라이기를 바라는 한 부분이 있으며, 지금은 그 부분이 나를 조종하고 있다는 걸 알 수 있었다.

# #
자흐라 4

몇 분 후면 자흐라가 도착하기로 되어 있었다. 그동안 나는
과잉 고민 챔피언십을 위한 훈련에 몰입하여 아주 열심히
연습하는 중이었다. 머리에 빗질을 했고, 그런 다음 다시 헝
클어뜨렸다. 왜 상담 시간을 앞두고 머리를 빗는단 말인가?
자흐라에게 잘 보이려고? 전문가라면 그래야 해서? 좋은 셔
츠를 차려입고는 내가 평소에도 이러는지 곰곰이 생각했다.
그리고 평소에는 하지 않던 일이라는 판단이 서서 다시 티
셔츠로 갈아입었다. 이 모든 건 어리석은 짓이었고, 며칠 전
밤에 있었던 이상한 상황에 대한 불안한 반응이었다. 별것
아닌 일을 크게 부풀릴 필요는 없었다. 나는 길고 깊게 호흡
한 다음, 치료사라는 내 역할의 목적을 되새기며 마음을 진
정시켰다. 몇 번 더 심호흡을 하자 머릿속이 좀 맑아졌다.

문에서 노크 소리가 났을 때 내가 흥분한 십 대처럼 반응하지 않는다는 사실에 안도감을 느꼈다. 전문가의 머리가 다시 돌아온 것이다. 다시 상담실 안에 발을 딛고 있었다.

조시　　안녕하세요, 자흐라. 들어오세요!

자흐라　저, 병원에 복귀할 날짜가 정해졌어요! 정말 행복해요. 이렇게 될 거라고는 생각도 못 했거든요.

다정이　야호!

공감이　절망감이 줄어들 때의 느낌은 정말 굉장하지.

자흐라　제게 노출 치료 해주셔서 정말 감사해요. 무척 큰 도움이 되었어요. 특히 운전 노출 치료가요.

조시　　자흐라가 아주 용감하게 우리가 했던 이야기를 잘 적용하셨던 거죠. 정말 잘하셨어요.

자흐라　솔직히 말하면, 다시 병원에서 일하는 제 모습이 상상이 안 돼요. 내면의 비평가는 아직도 제가 한심하기 짝이 없다며 흠을 잡고 있거든요. 하지만 그 목소리에 귀 기울이는 건 제 불안을 해결하는 데 아무 도움이 안 된다는 걸 깨달았어요.

분석가　내면의 비평가는 항상 좋은 논의 대상이지.

조시　　오늘 그 내면의 비평가에 관해 얘기해보고 싶으세요?

　　자흐라는 잠시 생각에 잠겼다.

자흐라　그러고 싶은 것 같아요, 아니, '싶다'라는 말은 과장인 것 같고요. 그 얘기를 해야 한다고 생각해요. 그 목소리가 어디서 오는 건지 알 것 같거든요.

조시 그렇습니까?

자흐라 전에 불안장애는 흘러넘치는 스트레스 양동이 때문에 생길 수 있다고 말씀하셨잖아요? 전 공황과 그로 인한 사회적 결과들에 대한 두려움이 제 양동이를 채우는 큰 부분이라고 생각해요. 지금 제가 그 문제를 해결할 단계에 접어든 것 같은데⋯, 그건 만만치 않은 일이겠죠?

다정이 그렇지.

나는 미소를 지었다.

자흐라 제 스트레스 양동이의 큰 부분이 사별의 슬픔이라고 해도 놀라지 않으시겠죠. 제 아버지 일 말이에요. 아버지가 돌아가신 방식요.

탐정 정신적으로 건강하지 못한 아들에게 수차례 칼에 찔렸지.

자흐라 그 이야기를⋯ 해야 하는 게 아닐까 하는 생각이 들어요.

구원이 당신이 그러기로 마음먹었다면 우리가 곁에서 도와줄게요.

그건 심리치료사로서 내담자가 어려운 감정을 파헤치기를 강렬히 바라고 기꺼이 그들과 함께 뛰어들고자 하는 그런 순간이었다. 솔직히 그 바람의 일부는 나도 완전히 차단할 수 없는, 내가 느끼는 인간적인 흥미에서 기인한 것이기도 했지만, 대부분은 힘든 주제를 탐색하는 것이 치유적 성장에 도움이 된다는 믿음과 연민의 감정에서 나온 것이었다. 자기 말에 귀 기울여주고 자신을 염려해준다고 느껴지는 안전한 환경에서 힘든 주제에 관해 이야기하는 단순한 행위 자체가 스트레스 양동이를 비우는 일에 도움이 된다.

조시 이것만 알아주세요. 전 무슨 말이든 당신의 말을 들을 준비가 되어 있다는 거요. 이야기의 순서 같은 것도 중요하지 않아요. 그냥 마음이 가는 데서부터 시작하시면 돼요. 대개 마음이 가는 자리가 의미심장한 주제가 무엇인지 드러내주기도 하고요.

자흐라는 한쪽 다리를 무릎 위에 포갰다. 어느 시점엔가는 말하기 어려운 얘기를 해야만 한다는 걸 잘 알고 있음이 분명해 보였다. 자흐라는 오늘을 미래의 자신에게 평온한 마음으로 살아갈 기회를 주기 위해 어려운 감정들을 직면하고 해결할 날로 잡은 것 같았다. 치료 세션과 세션 사이에서 깊은 성찰과 숙고를 거친 후 내린 결정이었다.

자흐라 아버지가 살해된 이야기를 대체 어디서부터 어떻게 시작해야 할까요?

나는 고개를 끄덕이며 자흐라가 계속 이야기를 이어 나가도록 격려했다.

조시 아버지와 사이가 가까웠다고 하셨던 기억이 나네요.

자흐라 네, 여러 면에서 그랬죠. 아버지는 성취를 많이 이루신 분이셨어요. 제가 의사가 된 가장 큰 이유도 아버지 때문이었고요. 하지만 올A 점수를 못 받으면 사랑도 못 받는 그런 관계는 아니었어요. 의사가 되라고 강요하신 적도 없어요. 아버지의 노력과 헌신에서 제가 영감을 받은 거였죠. 아버지는 의학 분야에서 빼어난 분이셨어요. 아버지의 신경학 연구는 현재도 의학에서 아주 많이 인용되고요. 정말… 아이러니가 아닐 수 없죠.

조시 왜 그렇죠?

자흐라 아버지는 아들과 연결되지 못하는 점 때문에 괴로워하셨으니까요. 아버지는 평생 뇌를 연구하고 이해하려 노력하셨지만, 그러려고 애쓸수록 아버지와 동생 사이의 간극은 더 넓게 벌어졌어요. 동생은 정신적으로 심각한 병이 있어요. 평생 불안증과 극심한 우울증뿐 아니라 편집적 망상과 발작적 격분과 혼란에 시달렸어요. 우리 모두 진심으로 동생을 사랑했지만, 그럼에도 동생 때문에 힘들어했어요. 하지만 아버지는 그럴수록 더욱 노력하셨죠.

나는 다시 한번 가만히 고개를 끄덕였다.

자흐라   아버지는 동생을 고치려 정말 애쓰셨어요. 세상에 고장 난 사람은 아무도 없고, 관점의 문제일 뿐이라는 동화 같은 이야기를 믿으신다는 거 알아요. 하지만 제 동생의 문제는 정말로 심각해요.

조시   이해합니다. 지금 전 당신의 입장에서 그 모든 일을 목격하는 게 어떤 일이었을지 이해하려 노력하고 있어요.

자흐라   관심받지 못해서 생긴 문제는 아니었어요. 저는 언제나 나이보다 성숙했어요. 아버지가 동생 문제를 해결하려는 노력으로 늘 바쁘셨다고 해서 제가 아버지의 관심을 애타게 갈구할 필요는 없었어요. 아버지는 언제나 저를 위한 시간을 만들어내셨고, 그 시간은 정말 좋았거든요. 그저 아버지가 무척 힘들어하셨을 뿐이죠. 저는 그런 아버지를 이해했고, 그렇게 힘들게 애쓰시는 점 때문에 더욱 아버지를 사랑했어요.

자흐라는 이 이야기를 들려주는 일에 완전히 몰입한 것처럼 보였다. 뚜껑이 열리고 판도라의 상자가 열렸다. 뚜껑을 다시 닫는 일은 있을 수 없었다.

조시   이야기에서 아버지에 대한 존경심이 많이 느껴져요.

자흐라   전 아버지가 걷는 땅조차 존경했어요. 아버지의 분

투와 아버지의 결점들도 이해할 수 있었어요.

분석가　이상화인가? 동상처럼 높이 세우는?

조시　결점요?

자흐라　네, 결점요. 우리는 누구나 결점이 있잖아요. 분명
선생님도 언젠가는 자신의 결점들을 인정하게 될
날이 올 거예요.

불안이　아이쿠.

자흐라　죄송해요. 그런 식으로 말하려던 건 아니었는데….

조시　괜찮아요. 아버지에 대한 태도가 아주 보호적이시
네요.

자흐라　누가 봐도 충분히 보호해주지 않았으니까요. 칼에
찔려 돌아가셨으니….

자흐라는 무덤덤하게 그 말을 했다. 이런 식의 밋밋한 반응
은 삶의 고통을 억누르려 할 때 나타난다.

조시　동생에 대한 감정이 복잡하시겠군요. 당신의 말을
통해 동생의 정신건강 상태에 대한 감정이입과 이
해를 들을 수 있었어요. 하지만 동생이 한 행위들
에 대한 감정은 전혀 들리지 않네요.

자흐라의 자세가 딱딱하게 긴장됐다.

자흐라　동생은 망할 놈의 싸이코패스니까요. 우리 아버지
를 죽인, 빌어먹을 망나니니까요! 제 심장을 부숴

놨고, 어머니의 가슴을 찢어놨으니까요. 다시는 예전처럼 돌아갈 수 없게 됐다고요!

자흐라는 10분 전부터 터져 나오고 싶어 하던 꺼억거리는 울음소리를 그제야 토해냈다.

분석가 이런 상황에서는 분노를 표출하는 게 건강하고 필요한 일이지.

자흐라 전 동생이 미워요…, 너무 미워…, 증오해요….

자흐라는 가슴에 턱을 박고 울기 시작했다. 나는 자흐라가 자기감정을 풀어놓을 수 있도록 잠자코 있었다. 1분쯤 지나자 자흐라가 다시 고개를 들었다.

자흐라 그 일이 있던 날 동생은 차고에 들어가 안에서 문을 잠그고 합판으로 창들을 다 막아버렸어요. 저는 부모님과 외출해서 식사하고 있었고요. 우리가 자유롭게 보낼 수 있었던 매우 드문 시간이었죠. 동생은 함께 가자는 제안을 거절했는데, 놀라운 일도 아니었어요. 어머니가 동생을 혼자 두고 가는 일을 걱정했지만, 아버지는 우리가 동생에게 믿음을 보여줘야 한다고 고집하셨어요. 독립적이고 자율적으로 행동할 수 있는 동생의 능력을 믿어줘야 한다고요. 저는 아버지의 말을 건강하고 사려 깊은 말이라고 받아들였지만, 결국 그건 그리 현명한 결정이 아니었던 거죠.

기억에 완전히 몰입한 자흐라의 표정은 일그러져 있었다.

자흐라 우리가 레스토랑에 있을 때 이웃집 프랭크와 셜리
가 아버지에게 전화를 걸었어요. 차고에서 쾅 쾅
두드리는 소리와 고함 소리가 들린다면서요. 그분
들도 동생의 문제를 알고 있었기 때문에 염려되었
던 거죠. 동생은 "저것들이 나를 죽이러 온다!"라
고, 하여튼 그런 비슷한 내용으로 소리를 질렀대
요. 그러자 아버지는 벌떡 일어나셨어요. 또다시
문제 해결을 위해 출동하셔야 하니까…, 구원자 닥
터 호세이니니까….

자흐라의 얼굴에 눈물이 줄줄 흘러내리고 있었고, 말을 이
어가기가 힘든지 약간 말을 더듬었다.

자흐라 어머니도 걱정이 되어서 돌아가고 싶어 하셨어요.
저는 동생이 또다시 가족의 오붓한 시간을 망쳐놓
았다는 생각에 속이 상했어요. 그래서 제가 뭐라고
했는지 아세요? 제가 아버지에게 마지막으로 한
말이 뭐였는지?

분석가 이게 아주 지독한 죄책감의 결정적 원인이겠군.

자흐라 전 붐비는 레스토랑에서 소리를 지르며 아버지를
난처하게 했어요. "또다시 구원자 콤플렉스가 발동

하신 거예요? 아빠는 정말 나와 시간을 보내는 것
보다 영웅이 되는 게 더 중요하세요?"

자흐라는 티슈 몇 장을 뽑아 눈물을 닦았다.

자흐라   정말 한심했죠. 관심을 가져달라고 칭얼거리는 아
이처럼. 물론 동생에게는 아빠의 시간이 필요했어
요. 너무나 상태가 안 좋았으니까요. 저는 그냥…
그냥….

조시   부모님과 오붓하게 시간을 보낼 매우 드문 기회를
누릴 수 없게 되어 마음이 상하셨던 거죠?

자흐라는 고개를 끄덕이며 티슈에 코를 풀었다.

자흐라   부모님은… 집으로 돌아가셨어요. 저는 뾰로통해
져서는 그냥 시내에 남아 있었고요. 아버지는 동생
이 있는 차고로 들어가려고 애쓰셨던 모양이에요.
부모님은 아마도 동생이 자살하지 않을까 걱정하
셨던 것 같아요. 동생은 차고 문을 열지도 않았고,
아버지와 상대하려고 하지도 않았어요. 그냥 자신
의 편집증적 망상 속에서, 너무나 무시무시한 세계
로부터 문을 닫아걸고 숨으려고만 했죠. 어머니는
경찰에 연락하자고 애원하셨지만, 아버지는 전혀
들으시지 않았어요. 닥터 호세이니는 누구든 구할
수 있으니까. 그게 아버지의 방식이셨어요. 더구나

상대는 당신의 아들이었으니까.

자흐라는 몸을 덜덜 떨기 시작했지만 단호히 이야기를 이어 나갔다.

다정이 힘내요. 당신은 할 수 있어요.

구원이 내가 당신을 도울 수 있어요!

자흐라 아버지는 차고 옆에서 쇠지렛대 하나를 찾으셨어요. 그걸로 차고 문을 여셨는데…, 그런데… 거기에 바바크가 고기 써는 칼을 들고 있었어요. 동생은 아버지에게 가까이 오지 말라고 경고했어요. 하지만 아버지는 전에도 여러 번 이런 상황에서 긴장을 가라앉혔던 적이 있었거든요. 아버지는 바바크를 잘 진정시키셨죠. 하지만 이날은 바바크의 상태가 유난히 안 좋았어요. 그래서… 아버지의 목을 몇 번이나 찔러… 동맥을 끊었고, 그러고도 광란에 사로잡혀 계속 찔렀어요…. 멈추지 않고….

몸이 딱딱하게 굳어졌지만, 자흐라는 마치 무아지경에 빠진 것처럼 계속 말을 이어갔다.

자흐라 이웃들이 그 소동을 듣고 달려왔어요. 프랭크가 바바크를 제압해 바닥에 엎드리게 했고, 셜리는 어머니가 그 상황을 목격하기 전에 자기 집으로 어머니를 데려가 거기서 못 나오게 문을 잠갔죠. 나는 셜리가 그렇게 해준 게 얼마나 고마운지 몰라요. 아버지가 당신의 피로 된 웅덩이에 쓰러져 있는 장면을 보셨다면, 어머니는 평생 그 모습을 떨치지 못하고 살았을 테니까요. 경찰이 도착해서 바바크를 체포해갔어요. 어머니는 차고로 가는 구급의료대원들의 속도를 보고서 아버지가 살아 있을 가능성이 없다는 걸 아셨대요. 불쌍한 어머니…, 불쌍한 아버지…. 정말 끔찍해요…. 바바크도 강제입원되었고…, 동생 삶도 그날로 끝났죠.

샘리 참으려 최선을 다했는데 눈물 한 방울을 놓쳐버렸네.
나는 조심스레 눈물을 찍어냈다.

조시 정말로 무시무시한 트라우마를 겪으셨군요. 상상도 못 할 정도로 비극적인 일입니다. 너무나 마음이 아프네요, 자흐라.

자흐라가 눈물이 글썽한 얼굴로 나를 바라보았다.

조시 저에게 그 얘기를 하는 게 몹시 힘드셨을 텐데…, 말씀해주셔서 정말 고마워요.

자흐라 얘기를 하고 나니 기분이 좋네요…, 아니 좋은 건 아니지만… 조금은 짐을 덜어낸 느낌이에요…. 어떤 면에서 더 가벼워졌다고 할까요?

조시 가벼워진 부분이 어딘지 느껴지시나요? 당신의 몸에서?

자흐라는 잠시 생각했다.

자흐라   네. 어깨와 가슴이요. 좀 더… 해방된 느낌이에요.

조시   우리의 몸은 처리하지 못한 감정들을 꽉 붙잡고 있는 경우가 많아요. 특히 트라우마 사건에 대한 반응으로 생겨난 감정들이 그렇죠. 말을 하고 그 감정들이 솟아오르고 표현되도록 허용하는 것이 우리 몸이 견뎌내야 하는 그 무거움을 풀어내는 좋은 방법이라고 생각해요.

자흐라   퇴마술처럼요?

우리는 동시에 미소를 지었다.

조시   그렇게 표현할 수도 있겠네요.

기억 하나가 자흐라의 마음을 잡아당겼다.

자흐라   장례식 전에 아버지를 무척 보고 싶어 했던 게 기억나요.

조시   마지막으로 마무리 짓고 싶은 마음 같은 거였을까요?

자흐라   예, 그거예요. 그래서 아버지의 시신을 보러 안치실에 갔었어요.

트리거   안치실.

생리   교감신경계 작동. 에피네프린과 노르에피네프린 분비. 이 근육들이 단단히 뭉칠 수 있는지 한번 보자고!

358

불안이   워!

자흐라   괜찮으세요?

조시   괜찮아요, 계속 말씀하세요. 속이 약간 쓰린 것뿐입니다.

침착이   자흐라의 참조틀로 다시 주의를 돌려.

다정이   잘못 울린 경보야. 지금 우리가 주의를 기울일 필요는 없어. 금방 지나갈 거야.

자흐라   거기서 아버지를 봐야만 했어요. 그 사람들이 아버지 시신을 씻기고 깨끗하게 단장했고, 아버지는 하얀 천에 싸여 있었어요. 사랑하는 가족의 시신을 보는 건 결코 유쾌한 일일 수 없겠지만, 제게는 상상력이 던져대던, 상처 나고 짓이겨진 아버지의 모습에 대한 해독제 같은 거였어요. 아버지는… 평화로워 보였어요.

자흐라는 계속 아버지에 관한 회상을 들려주었다. 자신의 일에 아버지가 얼마나 큰 영감의 원천인지, 의학과 신경과학 분야에서 한 획을 그은 아버지를 얼마나 존경했는지, 다른 사람들도 얼마나 그를 존경했는지, 언젠가는 자신도 동료들에게서 그런 존중을 받을 수 있기를 얼마나 원하는지 등을. 또한 자흐라는 동생이 정신병원에 입원된 이야기도 했고, 그동안 돈독히 유지해왔던 가족이 붕괴되면서 느낀

크나큰 슬픔에 관해서도 이야기했다.

자흐라   불안 때문에 정신이상이 되는 일도 가능할까요? 불안이 너무 심해지면, 제 정신도 어느 순간 뚝 부러져버릴까요?

분석가   동생의 정신질환을 목격한 데서 생긴 두려움일까?

탐정   나도 같은 생각을 하고 있었어.

조시   불안만으로요? 그렇지 않습니다. 하지만 그건 공황발작을 겪은 사람들에게서 흔히 듣는 질문이기는 해요. 제가 분명히 장담할 수 있는 건, 공황발작이 당신을 '미치게' 만들 수는 없다는 겁니다.

자흐라   그래도 불안이 트리거가… 될 수 있지는 않을까요? 이를테면…, 숨어 있던 어떤 정신 질환 따위를 촉발하는?

침착이   지금 당장 자흐라에게 확신을 심어줘.

조시   당신은 당신 동생이 아니에요. 불안은 당신이 통제력을 잃을 수 있다고 당신을 설득하려 할 거예요. 대개는 당신 주변과 당신이 처한 환경에서 일어난 일들을 끌어다 대면서 말이죠.

자흐라   알겠어요. 하지만… 그게 가능할 수도 있을까요?

조시   그렇습니다. 거의 어떤 일이든 있을 수 있죠. 심지어 우리가 가장 공포스러워하는 일들까지도요. 하지만 무서운 일들은 인생에서 일어날 가능성이 높은 것만 고려해야 해요. 그리고 저는 이 상황에서 확률이 당신에게 아주 유리한 쪽으로 기운다고 생각해요. 그렇게 살아도 괜찮아요. 불안증이 있는 사람들이 가장 자주 하는 실수는 자기가 두려워하는 일이 그 낮은 가능성에도 곧 닥쳐올 것이고 실현될 거라는 두려움에 사로잡혀 사는 거죠. 공포는 만약 나쁜 일이 실제로 일어난다면 우리가 그 일에 대처할 수 없을 거라는 믿음에서 옵니다. 이는 거의 항상 사실이 아니죠. 인간에게는 놀라운 적응 능력이 있어요. 제 좌우명은 이겁니다. "내가 두려워하는 나쁜 일은 거의 확실히 일어나지 않을 테지만, 만약 일어난다고 하더라도 나는 그 일에 대처할 수 있을 것이다."

자흐라는 내가 한 말을 가만히 생각해보았다. 그 말이 자흐라에게 위안이 된 것 같았다.

자흐라 저는 불안함을 실패로 보기를 멈춰야 할 것 같네요. 불안해질 때마다 저 자신을 미워하는 것 같아요. 그게 마치 무슨 결함인 것처럼요. 불안은 제게 두려움을 일으키는 경보 신호일 뿐 아니라, 제가 어떤 식으로든 실패할 것임을 알리는 사이렌처럼 느껴지기도 해요.

조시   그렇군요. 자신에게 높은 기준을 적용하는 사람들은 불안을 실패로 오해하는 일이 흔해요. 당신은 불안과의 관계를 바꾸고 싶어 하는 것처럼 들리네요.

자흐라   네. 그러는 게 도움이 될 것 같단 생각이 들어요.

분석가   인지 재구성?

직관   좋은 생각이야.

우리는 세션의 남은 시간 동안 불안에게 보내는 편지를 작성하며 보냈다. 마치 불안이 자흐라의 내면에 살고 있는 의식이 있는 존재인 것처럼 말이다. 목표는 자기자비를 이끌어내서 실제로 일어나고 있는 일을 좀 더 균형 잡힌 시각으로 이해하려는 것이었다. 자흐라가 불안을 자기가 경멸하는 대상에서 좀 더 양면적인 감정을 느끼는 대상으로 바꾸려 애쓰는 동안 우리는 많이 웃었다. 마침내 우리는 편지의 대략적인 초안을 작성했고, 자흐라는 그 편지에 뿌듯함을 느끼는 것 같았다. 자흐라는 편지를 접어서 가방에 넣은 다음 나를 바라보았다.

자흐라   선생님에게도 안 좋은 일들이 있으셨다는 기사를 읽었어요. 끔찍한 일들이 일어날 수 있고 실제로 일어나기도 한다는 걸 선생님은 아실 텐데, 어떻게 긍정적인 확률에 기대를 거실 수 있는 거죠?

트리거 트라우마의 기억들.

다정이 넌 이겨낼 수 있어.

침착이 우린 그럴 수 있지.

조시 저는 아직 여기 있고, 만족스럽고 편안하게 살고 있으니까요. 그런데 우리가 제 얘기를 하려고 여기 있는 건 아니에요.

자흐라가 내 눈을 들여다보았다. 연민이 담긴 그윽한 눈빛이 진심과 존경을 전하는 것처럼 느껴졌다. 시간이 살짝 느리게 흐르는 것 같았다. 빛이 자흐라의 밤색 눈동자를 비추었다.

생리 자흐라는 아름다워.

침착이 그만둬.

자흐라 선생님이 이루신 일은 굉장해요. 선생님에게… 깊은 존경을 느껴요. 그리고 선생님이 없었다면 제 상태가 이렇게까지 호전되지 못했을 거예요. 고마워요.

조시 아… 저는….

벅찬 감정이 들었고, 볼이 붉어지기 시작했다.

비평가 정신 차려. 이 멍청아. 자흐라가 한 말 못 들었어?

분석가 이번 세션의 핵심은 자기에게 영감을 준 아버지에 대한 자흐라의 존경이었어. 이건 감정적 투사야.

비평가 네가 무슨 휴 그랜트 영화에 나온 줄 아냐?

조시   칭찬 감사합니다. 그런데 시간이….

세션이 끝나기 3분 전이었다. 나는 허둥거리고 있었다.

조시   그러면… 다음 주에 계속 이어갈까요?

자흐라가 미소를 지었다.

자흐라   물론 그래야죠.

나는 상담실 창문을 통해 자흐라가 자기 차로 걸어가 차를 몰고 떠나가는 모습을 지켜보았다.

다정이   정말 많이 좋아졌네. 용감한 사람이야.

엉뚱이   그리고 웃기지.

생리   또 매력적이고.

침착이   그만해.

비평가   아, 얘 또 십 대가 됐네! 내가 얘 돌팔이라고 그랬지? 매력 적인 사람이 자기 보고 미소를 지으면 어쩔 줄을 모른다니까.

침착이   제발 그만하라고.

비평가   절대 안 될 일이야.

다정이   우리가 잘 해결할 거야. 치료실에서는 이런 일들도 일어날 수 있어.

불안에게 보내는 편지

그날 오후 나는 자흐라의 세션에서 했던 연습에서 영감을 받아 내 불안에게도 편지를 써보았다. 일단 펜이 종이에 닿은 뒤에는 저절로 단어들이 흘러나오게 두었다.

나의 불안에게

때로는 우리에게도 어려운 일들이 있었다는 거 알아. 너와 내가 항상 마음이 맞았던 것도 아니고, 서로 그리 사이가 좋지도 않았지. 우리가 협력하려면 서로 쌓인 걸 풀고 지난 일은 털고 가야 할 거야. 그것이 앞으로 나아갈 가장 좋은 방법이겠지. 그래서 너와 이런 대화를 나눠야겠다고 생각한 지도 꽤 되었어. 그런데 너에겐 귀가 없어서 내가 말하는 소리를 듣지 못하니, 혹시 이렇게 편지를 쓰면 네가 내 감정을 이해하는 데 도움이 될까?

솔직히 고백해야겠다. 네가 좀 사라졌으면 좋겠다고 생각했던 때가 있었어. 그냥 조용히 사라져서 나를 가만히 내버려두기만을 바랐지. 말하기 민망하지만 네가 날 용서해줄 수 있으면 좋겠다. 너와 관계가 아주 엉망이었을 때, 한번은 내 치료사에게 고통을 멈추기 위해 그냥 편도체를 제거해버릴 수는 없느냐고 묻기까지 했지. 그랬던 내가 부끄럽고, 지금 네가 나에게 토라져 있다 해도 할 말이 없어. 하지만 너도 이해해줘야 해. 그때는 아주 암담한 시기였고, 너도 나도 명료한 사고는 불가능했던 때니까. 예전에 널 그렇게 미워했던 거 미안해. 넌 그저 나를 안전하게 지키려고 애쓰고 있었고, 누구나 그러하듯 착각과 실수를 좀 했던 것뿐임을 지금은 잘 알아.

지금 나는 너를 잘 이해하고 내 삶에 네가 있어서 정말 감사하다고 생각해. 내가 삶에서 이런 단계에 이르렀다는 것도 고마운 일이야. 너는 내게 없어서는 안 될 나의 일부고, 네가 없으면 내가 불완전해질 거라는 거 잘 알아. 수년 전 내 삶에서 널 (말 그대로) 잘라내고 싶어 했던 것에 대한 죄책감 때문에 하는 말인지도 모르겠지만, 어쨌든 몇 가지 너에게 감사할 일이 있어.

나를 계속 살아 있게 해줘서 고마워. 네가 없었다면 나는 이미 죽고 없을 거야. 차들이 달리는 길로 함부로 뛰어들었을 거고, 높은 건물 지붕에서 옆 지붕으로 점프했을 거고, 나보다 훨씬 덩치 크고 힘도 센 불량배들에게 겁도 없이 입에서 나오는 대로 지껄였겠지. 넌 내가 실질적인 위험을 인지하게 해주었고, 의심의 여지없이 나를 자상, 찰과상, 타박상, 멍, 골절, 어쩌면 그보다 더 나쁜 일로부터도 나를 구해주었지. 나는 조심성이라곤 없이 문제를 일으키고 다니는 아이였으니까. 네가 없었다면, 불쌍한 엄마가 어떤 일을 견뎌야 했을지 상상도 안 돼. 필요할 때는 내가 선택지들 사이에서 고민하게 하고 합리적인 선택을 내리도록 도와줘서 고마워. 넌 분석가와 직관, 침착이 같은 친구들 옆자리에 앉아서 내가 결정을 내리기 전에 고려해볼 만한 귀중한 통찰을 주었어.

인생을 더 재미있게 만들어주는 것에 대해서도 고마워. 네가 없다면 난 롤러코스터와 공포영화의 스릴을 결코 온전히 즐기지 못할 거야. 네가 없다면, 대중 강연이나 중요한 축구 경기를 앞두고 있을 때의 그 초조하면서도 즐거운 기대감도 경험하지 못할 거고. 네가 없다면, 접전 상황에서 내가 제일 좋아하는 선수가 찬 공이 골대를 맞고 튕겨 나오는 순간의 짜릿함과 실망감도 느끼지 못하겠지. 네가 때로 어느 정도 고통을 초래할 때도 있지만, 넌 정말 삶을 더 흥미롭게 만들어줘.

내가 사랑하는 사람들에 대해 걱정해야 할 때가 언제인지 알려주는 것도 고마워. 넌 내가 그들을 보살펴야 할 때, 그들을 위해 시간을 내야 할 때, 그들을 도와줘야 할 때, 내가 그들을 얼마나 소중히 여기는지 보여줘야 할 때가 언제인지도 알 수 있게 도와주지. 넌 내가 나의 특별한 사람들에게 그들이 받아 마땅한 주의를 기울이게 해줘.

공황발작에 대해서도 고마워. 약간 미친 소리처럼 들릴 수 있다는 건 알지만, 그래도 진심으로 너에게 감사하고 있어. 공황발작과 불안장애의 무시무시한 심연을 경험하지 못했다면, 살면서 일상적으로 부딪히는 문제들을 올바른 맥락 속에서 파악하지 못했을 거야. 네가 내 안전을 지나치게 걱정할 때마다 내가 무척 힘들어지기는 했지만, 그럴 때 넌 내게 진짜로 걱정해야 할 일이 무엇이고 그렇지 않은 게 무엇인지 식별하는 법도 가르쳐준 셈이지. 넌 내가 삶의 평범하고 일상적이고 소중한 순간들을 즐기는 법도 배우게 도와줬어. 그 가르침 진심으로 고맙게 생각해.

네가 왜 여기 존재하는지 난 알아. 너의 목적을 이해

해. 나를 위해 네가 해준 일들에 감사해. 넌 여러 면에서 나를 더 나은 사람으로 만들어줘. 그런데 우리가 과거의 문제들을 모두 뒤로하고 나아가려 하는 지금, 네게 꼭 해야 할 몇 가지 작은 부탁이 있어. 네가 그 부탁을 들어준다면 우리가 계속 같은 마음으로 나아가는 데 도움이 될 거라 생각해.

부탁이야. 앞으로 나아가줘. 나와 함께 노력해줘. 내가 가족과 일요일 만찬을 즐길 때 넌 나서지 않아도 돼. 내가 극장에서 좋은 영화를 즐기려 할 때 네가 날 보호해줄 필요는 없어. 자연의 고요함과 아름다움을 즐기려 숲속을 걷고 있을 때도 네가 필요하지 않아. 내가 따분한 강연을 하면서 관객을 잠재우지 않으려 애쓰고 있을 때 네가 나서서 흥분할 필요는 없어. 그냥 친구들과 어울리며 시간을 보내고 있을 때 네가 걱정거리라며 이것저것 던져대는 침투적 사고들이 없어도 난 괜찮아. 그리고 친구들 얘기가 나와서 하는 말인데, 내가 생일 파티나 결혼식에 참석했을 때 너는 그냥 긴장을 풀고 쉬고 있는 게 훨씬 좋을 것 같아. 그런 날들은 내가 아끼는 사람들을 위한 날이야. 거기에 나를 얽지는 말아줘.

이건 중요한 얘기야. 내가 정중히 부탁하는데, 괜스레 내 내장과 근육과 나머지 몸을 괴롭히지 말아줘. 쉬는 날에는 20분마다 화장실에 달려가고 내 다리가 왜 떨리는지 계속 걱정하기보다 그냥 긴장을 풀고 쉬고 싶어. 그건 정말 쓸데없는 짓이라고.

넌 그저 네 일을 열심히 할 뿐이라는 거 나도 알아. 넌 순전히 선의로 나를 보살피려고 그러는 거잖아. 하지만 이따금 넌 너무 시끄러울 때도 있고, 달갑지 않을 때도 계속 남아 뭉그적거릴 때도 있어. 항상 네가 모든 걸 책임져야 하는 건 아니란 점, 꼭 깊이 생각해주면 좋겠다. 내 머릿속에는 도움이 되는 목소리가 많고, 모두 다 협조하려고 노력하고 있어. 때로는 그냥 팀의 일원으로서 따라가는 게 더 나을 때도 있어. 네 생각에 꼭 해야 한다 싶은 말이 있을 때는 말해주고, 아닐 때는 팀의 다른 목소리들이 주도하도록 맡겨줘. 그렇게 하면 우리 모두 좋은 선택을 할 수 있을 거야. 네가 그럴 수 있다는 거 알아. 항상 네가 그러는 거 보고 있거든.

그러니 함께 노력해서 앞으로 나아가자. 내게 시간을 좀 줘. 나도 네게 시간을 줄게. 신경 쓸 필요가 있는 일은 우리가 모두 살뜰히 돌볼 거야. 약속할게. 때로는 네가 너무 열성적으로 나서서 괜히 흥분할 때면 내가 네 말을 무시해야만 할 때도 있을 거야. 그럴 때 너무 서운해하지는 마. 너를 존중하기 때문에 그러는 것뿐이니까. 난 널 소중히 생각해. 내가 이 삶에서 마지막 숨을 쉬기 전까지 네가 여러 번 내 목숨을 구해주리라는 걸 알아. 그래서 네가 계속 내 곁에서 나와 함께해주길 바라. 단, 가장 좋은 상태의 너로 내 곁에 있어주면 좋겠어. 상황을 더 나아지게 만드는 너로 말이야. 더 이상 이유 없이 폭주해서 끝도 없이 황당한 소리 늘어놓지 않기, 오케이?

자, 이만하면 나도 충분히 떠든 것 같아. 너를 미워했던 시절에 대한 내 사과 꼭 받아주면 좋겠고, 앞으로 우리가 서로 존경하고 존중하고 신뢰하는 마음으로 더 좋아질 수 있기를 바란다.

진지하게 들어줘서 고맙고, 함께 좋은 하루 보내자.

따뜻한 인사를 전하며
조시

# #
해리

2012년 6월, 커다란 도넛

조시　　저도 같이 들어가도 되나요?

나는 시끄러운 기계 소리 때문에 소리 높여 말했다.

방사선사　물론이죠. 그런데 이걸 입어야 돼요.

그는 내게 방사선 방호복 두 개를 내밀며 고르게 했다.

방사선사　파란 걸 입어도 되고, 동물들이 그려진 걸 입어도

　　　　　돼요.

나는 자연스레 동물 그림 방호복을 잡아 머리 위로 입었다.
묵직한 무게가 어깨에 내려앉았다.

조시　　와, 이거 무겁네요.

방사선사　예, 납으로 된 거라 무겁죠. CT 스캐너에서 나오는

방사선을 막아주는 거예요.

우리가 강화 이중문으로 들어가니 테이블 한쪽 끝에 앉아 있는 해리가 보였다. 해리가 고개를 들어 미소를 지었지만, 난 녀석이 불안해하고 있다는 걸 알 수 있었다.

조시   안녕, 해리!

해리   안녕.

조시   괜찮아?

해리   나 눕기 싫어. 배의 압력이 갈비뼈를 너무 세게 밀어대서.

해리의 부푼 배는 비치볼만 한 크기로 커져 있었다. 나는 이제 통제실에 들어가 유리창 건너에 있는 방사선사를 보고 말했다.

조시   얘가 눕지 않고도 촬영할 수 있는 방법이 없을까요? 복수가 해리의 회음부까지 압박해서 누우면 너무 아프대요. 게다가 숨쉬기도 힘들어하고요.

방사선사가 미소를 지었다.

방사선사   의학 용어가 술술 나오네요.

조시   지난 몇 주 구글 대학에서 공부 좀 했거든요.

방사선사   해리, 정말 미안하지만 이 기계에서는 네가 최대한 평평하게 누워야 한단다. 우리는 최대한의 각도를 확보해야 하거든. 이 검사 한 번 해봤지? 전에도 말

했지만 네가 커다란 도넛 사이로 날아가고 있다고
상상해 봐.

조시 아니면 포털로!

나는 CT 스캐너의 반대쪽으로 걸어가 커다란 링 사이로 해리에게 손을 흔들어 보였다. 해리는 내 얼간이 짓에 반응해 주지 않았다. 그러기엔 너무 아팠기 때문이다. 간호사 한 명이 와서 해리가 덜 불편하도록 베개와 패딩을 대어주었다.

해리 괜찮아요. 저 준비됐어요. 할 수 있어요.

조시 도넛이 움직이기 전까지 내가 네 손 잡고 있을게. 스캔에 내 손이 나타나면 안 되니까. 그랬다간 의사 선생님들이 놀라 넘어가겠지. 너한테 팔이 하나 더 생겼다고 말이야.

조명이 어두워지고 해리는 CT 스캐너의 거대한 링 속으로 들어갔다. 악문 이와 힘겨운 숨소리로 해리가 얼마나 불편한지 알 수 있었지만, 해리는 불평 한 번 하지 않았다. 그 모습을 보고 있자니, 가슴이 무너져 내렸다. 내가 대신 해줄 수 있는 일이라면 꼭 그랬을 것이다. CT 스캔이든, 종양이든, 모두 다.

방사선사 오케이. 다 끝났어요. 필요한 이미지는 다 얻은 것 같아요. 곧바로 닥터 피넌에게 보낼 거예요.

나는 해리가 테이블 끝에서 일어나 앉도록 도왔다.

조시   잘해냈어, 해리. 휠체어 가져올게.

우리는 해리를 휠체어에 앉혔고, 나는 휠체어를 밀고 방사선실에서 나왔다.

조시   잘했어, 해리. 오늘 밤에 피자랑 DVD 가져올게. 병
          동에서 같이 볼 수 있어.

해리   응, 그럼 좋겠다.

조시   그런데 지금은 먼저 5층으로 가서 닥터 피넌을 만
          나서 스캔 결과에 관해 들어야 해.

닥터 피넌의 방에 가니 엄마도 거기 계셨다. 모두가 느끼는 두려움에 대한 침묵이 방 안의 공기를 방호복보다 더 무겁게 채우고 있었다. 닥터 피넌이 우리에게 들어오라고 했다. 우리는 슬프게 생긴 커피 테이블을 사이에 두고 닥터 피넌을 마주 보고 앉았다. 테이블 가운데 티슈 상자가 놓여 있었다. 이 방에서 사랑하는 사람에 관한 소식을 들은 뒤 티슈를 뽑은 사람이 몇 명이나 될지 궁금했다.

닥터 피넌은 처음 보는 또 한 명의 의사와 함께 화면 앞에서 스캔 이미지를 꼼꼼히 들여다보고 있었다. 두 사람이 조용히 의논하더니, 닥터 피넌이 우리 쪽으로 의자를 돌렸고, 그 순간 내 배 속도 그 의자처럼 빙글 도는 느낌이었다. 진실이 드러날 순간이 닥쳐왔다.

피넌   해리, 알다시피 네 배 속에는 종양이 많이 있고 간

에는 큰 종양이 하나 있단다. 지난 3주 동안 정말 용감하게 잘 버텼어. 화학치료를 하면서 끔찍한 합병증까지 몇 가지 왔었다는 것도 잘 알고 있어. 심지어 며칠은 중환자실에도 있었지.

해리   형 말이 제가 모르핀에 취해 해롱거렸대요.

우리는 다 같이 불편한 웃음을 지었다.

비평가   빌어먹을, 어서 말해, 피넌. 이건 〈댄싱 위드 더 스타〉 결과 발표가 아니라고.

불안이   나 너무 너무 무서워.

피넌   음, 그런데 스캔을 보니 보이는 모든 종양의 크기가 상당히 줄었구나. 큰 종양은 크기가 반으로 줄었고, 작은 종양들은 훨씬 더 작아진 것 같아. 넌 정말 잘하고 있어….

엄마가 동생을 꼭 끌어안았다.

해리   엄마! 아파요….

엄마와 해리가 함께 웃기 시작했다.

엄마   상관없어. 엄마가 지금 널 한 대 때려줘도 아무도 뭐라고 안 할 걸.

한편 나는 복도로 뛰쳐나가, 두 주먹을 불끈 쥐고 "예에에에에에쓰!"라고 소리를 질렀다.

조시   해리는 이겨낼 거야! 빌어먹을, 꼭 이겨낼 거라고!

근처 간호사 스테이션에서 간호사 몇 명이 내 쪽을 쳐다봤다. 놀란 모양이었다. 그중 몇 사람은 나를 알아보고 미소를 지었다. 무슨 일이 일어났는지 눈치챘을 것이다. 아, 맞다. 나 피자 사러 가야 되는데! 나는 아주 오랫동안 느껴보지 못한 안도감을 느끼며 병원에서 옥스퍼드 로드로 달려 나갔다.

나는 엘리베이터에서 내려 84병동으로 잽싸게 뛰어갔다. 해리는 일인실로 옮겨졌고, 그곳의 자기 침대에 앉아 있었다. 엄마와 외할아버지, 그리고 엄마의 새어머니가 침대를 에워싸고 있었고, 간호사 한 명이 다음 회차의 화학치료 약물 투여를 준비하고 있었다. 암과 싸울 때는 고난이 멈추지 않는다.

조시   피자 사 왔어요. 맛있는 피자예요.

엄마   이제 오전 11시야.

조시   로마에 가면 로마법을!

간호사   무슨 밑도 끝도 없는 소릴.

나는 피자 상자들을 옆에 내려놓고 침대 위로 몸을 기울여 내 동생을 안았다. 불편했을 텐데도 해리는 상체를 곧게 세워 나를 안았다. 이때가 해리가 나를 가장 세게 끌어안았을 때였다.

해리   형 안 놔줄 거야!

조시   그러면… 피자는?

해리   아, 몰라! 형 안 놔줘, 절대!

나는 내 모든 사랑을 마지막 한 방울까지 담아 해리를 꼭 끌어안았다.

조시   좋아. 그럼 우리 '허그 치킨 게임'하자. 먼저 놓는 사람이 지는 거다. 네가 똥 마려울 때까지, 아니면 샤워할 때까지 기다릴 거야. 할 수 있겠어?

엄마   조시!

우리는 웃기 시작했고, 웃는 동생의 행복한 들썩거림이 내 가슴에 닿아 전해졌다. 그 포옹은 내 평생 가장 행복한 순간 중 하나였다.

# #
노아 4

방금 내담자가 상담실에서 나가고 나자, 나는 죄책감을 느끼며 문을 닫았다. 나는 전문가다운 자세를 유지했고 세션은 순조롭게 진행되었지만, 내면에서는 내담자에게 내가 원하는 만큼 깊이 주의를 기울이지 못하고 있음을 자각하고 있었다. 상담에 노력을 기울이면서도 내 마음은 자꾸만 어떤 불안한 생각들로 옮겨 가려 했다. 10분 뒤 도착하기로 되어 있는 나의 다음 내담자 노아에 관한 불안한 생각들이었다.

불안이 노아가 나타나지 않으면 어쩌지? 별일 없었겠지?

탐정 노아에게 아무 연락도 못 받았어. 이메일은 체크해봤어?

불안이 뭔가 나쁜 일이 일어났으면 어쩌지?

분석가 무슨 일이 있었다면 지금쯤 너에게 연락이 왔을 거야.

나는 책상으로 걸어가 메일 수신함을 열었다. 아무것도 없었다. 아침에 오늘 일정을 확인한 뒤로 줄곧 초조했다. 불안은 심란하게도 침묵의 공백 속에서 소리 없이 퍼져나가며 증폭된다. 지난 세션에서 노아가 자기는 사랑받을 자격도 살 자격도 없다고 말하고는 시간이 다 되기도 전에 가버렸을 때, 나는 노아의 주치의에게 전화를 걸어 걱정스러운 마음을 전했다. 이런 상황에서 의사는 적합한 정신의료팀에 연락을 취하거나 직접 내담자에게 연락해야 한다. 이후 그 의사에게서는 아무 소식도 듣지 못했으므로 나는 어떤 일이 있었는지 전혀 알지 못했다.

비평가   네가 의사한테 전화해서 뒷일을 알아봤어야지.

노아의 상담 시간이 시작되고 이제 10분이 지났지만, 노아는 나타나지 않았다. 나는 계속 상담실 안을 왔다 갔다 서성이고 창밖으로 건물 입구를 내려다보며 노아가 오지 않는지 살폈다. 그림자도 보이지 않았다. 상담실 문을 열고 복도도 살폈다. 책상으로 가 사무실 전화기와 컴퓨터도 점검했다. 여전히 아무 연락도 오지 않았다.

20분이 지난 뒤, 나는 휴대폰을 집어 들고 노아의 번호로 전화를 걸었다. 곧바로 음성메시지를 남기라는 안내가 나왔다. 노아가 통화하는 중이었기를 혹은 신호가 잡히지 않는 곳에 있어서 그런 것이기를 바라며 다시 걸어봤지만,

이번에도 마찬가지였다. 노아의 주치의에게도 전화를 걸었다. 당연히 의사는 바빴고, 접수원은 의사가 짬이 나는 대로 바로 내게 전화해줄 거라고 말했다. 30분이 지나자 나는 체념하고 노아가 오지 않으리라는 사실을 받아들였다.

점심시간이 되었다. 나는 어젯밤에 사 온, 인도 음식이 가득 담긴 도시락을 바라봤지만, 도저히 식욕이 돋지 않았다. 배 속 깊숙이 뭔가 불편한 게 자리하고 있었고, 불안은 경매라도 벌이듯 나의 주의를 차지하기 위해 최선을 다했다. 그리고 불안이 이기고 있었다. 노아에게 무슨 일이 일어났는지 내가 어느 정도 파악한 뒤에야 경매 망치를 두드리는 소리를 들을 수 있을 터였다. 일정표를 보니 오늘 만날 내담자가 세 명 더 남아 있었다.

분석가   현재 네 정신 상태로는 내담자를 더 보는 게 현명한 일은 아닌 것 같다.

비평가   엄살 떨지 말고 네 할 일을 해.

다정이   살다 보면 휘청거릴 때도 있지. 네 한계를 인정하는 게 내담자들에게도 이로운 일일 거야.

공감이   네가 내담자의 참조틀에 완전히 들어가지 못하는 상태에서 상담하는 건 옳지 않아.

노아의 세션 시간이 끝난 뒤 나는 다른 내담자들에게 전화를 걸어 일정을 조정했다. 그런 다음 나는 집으로 갔다.

집이 돼지우리 같은 상태여서, 나는 노아에 대한 걱정을 잠시라도 잊어보려고 집을 치우기 시작했다. 의사가 연락할 경우를 대비해 벨소리는 크게 올려두었다. 재활용할 종이상자들을 잔뜩 포개서 이미 꽉 차 있는 재활용 쓰레기통에 꾹꾹 눌러 넣었다. 고무장갑을 끼고 주방과 욕실을 청소했고, 진공청소기로 바닥도 청소했다. 진공청소기 돌리는 데 재미가 붙어서 계단까지 청소했다. 평소에는 좀이 쑤실 정도로 따분해하는 일인데 말이다. 제일 위 계단에 도착했을 때 청소기가 툴툴거리며 덜컹거리는 소리를 내더니 멈춰버렸다. 연기가 나며 금속 타는 냄새가 계단참에 가득했다.

분석가　이 청소기도 끝이군.

나는 퇴물이 된 청소기를 바깥 쓰레기통에 집어넣고 손을 씻으러 주방으로 갔다. 싱크대로 가는 도중에 내 휴대폰 화면에 불이 들어와 있는 게 보였다. 맨체스터 번호로 전화 두 통이 왔었다. 청소기 돌아가는 소리 때문에 전화벨 소리를 듣지 못한 모양이었다. 다시 전화를 걸었더니, 노아의 지정 진료소 접수원이 받았다.

조시　죄송합니다. 닥터 데이비스가 전화했을 때 제가 받지 못했습니다. 제 이름은 조슈아 플레처예요.

접수원　운이 좋으시네요. 데이비스 선생님의 휴식 시간이 아직 시작되지 않았거든요. 지금 연결해드릴게요.

잠시 음악 소리가 들리더니 닥터 데이비스가 받았다.

데이비스 여보세요, 조슈아 씨인가요?

조시 네, 선생님. 노아에 관한 소식이 있을까요? 지난주에 염려되는 점을 전해 드리고 나서 아직 아무 연락도 받지 못했습니다. 노아에게서도 연락이 없어요. 오늘 세션에도 오지 않았고요.

잠시 침묵이 흘렀다.

데이비스 조슈아, 주말에 노아가 자살을 시도했는데, 그 얘기를 알려드리지 못해서 미안해요. 노아가 진통제를 과다 복용했어요. 다행히 노아는 살아 있고 병원에서 회복 중이에요. 위기관리팀이 그를 세심히 보살피고 있죠. 진작에 알려드리지 못한 것 정말 미안해요. 연락드리려고 했는데….

충격이 너무 커서 나는 아무 말도 할 수 없었다.

데이비스 당신이 우려스럽다고 알려주셨던 것 정말 고맙게 생각해요. 제가 곧바로 위기관리팀에 그 사실을 알렸어요. 그들이 토요일 저녁에 노아를 방문했는데, 위험한 상황은 아닌 것 같다고 보고했어요. 안타깝게도 노아는 이튿날 아침에 약물 과다복용을 시도했죠. 잘 아시겠지만 그런 일도 일어날 수 있잖아요. 특히 미리 계획한 자살 기도인 경우에는요.

조시 네, 알려주셔서 감사합니다.

데이비스 위기관리팀이 당신에게 연락하고 싶어 한다는 메모를 받았어요. 당신 연락처를 그들에게 전해주어도 괜찮을까요?

조시 그럼요.

불안이 내가 뭔가 끔찍한 일이 일어날 거라고 말했잖아.

직관 이런 일이 벌어질 거라고 생각도 못 했는데…. 아무튼 넌 네가 해야 할 일은 다 했어.

비평가 어떻게 그렇게 말할 수 있냐? 의사에게 다시 연락해서 뒷일을 알아보지도 않았잖아.

한 시간 뒤, 나는 위기관리팀 다이앤과 이야기를 나눴다. 노아가 파스니지 병원에 있으며 이제 깨어나서 말도 한다고 했다. 하지만 그는 자살 기도의 이유는 밝히지 않는다고 했다.

다이앤 노아가 계속 당신과 얘기하게 해달라고 요청하고 있어요. 하지만 억지로 응해야 한다는 부담은 갖지 마세요. 공식적으로 노아는 현재 우리가 보살피고 있고 병원에 입원해 있는 상태니까요. 그렇기는 해도, 노아가 기꺼이 마음을 터놓을 수 있는 사람과 이야기를 나눈다면 예방적 관점에서 도움이 된다는 게 저희 모두의 생각입니다. 적어도 단기적으로는요. 저희는 직업적 바운더리를 잘 알고 있어요.

조금이라도 불편하게 느껴진다면 어떤 의무감도 가지실 필요는 없어요. 언젠가는 노아가 저희에게도 마음을 열 거라고 믿어요.

도망이 넌 이제 손 떼도 돼. 노아는 지금 유능한 전문가들이 맡고 있어. 그는 안전하다고.

다정이 그렇게 순한 사람이 도대체 왜 그런 일을 한 걸까?

탐정 그가 네게 말하지 않은 뭔가가 있어. 그리고 나라면 성급하게 순한 사람이라고 단정하지 않겠어.

분석가 이건 네가 결정하기 나름이야. 이건 상당히 이례적인 상황이고.

불안이 난 알아야겠어. 내겐 마무리가 필요하다고.

비평가 물론 그렇겠지. 이 일에서 중요한 건 너지, 안 그래?

조시 오늘 제가 그리로 갈 수 있습니다.

다이앤 네, 좋아요! 도착하시면 누군가 당신에게 안전 규칙에 관해 설명해드릴 거예요.

조시 네, 곧 뵙겠습니다.

전화를 끊고 나는 깊고 큰 숨을 들이쉬었다. 그리고 회의와 혼란에 휩싸인 채 천장만 바라봤다.

직관 그냥 가보는 거야. 그러는 게 맞는 것 같아.

다정이 우리가 노아를 돕기 위해 할 수 있는 일이 있다면 그 일을 하자고.

나는 물을 한 잔 따라 잔을 비우고, 코트를 집어 들었다.

병원은 그레이터맨체스터 외곽에 있는 오래된 빅토리아 풍 건물이었다. 접수동 건물로 가는 길옆으로 전나무와 가문비나무, 소나무가 자라고 있었고, 바닥을 뒤덮은 녹색 풀들은 싱그러운 분위기를 자아냈다. 비록 불행한 일 때문에 이곳을 찾아왔지만, 그래도 회색 도시를 벗어나 이런 풍경을 보니 잠시나마 위안이 되었다.

건물 안으로 들어가니 누군가 나를 어떤 방으로 안내했는데, 이 방에서는 커다란 통유리를 통해 바위 정원을 내다볼 수 있었다. 창가 침대에서 노아가 정맥주사를 맞고 있었다. 그는 내가 들어오는 걸 보고는 미소를 지었다. 내가 아는 노아의 모습 그대로인 걸 보니 마음이 놓였다. 하마터면 저 모습을 다시 못 볼 뻔했다.

노아　　오셨어요?

조시　　저기, 노아, 어….

무슨 말을 해야 할지 판단이 서지 않았다.

엉뚱이　노아가 아주 즐거운 시간을 보내고 있네. 파티 중인가 봐?

조시　　여기서 파티하고 있었던 거예요?

불안이　도대체 왜 그딴 소리를 한 거야?

비평가　정말 어처구니가 없군.

노아　　아주 즐거운 시간을 보내고 있죠, 조시.

노아가 미소를 지었다. 아무렇지도 않은 듯이 말을 걸어준 걸 고마워하는 눈치였다.

불안이 휴.

나는 의자 하나를 가져와 노아의 침대 옆에 앉았다. 평소처럼 상담실이라는 울타리의 보호를 받지 않는 대화여서인지 어색한 느낌이 들었고, 우리가 병원에 있다는 점을 고려할 때 우리의 바운더리가 정확히 어떤 것인지 알 수 없었다.

침착이 심리치료의 원칙들을 기억해. 기밀유지성. 무조건적인 긍정적 관심. 치료 관계의 기대 사항 등.

조시 잠시 들러서 당신이 어떻게 지내시는지 봐야겠다고 생각했어요. 이게 꼭 심리치료 세션은 아니지만, 저는 당연히 당신이 하는 말을 비밀로 유지할 거예요. 기분은 좀 어떠세요?

노아가 기대앉을 수 있도록 리모컨으로 침대의 등받이를 세우자 끼익거리는 소리가 났다.

노아 전보다는 기분이 나아졌어요. 죄송해요. 제가 너무 이기적이었죠. 세션에 못 간다는 얘기도 못 드렸어요. 그간… 제정신이 아니었거든요.

조시 괜찮아요. 정말이에요.

노아 정말 어리석은 짓을 했어요. 사실 놀라운 일도 아니죠. 늘 그렇듯 자기중심적으로 굴었던 거죠.

387

조시 분명 그럴 만큼 몹시 절망적인 마음이었겠죠.

노아 그랬어요. 그 무시무시한 내면의 비평가가 날카로운 발톱으로 절 움켜쥐고 쉬지도 않고 흔들어댔어요. 칠흑 같은 어둠 속으로 빨려 들어갔는데, 정말 거기서 다시는 나갈 수 없을 거라고 확신했어요. 너무… 너무나 죄송하고 창피해요. 제가 모든 사람의 시간을 얼마나 낭비하고 있는지…. 모두에게 전 짐일 뿐이에요.

조시 여전히 내면의 비평가가 붙들고 뒤흔드는 것 같네요. 지금도.

노아 아마도요.

그가 물을 마시려고 손을 뻗었다. 나는 잔을 노아 쪽으로 밀어주었다. 한 모금을 마신 노아는 어떤 통증을 참는 것처럼 눈을 질끈 감았다.

노아 자신을 용서한다는 건 어떤 걸까요?

조시 제 생각에 그건 자기 행동에 대한 책임이 자기에게 있다는 걸 인정할 때 가능해요. 우리의 행동이 바람직하지 못한 결과를 낳을 때가 있죠. 자기 용서란, 우리가 자신의 잘못에서 배우고 변화하고 성장할 수 있다는 믿음을 받아들이기로 선택하는 동시에 자신의 더 훌륭한 부분들에 초점을 맞추기로 선

388

택하는 거예요.

노아는 베개 위에서 머리를 굴려 나를 바라보았다. 못 만난 한 주 동안 여위어 있었다.

노아 선생님이 제게 그 방법을 가르쳐주실 수 있을까요?

공감이 그는 어떤 안내를 원해. 노아는 자신에 대한 연민이 별로 없어.

탐정 노아가 용서해야 하는 게 뭐지?

조시 용서하고 싶으신 일이 뭔가요?

노아 제가 아버지와 같은 사람이 되었다는 거요.

조시 당신은 당신 아버지가 아니에요, 노아.

그의 한쪽 눈에 고여 있던 눈물이 수척한 얼굴 위로 흘러내 렸다.

노아 이제 선생님에게 이야기할 준비가 됐어요.

조시 그 비밀요?

그가 고개를 끄덕였다.

노아 이건 비밀로 유지되는 거죠?

불안이 흠… 느낌이 좋지 않은데….

조시 그럼요. 첫 세션에서 제가 말했던 한계 안에서는 요. 기억하시죠?

노아 네.

그는 병원복 소매로 눈물을 닦은 뒤 말했다.

노아   4월에 이 도시에서 친구를 사귀려 하는 사람들의
       모임에 참석했어요. 구체적으로 말하면 성소수자
       모임이었죠. 우리는 게이 빌리지에 있는 한 술집에
       서 모였어요. 멋진 저녁이었고, 모두 따뜻하고 우
       호적이었어요. 저는 모든 사람과 이야기를 나누려
       노력했는데, 그중 비교적 조용한 제이컵에게 자연
       스레 끌렸죠. 우리 둘 다 꽤 불안해하고 있어서였던
       것 같아요. 제이컵은 아직 십 대였어요. 열아홉 살
       인가? 저보다 한참 어렸죠. 제가 그를 보호할 자신
       이 있다고 느꼈던 것도 아마 그 때문이었을 거예요.
노아는 눈을 감았다. 나를 똑바로 보지 않으면서 얘기하는
게 더 편하게 느껴졌기 때문일 것이다.

노아   그날 밤은 계속 활기차게 흘러갔어요. 우리는 여기
       저기 바를 옮겨 다녔고, 제이컵과 저는 계속 붙어
       있었어요. 술을 엄청나게 많이 마셨고, 다른 것들
       도 했어요. 우리는 한참 시간이 지나고 나서 자연
       스럽게 무리의 리더처럼 된 재키가 자기 집에서 파
       티를 하자고 해서 모두 그리로 몰려갔어요. 재키의
       집은 도심 외곽에 있어서 우리는 모두 택시를 잡아
       탔죠. 제이컵과 저는 우리 둘만 따로 택시를 탔어
       요. 우리는….

390

또 눈물이 흘렀다.

노아 우리는 택시 뒷좌석에서 키스를 했어요. 뭐, 아주
잠깐이었지만요. 우리가 키스하자마자 운전기사는
차를 난폭하게 몰기 시작하더군요. 동성애를 혐오
하는 사람이었나 봐요. 아니면 우리가 너무 비위에
거슬리게 굴어서 그가 질색했던 걸지도 모르죠. 누
가 알겠어요? 어쨌든 우리는 재키의 집에 도착했
어요. 집이 정말 크더라고요. 미국 영화에 나오는
남학생 클럽 회관 같달까요? 알고 보니 재키는 예
전에 솔로몬이라는 건설회사의 소유주였다고 하더
군요. 그러다가 사업체를 매각하고 호화롭게 살기
로 했대요. 곧 마약이 나왔는데…, 저는 마약을 해
본 경험이 별로 없었거든요. 그래도 몇 가지를 시
도해봤어요. 제이컵은 친절하게 각 마약이 무엇이
며 얼마나 사용해야 하는지, 어떤 효과가 날 것인
지 제게 얘기해줬어요.

탐정 이 얘기가 어디로 흘러가려는 걸까?

노아 잠시 후 제이컵이 제 팔을 잡아끌었고, 우리는 들
뜬 십 대 아이들처럼 그 집 안을 여기저기 구경하
고 다녔어요. 뭐, 제이컵은 원래 십 대였지만요….
2층에는 침실이 여럿 있었어요. 우리는 한 방에 들

어가 침대 가장자리에 앉아서 잠시 입맞춤을 나눴어요. 그러다가 제이컵이 작은 유리병을 꺼내더니 그게 GHB라고 설명하더군요. 술에 그걸 넣어 마시면 환희를 느낄 수 있다고요. 하지만 우리는 이미 술을 너무 많이 마셨기 때문에 그걸 너무 많이 하면 안 된다고 하더라고요. 저는 제이컵이 하자는 대로 했어요. 왜냐면요, 조슈아, 외롭고 비참한 인생을 사는 사람은 누군가 환희를 느끼게 해주겠다고 말하면 그 제안을 거절하기 어렵거든요.

노아가 말을 멈췄다.

노아　못하겠어요, 조시….

나는 참을성 있게 가만히 앉아 있었다. 비밀을 털어놓으라고 압박하지 않았다. 압박을 받으면 다시 움츠러들어 닫아버리는 사람들이 있다. 나는 그 비밀을 반드시 알고 싶었다.

엉뚱이　다 털어놔 봐. 이 사람아. 무슨 일이 있었는데?!

침착이　압박하지 마.

직관　그러는 게 좋을 것 같아.

조시　괜찮아요. 계속 말하라고 강요하지 않을게요. 하지만 누군가에게 그 이야기를 하면 당신 마음이 어떨지는 생각해보세요. 아마 마음의 짐이 가벼워지지 않을까요?

정중하게 문을 두드리는 소리가 나더니 간호사가 들어왔다.

간호사   노아, 혈압 체크하러 왔어요.

노아   10분 뒤에 하면 안 될까요? 제 치료사 선생님에게
할 얘기가 있어서요.

간호사   물론 되죠. 나중에 다시 올게요.

간호사가 조심스럽게 문을 닫고 나갔다.

노아   우리는 레모네이드에 GHB를 섞어서 마셨어요. 제
이컵의 말이 맞았더군요. 정말로 희열감이 몰려오
기 시작했어요. 우리는 서로 꽉 끌어안고 손으로는
서로의 몸을 어루만지고 기분이 너무 좋아서 마구
장난을 쳐댔죠. GHB는 확실히 강력한 최음제예요.
그러다가… 모든 게 흐릿해졌어요…. 우리 둘 다….

노아의 얼굴에서 핏기가 없어졌다.

노아   제이컵이 더 심했어요. 마약 용량을 잘못 계산했는
지 그에게 더 강력한 영향을 미쳤던 모양이에요.
제이컵은 몸이 축 늘어졌고 졸린 것 같았어요. 나
역시 그 약에 반응하고 있었고, 그 취기는 너무 강
렬했어요. 우리는… 우린 알몸이었고… 문은 잠겨
있었어요….

나는 살며시 고개를 끄덕여 그에게 계속해도 된다는 신호를
보냈다.

노아   그 이후로는… 그냥 흐릿해진… 몇몇 이미지밖
       에….

노아가 격렬히 울기 시작했다. 심박수 모니터가 노아의 심
박수와 혈압 증가를 표시했다. 알람 소리가 울리고 아까 그
간호사가 들어왔다.

간호사   괜찮으세요?

조시   노아가 말하기 어려운 얘기를 하고 있었어요. 노아
       의 건강에 너무 위험한 거라면 여기서 이야기를 그
       만둬도 괜찮습니다.

노아   아뇨…, 전 꼭 얘기해야 돼요. 괜찮아요. 그냥 울고
       있어서 그런 거예요.

간호사가 다가와 모니터의 알람을 무음으로 바꿨다. 간호사
는 노아를 바라봤고, 노아는 괜찮다며 고개를 끄덕였다. 간
호사가 다시 나가자, 노아는 마음을 가라앉혔다.

노아   이미지들과 흐릿함만 남은 건 아니에요. 그건 저
       자신을 기만하려는 수작이었어요. 일부는 분명히
       기억하거든요. 제가… 제가 제이컵 위에… 그의 몸
       안에 있었어요. 제이컵은… 의식이 없었는데…, 그
       는 의식이 없었어요, 조시.

불안이   맙소사.

침착이   잠자코 들어보자.

노아   저는 취해서 제정신이 아니었고, 그 마약의 힘에
         완전히 사로잡혀 있었어요. 그렇지만… 저는 제이
         컵 안에 있었고 그는 의식이 없었어요…. 의식을
         잃었는데….

노아는 공포에 질린 얼굴이었다. 그는 앉은 채 몸을 둥글게
말아 태아 자세를 취하고 있었다.

노아   전 계속했어요…. 그냥 계속….

비평가   제이컵을 강간한 거야.

이제 노아는 엉엉 울고 있었다.

탐정   젠장.

노아   그러다 제이컵이 깨어났는데…, 눈에 공포가 가득
         했어요. 그는 무슨 일이 일어났는지 알고 있었어
         요. 저도 무슨 일이 일어난 건지 알았고요….

심장이 쿵쾅거리고 귀를 찌르는 듯한 이명이 들려왔다. 충
격에 빠진 내게 남은 건 혀끝에서 타오르는 한 단어로 된 질
문밖에 없었다.

조시   제게 털어놔준 건 고마워요. 그런데 노아, 이건 꼭
         물어야겠어요…. 왜 그랬죠?

노아는 눈물을 닦고 코를 풀었다.

노아   저도 모르겠어요. 아마 충동이었던 것 같아요. 모
         든 게 너무 순식간에 벌어졌어요. 그 힘…. 저의 일

부는 제게 힘이 있다고 느꼈어요. 이성적이고 선한 부분이 아니라, 저도 알지 못했던 저의 동물적이고 악한 부분이요. 저는 그걸 제게서 분리하고 그 사악한 부분의 탓으로 돌리고 싶었어요. 제 외부에 있는 것에게 비난을 돌리는 게 더 쉬우니까요. 하지만 그 짓을 한 건 저였어요, 제가… 그랬어요. 이게 제가 저 자신을 견디며 살 수 없는 이유예요.

조시 무척 후회하는 것처럼 들리네요. 당신이 한 일에 눈을 감아주는 건 아니지만, 당신이 목숨을 끊으려는 시도가 해결책이라고는 생각하지 않아요. 후회와 지독한 죄책감은 더욱 관심을 가져야 할 당신의 한 측면을 보여주죠. 당신이 시간과 주의를 기울여야 할 곳은 바로 거기예요.

노아 제가 아버지에게서 사악함을 물려받은 거라고 생각하세요?

비평가 넌 자기 행동에 책임을 져야 하는 다 큰 성인이야. 넌 젊은 남자를 강간했어. 책임을 지라고!

분석가 넌 여전히 노아의 치료사야.

다정이 이 친구는 자살을 시도했어. 아직 몹시 위험한 상태야.

침착이 지금으로서는 그를 무조건 긍정적으로 보기가 어렵군.

조시 우리 행위와 행동에 대한 책임은 우리 자신에게 있어요. 제가 보기에 당신은 자기가 한 행동에 대해 아무 일도 못 할 정도로 무거운 가책을 느끼고 있어요. 당신이 걱정돼요. 죄책감과 우울증이 그렇게 기승을 부렸던 것도 바로 이 비밀 때문이었던 것 같군요. 제게 이야기해준 것 고맙게 생각해요. 솔직히 듣기가 쉽지는 않았지만….

불안이   정말 내키지 않지만 이 얘기는 꼭 해야 해.

조시   그 후 무슨 일이 있었죠? 제이컵이 경찰에 신고했나요?

노아는 이불을 끌어당겨 얼굴을 덮었다. 그는 이제 아기처럼 되었다.

노아   아뇨, 아무 일도 없었어요. 전 그에게 전화해서 속죄하려 했었어요. 하지만 아무 일도 없었어요. 제이컵이 사람들한테 그 얘기를 한 모양이에요. 모임에서 만난 친구들이 그 후로 모두 저를 모르는 척하는 걸 보면 말이에요. 그들은 저를 끊어버렸어요.

탐정   이거 봐…. 우리 이 일 신고해야 돼.

생리   나 속이 메슥거려.

조시   이건 심각한 범죄예요, 노아.

노아   아, 제발… 안 돼요! 그러면 저 체포될 거예요!

조시   노아, 저에게는 꼭 지켜야 하는 직업상의 의무가 있어요.

직관 그만해! 이 친구는 현재 자살 감시 상태라고.

심박수 모니터의 경고음이 다시 울렸다. 노아는 침대 위에서 몸부림치고 버둥거리기 시작했다. 팔에서 주삿바늘을 빼고 주사대를 밀었고 주사대는 바닥으로 쓰러지며 시끄러운 소리를 냈다. 몇 초 만에 간호사 세 명이 방 안으로 들어와 노아를 제압해 침대에 다시 눕혔다.

간호사 선생님은 가주셔야겠습니다.

나는 충격에 휩싸여 벌떡 일어났고, 문까지 벽을 짚고 걸어서 밖으로 나갔다. 세 간호사가 위에서 노아를 누르고 그의 비명 소리가 퍼지는 걸 막았다.

불안이 아우. 완전 엉망이 돼버렸어.

나는 복도를 걸어가다가 화재 비상구 문을 밀고 바깥으로 나갔다. 심장이 쿵쾅거리고 있었다. 나는 눈을 감고 마음을 진정시키려 애썼다.

심리치료실에서 심각한 범죄 사실을 알게 되었을 때, 특히 가해자의 고백을 통해 알게 된 경우에는 신고하는 것이 치료사의 윤리적 의무다. 내 내담자 중에는 법을 어긴 이가 많았지만 대부분 '경범죄'로 볼 수 있는 경우였고, 나는 내 판단과 자유재량에 따라 가벼운 범죄는 대체로 신고하지 않았다. 3년 전에 공원에 쓰레기를 버렸거나 16살짜리 동생의 부탁으로 술을 대신 사준 일을 신고한다고 해서 치료상으로 얻을 수 있는 이점은 없다. 하지만 노아는 누군가를 성폭행한 것이고, 이는 신고하지 않고 덮어둘 수 없는 심각한 범죄다. 내 배 속에 퍼져나가던 그 메슥거리는 느낌은 바로 이 때문이었다. 나는 깊은 심적 갈등을 느꼈다. 고백을 듣자마자 폭발했던 노아에 대한 본능적 반감도 있었지만, 깊이 후회하고 있고 자살 욕구를 느끼는 결함 있는 젊은이로서 전체적으로 바라보려 하는, 예전부터 견지해온 시각도 남아 있었다. 이 혼란스러움에 머리가 지끈거렸다.

나는 다시 안으로 들어가 노아의 위기관리팀에게 긴급회의를 제안했다. 기밀유지 약속을 깨야만 한다는 게 마음을 무겁게 했다. 치료자와 내담자 사이에 신성한 신뢰를 잃는다는 건 슬프고 안타까운 일이다. 나는 그 이야기를 노아의 간호팀에게 전했고, 그 순간 우리의 신뢰 관계는 깨져버리고 말았다. 이어서 위기관리팀장이 경찰에 정보를 제공할 것이고, 그들은 함께 노아를 위해서 가장 안전한 계획을 세울 터였다. 나는 마치 저주받을 뭔가를, 그러니까 끔찍한 죄책감과 책임감을 그들에게 떠넘기는 느낌이었다. 물론 이성적으로는 나도 그게 사실이 아니라는 건 알고 있었지만 말이다. 나는 노아의 비밀을 폭로한 데 대해 직업상의 죄책감을 느꼈지만, 여전히 노아가 고백 이후에 자신의 곤경을 잘 헤쳐나가고 충만한 삶을 일궈갈 수 있으리라는 희망은 버리지 않았다. 자기 죄의 무게에 짓눌리지 않고 개인적으로 속죄하고 스스로 구원을 얻을 수 있으리라는 희망을.

노아는 자기가 한 행동 때문에 모든 걸 잃게 될 터였다. 직장, 갓 자리 잡은 새로운 터전, 그리고 그가 수감되든 입원하게 되든 일시적으로는 그의 독립성까지. 나는 노아에게 화가 나고 몹시 실망했지만, 앞으로 그런 일들이 그를 기다리고 있다는 사실이 내게 유쾌할 리도 없었다. 나는 또한 제이컵도 자신이 겪은 트라우마에 대한 적절한 지원을 받았기를 바랐다.

심리치료가 효과가 없을 때

나에게 유독 애석하게 들리는 말이 있다. "나도 심리치료를 받아봤지만, 나에게는 효과가 없었어"라는 말이다. 그리고 나는 이 말을 꽤 자주 듣는다.

이야기를 이어가기에 앞서 분명히 해두고 넘어갈 것이 있다. 심리치료가 효과가 없었다고 해서 당신이 실패한 건 아니라는 사실이다. 심리치료는 하나의 과정이며, 몇 차례 잘 풀리지 않는 경험을 한 뒤에야 자신에게 적합한 치료사나 치료 양식을 찾게 되기도 한다.

우리가 심리치료에 대해 갖고 있는 이미지의 상당 부분은 할리우드가 심어놓은 것이다. 화면에서 본 완벽하게 단선적인 과정은 잊는 게 좋다. 심리치료는 지혜로운 충고를 들려주는 현명한 치료사와 마주 앉아서 몇 달 혹은 몇 년을 보내고 나면, 그 치료사가 당신 영혼 깊숙이 숨겨진 부분을 살펴보고 당신에게 지혜와 깨달음을 안겨주는 식으로 이루어지지 않는다. 심리치료가 항상 당신의 문제를 해결하고 당신을 괴롭히는 것으로부터 당신을 해방하는 극적인 깨달음과 통찰로 마무리되는 것도 아니다. 진짜 심리치료는 혼란스럽고 직면해야 할 여러 문제로 인해 불편한 느낌을 주기도 하고, 때로는 해봐야 아무 소용 없을 것 같다는 느낌도 줄 수 있다.

심리치료가 평탄치 않고 거칠고 복잡하다면, 그런 건 괜찮다. 그래도 당신이 실패하고 있는 건 아니다. 여러 명의 심리치료사와 작업해보고 난 뒤에야 정말로 자기와 잘 맞는 치료사를 만나는 사람도 많으니까. 그건 정상적이고 충분히 예상되는 일이다. 이 역시 실패는 아니다. 심리치료는 흔히 이런 식으로 진행된다. 또한 당신이 현재의 치료사를 떠나 다른 치료사를 찾는다고 해도, 심지어 벌써 다섯 번이나 그랬다고 해도 여전히 당신이 얻는 것과 배우는 것이 있음을 기억하자. 당신은 한 치료사에게서 한 가지를 배우고, 다른 치료사에게 세 가지를 배우고, 또 다른 치료사에게서 열 가지를 배울 수도 있다. 그 모든 배움이 다 의미가 있다. 일관되게 함께할 치료사를 찾지 못했거나 아직 찾는 중이라고 해서, 당신이 실패하고 있거나 시간을 낭비하고 있는 것은 아니라는 것을 명심하자. 심리치료는 시기에 따라 다른 종류의 조력자가 필요할 수도 있으며, 실제로 그런 경우가 많다.

심리치료가 때로 효과가 없는 이유는 뭘까? 가장 흔한 이유는 당신과 심리치료사가 서로 맞지 않거나, 당신이 해결하고자 하는 문제와 심리치료사의 이론적 지향성이 서로 일치하지 않기 때문이다. 다행히 흔한 일은 아니지만, 제대로 훈련받지 못했거나 무능하거나 비윤리적인 치료사 때문에 치료사와 내담자의 관계가 실패하는 일도 있다. 안타깝지만 다른 모든 일에서 그렇듯이, 심리치료에서도 이런 일이 있을 수 있다. 그러나 나는 나쁜 심리치료사는 일반을 벗어난 예외적 존재일 뿐이라고 생각한다.

만약 당신을 별 관심 없는 태도로 대하거나, 준비가 제대로 안 되어 보이거나, 당신의 문제에 관해 잘못된 지식을 갖고 있는 것처럼 보이거나, 일정이나 비용 문제에 관해 비전문가적 태도로 행동하거나, 심리치료에서 당신보다 자신을 더 중시하는 심리치료사와 함께하고 있다면, 더 나은 심리치료사를 만나야 한다. 그런 상황에 대해 해줄 가장 좋은 조언은 그 치료 관계를 깔끔하게 정리하고 끝내라는 것이다. 나쁜 정원사나 나쁜 자동차 정비공에게 계속 일을 맡길 필요가 없는 것처럼, 나쁜 심리치료사와도 계속 함께할 필요가 없다.

하지만 잘 훈련받고 배려심이 깊고 전문적인 심리치료사와 함께하더라도 일이 잘 안 풀릴 수 있다. 심리치료는 열정이 수반되는 직업이다. 심리치료사들은 자기가 하는 일에 대한 믿음을 갖고 있다. 자신이 채택한 치료 양식과 그 양식을 뒷받침하는 이론들에 대한 신념이 있다. 그들은 그 양식과 이론을 때로는 감정적으로도 열렬히 신봉한다. 그건 좋은 일이지만 그렇다고 해서 그 치료사가 믿는 치료법이 당신의 상황에도 잘 맞으리라고 보장할 수는 없다. 공황발작과 강박장애 치료에 대한 훈련을 충분히 받았고 열정이 넘치는 치료사를 만났을 때야 나도 비로소 치료에 진전이 있었다. 그렇다고 나를 담당했던 다른 치료사들이 나쁜 치료사였다는 뜻은 아니다. 단지 그들과 내가 잘 맞지 않았을 뿐이다.

모든 심리치료가 똑같은 게 아니다. 상대적으로 수동적인 성격을 띠는 치료 양식들도 있는데, 이런 경우 치료사는 당신이 스스로 자신의 길을 찾아가는 동안 조용히 당신의 생각을 되비춰주는 가이드 역할을 한다. 그런가 하면 치료사가 더 주도적이거나 지도적으로 치료의 속도나 주제를 정하도록 요구하는 치료 양식들도 있다. 여기에 더해 우리는 성격적 요인도 고려해야 한다. 만약 당신이 독립적이고 자립적인 것을 더 좋아한다면, 권위적이고 지시적인 경향이 강한 치료사와는 잘 맞지 않을지도 모른다. 그러나 이러한 치료사는 명확한 지시에 더 잘 반응하고 적극적으로 이끌어 주는 사람이 필요한 사람에게는 아주 잘 맞을 수 있다. 여기서는 개인적 선호, 성격 유형, 행동 양식이 모두 의미가 있으며, 옳은 것도 그른 것도 없다.

우리는 또한 치료사들도 인간일 뿐이며, 인간은 누구나 결점이 있다는 것도 인정해야 한다. 그런 결점을 의식해도 괜찮으며, 당신이 그들의 결점을 참아낼 필요는 없다. 때로 그 결점들이 우리의 치료 경험과 결과에 영향을 미친다면 우리는 그에 대처해야 한다. 당신의 치료사가 과격하고 학대적인 나르시시스트라는 말이 아니라, 그들이 당신의 심기를 거스를 수도 있다는 말이다. 그런 일은 일어날 수 있다. 그럴 때 당신이 실패하고 있다거나 뭔가 잘못하고 있다고 생각하지 마시라. 사실 이런 상황에 봉착하고 나면 당신이 성격적 측면에서 어떤 치료사를 원치 않는지를 깨달을 수 있다. 그 역시 가치 있는 정보가 된다.

때로는 두 사람 사이의 치료 관계가 그냥 잘 풀리지 않을 때도 있다. 그건 누구의 잘못도 아니다. 잘잘못을 따지거나 비난하는 데 시간과 에너지를 낭비할 필요가 없다. 내 친구 중 몇 명은 로쿰이라는 튀르키예식 젤리를 좋아한다. 나는 친구들이 좋아하는 것을 괜찮다고 생각하지만, 나는 그 친구들만큼 그 젤리를 좋아하지 않는다. 우리는 생각이 다를 수 있으며, 그게 누군가의 잘못이나 실패인 것은 아니다. 치료사와의 관계에서도 마찬가지다. 그럴 때는 어떻게 되는 걸까? 당신은 심리치료가 별 효과가 없다고 느끼면서도 상황을 바꾸기 어렵다고 느낄 수 있다. 그 치료사를 떠나 새로운 치료사를 찾아야겠다고 생각할 수도 있다. 아니면 당신에게 효과가 없는 부분에 관해 치료사와 이야기를 나눠보고 싶을 수도 있다. 당신의 치료사가 어떤 일을 하는 이유를 묻고 싶을지도 모른다. 아무런 진전이 없는 것 같아서 좌절감을 느끼고 있는 상황일 수도 있다. 뭔가를 바꿔야 한다는 걸 알면서도 아무 말도 하지 않고 그냥 마음을 굳건히 하고 넘어가려 애쓸 수도 있다.

어쩌면 당신은 치료사가 느끼는 감정에 대해 책임감을 느낄 수도 있고, 그래서 그들의 마음을 상하게 하거나 모욕하게 될까 두려워서 해야 할 말을 못하거나 상황을 바꾸지 못할 수도 있다. 이런 오류는 흔히 일어난다. 심리치료사들도 당연히 사람이고, 다른 모든 사람과 마찬가지로 친절과 존중으로 대해야 하지만, 당신이 심리치료사의 감정을 책임져야 하는 건 아니다. 절대로 그렇지 않다. 당신의 치료사는 세션에서 자신의 감정을 처리하고, 자신이 아니라 당신에게 초점을 맞추도록 훈련받은 사람이다. 당신이 치료사와 단절된 느낌이 든다거나, 치료가 효과가 없다거나, 치료에 진전이 없어서 답답하다고 말한다고 해서 치료사의 마음에 상처를 주는 것은 아니다. 당신이 치료 관계를 끝내고 새로운 치료사를 찾기 원한다고 해도 치료사는 모욕을 느끼지 않는다. 당신에게는 치료사의 감정과 반응을 돌볼 책임이 없으니 그런 걱정은 하지 않아도 된다.

사람들은 항상 변호사, 회계사, 의사, 치과의사도 바꾼다. 치료사를 바꾸는 게 이롭다고 생각한다면 물론 바꿔도 된다. 그렇게 해도 당연히 괜찮다. 그런 의사 표현을 해서 치료사가 어떤 감정을 경험하든, 그 감정은 당신과의 관계 바깥에서 그가 처리해야 할 몫이다. 그러지 못한다면 그건 그들의 실패이지 당신의 실패가 아니다. 당신이 치료사의 성품이나 그들의 조상을 들먹이며 길고도 모욕적인 열변을 쏟아내지만 않는다면 괜찮다.

사람들이 효과가 없는 치료 관계에서 빠져나오지 못하는 또 다른 상황은, 그들이 해결하고자 하는 문제가 다른 사람의 비위를 맞추는 성향이나 권위적 인물에게서 인정을 구하는 일인 경우다. 자연스레 치료사는 당신과의 관계에서 힘을 지닌 위치에 있다. 그들에게는 권위가 있다. 당신이 도움을 얻기 위해 그들을 찾아간 것이기 때문이다. 당신이 남들 비위를 맞추는 성향 때문에 힘들어하거나, 당신 인생에서 '중요한' 사람들의 인정에 대한 욕구가 강한 사람이라면, 치료사를 의심하거나 그들을 떠나는 것이 아주 어려운 일일 수 있다. 당신이 '반항적'이거나 '배은망덕'하게 보여 그들의 인정을 잃게 될까 봐 두려워하기 때문이다.

치료사가 제공하는 도움의 효과와 당신의 안위에 관해 치료사에게 솔직히 말하는 것은 반항적이거나 배은망덕하거나 의리 없는 행동이 아니다. 자신을 옹호하는 것은 당연히 해도 되는 일이다. 좋은 치료사라면 당신이 그러기를 원하며, 그럴 때 환영하고 격려할 것이다. 치료사는 치료 관계의 힘의 역학을 감지하고 그것이 문제가 되지 않게 하도록 훈련받는다. 그들은 당신이 자기를 우러러보거나 우상화하거나 자기에게 충직하기를 원하지 않는다. 그건 사이비 종교 교주나 원하는 일이다. 치료사들은 사이비 종교 교주가 아니며, 그런 존재가 되려 해서도 안 된다. 당신이 치료사의 인정에 목말라 한다면, 이는 그리 드문 일도 아니므로 치료사는 당신의 그런 욕구를 알아차릴 수 있다. 하지만 치료사는 당신을 인정하는 것이 아니라 당신을 수용하고 격려하기 위해 존재하는 사람이다. 당신과 치료사가 잘 맞지 않거나, 치료사가 당신의 문제를 효과적으로 해결하지 못해서 치료가 진전되지 않는 상황에 처해 있다면, 그 상황을 바꾸는 것은 전혀 잘못된 일이 아니다. 갑자기 치료가 샛길로 빠진다거나, 당신이 원하거나 필요로 하는 도움을 받지 못한다고 느낀다면, 그 생각을 말하는 것이 중요하다.

심리치료를 해도 효과가 없으면 마음이 답답하고 속이 상할 수 있다. 거대한 걸림돌에 부딪힌 느낌, 혹은 그간 해온 노력이 모두 물거품이 된 듯한 느낌이 들 수 있다. 나도 그런 감정들을 알고 있다. 그런 감정을 느껴도 괜찮고, 표현해도 괜찮다. 단지 그게 실패가 아니라는 것, 치료 과정은 때로 평탄치 않을 수 있으며, 효과가 없었던 경험도 종종 우리에게 치료 과정이나 자신의 구체적인 문제나 우리 자신에 관한 전반적인 가르침을 줄 수 있다는 것만 잊지 말자.

심리치료를 받았는데도 효과가 없었다면, 시간을 두고 그 상처를 추스르고 자기가 신뢰하는 사람에게 그 일에 대한 당신의 감정을 털어놓자. 한동안 심리치료를 안 하고 싶다고 느낄 수도 있다. 그것도 좋다. 자신에게 필요한 만큼 시간을 갖자. 그런 다음 준비가 되었다면, 다시 말에 올라 달려보자. 자신의 모습 그대로 도움을 구하는 것은 용감한 행동이며 그렇게 인정받아야 할 일이다. 자신에게 이로운 일을 하는 것은 완벽하거나 멋진 일이 아니더라도, 결코 나쁜 일일 수는 없다.

# #
대프니 5

상담실 문에서 이상한 소리가 났다. 노크가 아니라 살짝 발로 차는 듯이 둔탁한 쿵 소리였다. 문을 열었더니 각종 시상식에서 상을 휩쓴 배우가 커피 두 잔을 들고 서 있었다.

다정이 아, 이 아름답고 사려 깊은 행동이라니⋯.

침착이 이 순간을 머릿속 사진으로 꼭 남겨두겠어.

대프니 만반의 준비를 하고 왔어요!

게다가 대프니는 머리도 단정하게 자르고 왔다.

조시 고맙습니다. 정말 사려 깊으시네요. 들어오세요. 귀를 아래로 내리셨나 봐요?

대프니 아니, 그런 구닥다리 농담을 하시다니. 그래요, 헤어스타일 좀 바꿔봤어요.

대프니는 테이블에 커피잔을 내려놓았다. 머리 스타일뿐 아니라 옷도 다르게 입었다. 평소보다 훨씬 편안한 차림이었다. 그런데도 강렬한 인상을 남기지 않는 것은 대프니에게는 불가능한 일인 것 같았다.

조시 어떻게 지내셨나요?

대프니 그럭저럭 잘 지내고 있어요. 머릿속에는 여전히 수많은 질문이 소용돌이를 일으키고 있지만…. 그래도 놀라울 정도로 괜찮게 지내요.

조시 지난 세션에서 우리가 몇 가지 중요한 주제를 다루었던 것 같은데요.

대프니 그래요. 그런 것들을 탐색하도록 내 말을 들어주고 격려해준 당신에게 감사해요. 얘기하고 나니 나를 짓누르던 무게가 가벼워졌고, 그 이후로는 이상하게도 그에 관한 생각이 별로 나지 않았어요. 급속히 이뤄진 나의 변신에 관해 곰곰이 생각하기에는 요즘 내가 너무 바쁘기도 하고요.

조시 충분히 이해됩니다. 그런데 변신…인가요? 진전이 아니라?

대프니 당신이 어떤 단어로 정의하든 부인하지 않겠어요. 어쨌든 지난 한 달간 당신에게서 아주 큰 도움을 받았으니까요. 하지만 내가 선택할 수 있다면, 그

411

거… 뭐죠? 내 딸이 자랄 때 내내 봤고, 요즘 우리
막내도 보고 있는 그것…처럼 나를 묘사하는 용어
는 사양할게요.

엉뚱이 포켓몬.

조시 포켓몬이요?

대프니 맞아요! 바로 그거요. 소리를 질러대며 온갖 것으
로 변신하는 것들요. 당신 취향에는 잘 맞을 수 있
겠지만, 나는 포켓몬이 아니에요. 하지만 당신이
나의 성장을 인정하고 기쁘게 여겨서 하는 말이란
건 잘 알아요.

대프니는 커피를 길게 한 모금 마셨다.

대프니 아쉽지만 오늘은 오래 있을 수 없어요. 오늘 밤 마
지막 공연이 있거든요. 공연에 정말로 오고 싶지
않아요? 내가 객석 앞쪽에 좋은 자리를 마련해줄
수 있는데…. 그런데 옷은 좀 점잖게 차려 입고 와
야 해요.

비평가 허허. 바지 갈아 입었어야 했는데….

우리는 함께 웃었다.

조시 공연이 끝나는 것에 대해선 어떤 느낌이 드세요?
오늘 밤 제가 공연을 보러 가지 못하는 건 정말 아
쉽습니다. 하지만 엄격한 바운더리가 없다면 치료

세션은 온전히 유지되지 못할 거예요. 지켜야 할 직업적인 선이 있거든요. 아무리 짜증 나는 선이라도요. 저도 갈 수 있다면 정말 좋겠어요.

대프니가 눈을 굴렸다.

대프니 이해해요.

조시 당신의 초대는 제가 심리치료사로서 인정받는다고 느끼게 해주었어요. 그 점은 꼭 말씀드리고 싶네요. 그리고 그 인정은 당신이 제게 줄 수 있는 어떤 선물보다, 초대권보다 훨씬 좋습니다.

비평가 난 네가 거짓말쟁이란 걸 증명하려고 최선을 다했지만, 이번만은 네 말이 맞아. 넌 심리치료사라는 네 역할을 진심으로 소중하게 여기지.

대프니는 깊은 이해심이 담긴 눈으로 나를 바라보았다. 나는 내 말이 얼마나 진심에서 우러난 것인지 대프니에게 잘 전달되었기를 바랐다. 대프니의 얼굴에 담긴 멋진 미소를 보니 똑같이 미소 짓지 않기란 불가능했다.

대프니 이 공연을 한 건 여러 면에서 정말 좋은 일이었어요. 이 세션에 나오기 시작한 뒤로 내가 아주 다양한 마음가짐으로 내 캐릭터에 접근하고 있더라고요. 최근에 떠오른 연극에 관한 아이디어들을 시도해보는 것도 정말 신나는 일이었고요. 맨체스터에서 보낸 시간은 모두 정말 좋았어요.

나는 활짝 웃으며 남은 커피를 비웠다.

대프니   우리의 세션이 이렇게 갑작스럽게 끝나게 된 게 정
         말 안타까워요. 나는 곧 떠나야만 하거든요. 늘 해
         오던 대로 매체들과 잡혀 있는 일들을 해야만 해
         요. 마지막 날 밤은 항상 힘들어요. 내 부탁 하나 들
         어주면 안 될까요? 런던으로 같이 가서 나의 전담
         심리치료사가 되어줄 수 없나요?

생리   지금 조시의 배 속에서 나비 전시관이 개장하고 있습니다!
       놓치지 마세요!

조시   정말 영광스러운 말씀이네요. 하지만 저는 맨체스
       터에 사는 게 좋습니다. 여기가 제 고향이거든요.
       제가 추천해드릴 만한 런던의 아주 훌륭한 심리치
       료사를 여럿 알고 있어요. 당신이 사는 곳 가까이
       에 당신이 편안하게 느낄 수 있는 누군가와 안전한
       공간을 마련해두는 걸 적극 추천합니다. 비밀도 꼭
       지켜질 테고요. 전문가답지 않은 사람이라면 제가
       추천하지 않을 테니까요.

분석가   다른 여러 치료 양식의 다양한 관점과 방식을 접한다면 대
         프니에게도 이로울 거야.

대프니는 우리의 치료 관계가 이제 곧 끝나리라는 걸 갑자

기 깨닫고 충격을 받은 모양이었다. 눈이 커졌고, 초조하고 불안해하는 걸 느낄 수 있었다. 대프니는 비행기에 오르기 직전에 뭔가를 말할 마지막 기회를 얻은 사람처럼 나를 바라보았다.

대프니 당신 덕에… 안전하다고 느낄 수 있었어요. 누군가 진심으로 내 얘기를 들어주고, 진짜 나를 봐주었다고 느꼈어요. 그리고 공적인 페르소나의 가면 없이도 내가 존재한다는 걸 느끼게 해주었고요. 그리고 내가 올라서 있다고 믿었던 동상 받침대가 그렇게 높지 않다는 걸, 내가 원할 땐 언제든 거기서 내려와도 된다는 걸 가르쳐줬어요. 내가 나를… 인간으로 느끼게 해줬고, 덫에 갇혀 있다는 느낌을 덜어 내줬어요. 또 희망을 볼 수 있게 도와줬고요. 당신의 무조건적인 관심에 감사해요. 그게 얼마나 강력한 경험이었는지 당신은 결코 모를 거예요.

대프니가 눈물을 흘렸다. 그러더니 또 곧바로 웃기 시작했다. 인간의 가장 강력한 두 감정이 서로 부딪히며 지배권을 차지하려는 상황이 빚어낸 눈물과 웃음의 아름다운 칵테일이었다. 그 모습은 내가 그 순간까지 심리치료사로서 나 자신에게 느껴왔던 거의 모든 회의를 걷어내주었다. 대프니의 반응은 심리치료에서 거둘 수 있는 가장 순수한 형태의 대

415

성공이었다.

대프니 지난주에는 밤에 공황을 느낀 적이 한 번도 없었어요. 계속 아주 잘 잤죠. 당신이… 그리울 거예요, 조슈아.

직관 그렇게 말해도 괜찮아.

조시 저도 당신이 그리울 겁니다.

# #
진공청소기

나는 새로 산 진공청소기를 뿌듯하게 들고서 맨체스터 시내를 걷고 있었다. 집에 도착해서 이 기계를 처음 사용해볼 생각에 정말로 신이 났다. 한편으로는 가전제품 하나에 이렇게까지 흥분한다는 건 내가 성인기의 삶에 확고히 안착했다는 의미라는 걸 인정하고 있었다. 도심 거리에는 들뜬 기운이 감돌고 있었고, 대로와 골목길과 광장을 지나는 동안 변해가는 다양한 소리와 냄새가 뒤섞이며 내 감각 속으로 들어왔다. 거치적거리는 진공청소기를 든 채로, 나는 맥주를 마시려고 옥스퍼드 로드에 있는 단골 술집으로 들어가 테이블 사이를 지나 자리를 잡았다.

도망이 우린 맥주 한 잔 마실 자격이 있다고!

바텐더가 내가 들고 있는 물건을 쳐다봤다.

바텐더　그 친구는 뭐예요?

조시　아, 무시하세요. 그냥 다 빨아들이는 녀석이죠.

바텐더　(눈을 굴리며) 와우.

바텐더는 IPA라는, 허세 가득한 이름이 붙은 에일을 한 잔 따라 내 앞에 놓았다. 바텐더와 한동안 이런저런 잡담을 나누고는 주크박스에서 노래를 골랐다. 스톤로지스와 도브스 같은 맨체스터 밴드들의 노래를 듣다가 재즈도 좀 들어보려고 존 콜트레인의 곡도 골랐다. 나에게 심리치료사로서 기대하는 바가 전혀 없는 상대방과 대화를 나누는 건 즐거운 일이다. 하지만 나는 바텐더도 그렇고 미용사나 마사지사, 그 밖에도 내밀한 공간에서 고객이 편안한 마음 상태를 유지하도록 해야 하는 다양한 직군에서 일하는 사람들도 무의식적으로 심리치료사 같은 역할을 하고 있다고 생각한다.

　　에일을 두 잔 하고도 반 잔쯤 마셨을 때 주크박스에서 저스틴 비버의 노래가 나오기 시작했다. 바텐더는 라임을 썰다가 고개를 들고 한쪽 눈썹을 치켜 올렸다. 내 크레딧이 동이 나자 자동재생 모드로 넘어간 터였다.

바텐더　윽, 또 이 노래네. 몇 달 전 어떤 이상한 손님이 주크박스에 5파운드를 넣고, 이 노래만 다섯 번 연달아 나오게 틀어놓고 가버렸지 뭐예요.

엉뚱이 ㅋㅋㅋ

조시   비버 꿀통!

바텐더는 생각에 잠긴 듯 미소를 지었다.

바텐더   맞아요. 우리도 그렇게 불러요.

나는 남은 에일을 다 마시고 집으로 가려고 자리에서 일어났다. 저스틴 비버의 노래도 끝나가고 있었고, 나는 바텐더에게 손을 흔들어 '고마워요'와 '잘 있어요'를 동시에 표현했다.

바텐더   또 봐요.

나는 진공청소기를 들고 문가까지 터덜터덜 걸어갔다. 문 너머에서는 맨체스터가 우리를 기다리고 있었다.

조시   가까운 시일 내에는 어려울걸요!

저스틴 비버가 다시 노래를 시작했다. 아까 그 노래였다. 두 번째 재생인데, 앞으로 세 번 더 나올 것이다. 바텐더는 들고 있던 과도를 떨어뜨리고 차렷 자세를 취하더니 한숨을 쉬었다.

조시   이번 비버 꿀통은 바로 저거든요!

바텐더   안돼애애!

나는 웃으며 밖으로 걸어 나왔다. 바텐더는 고개를 절레절레 흔들었지만, 빠져나올 때 얼핏 보니 분명 미소를 짓고 있었다.

버스정류장까지 걸어가는 길에 익스체인지 극장 앞을 지나게 되었다. 밖에 걸린 거대한 포스터에 대프니를 비롯한 출연진의 모습이 실려 있었다. 포스터의 가장자리는 반짝이는 전구들로 장식되어 있었고, "라이어버드, 오늘밤 마지막 공연"이라고 적혀 있었다. 잘 차려입고 극장 밖에 줄서 있는 사람들과 극장 바에서 시간을 보내고 있는 사람들의 웅성거림이 들렸다.

조시   공연이 잘 마무리되길 바랍니다. 대프니, 동상 받 침대에서 뛰어내릴 때는 꼭 다리를 하나 부러뜨리시고요.*

태양이 높은 사무실 건물 뒤로 넘어가면서 눈부신 주황빛을 거리에 비추고 있었다. 대프니의 일시적인 체류도 거의 끝나간다. 나는 뒤섞인 여러 감정을 느꼈지만, 그중 가장 두드러진 감정은 색다른 형태의 자부심이었다. 나는 거치적거리는 진공청소기 박스를 들고 극장 밖의 북적거리는 사람들 사이를 지나갔다. 모퉁이에 다다르자 가죽 재킷을 입은 음침하게 생긴 남자가 나를 불렀다.

암표상   오늘밤 공연 티켓 필요하슈?

조시   아, 그 값을 치르려면 팔다리 몇 개는 더 내놔야 하

• 공연을 앞둔 사람에게 행운을 빈다는 의미로 "다리를 부러뜨려요"라고 말한다. "행 운을 빌어요"라는 말이 반대로 불운을 가져온다는 미신 때문에 생긴 언어 관습이다.

는 그런 티켓 말이죠?

암표상　진지하게 하는 말이오. 당신 친구 표는 못 구해주겠지만….

그가 내 진공청소기로 눈알을 굴리며 말했다.

조시　안됐지만 관심 없습니다.

나는 버스 정류장을 향해 걸으며 어깨 너머로 돌아봤다. 내가 탈 버스가 모퉁이를 돌고 있었고, 그 버스를 타려면 서둘러야 했다. 거리를 따라 뛰어가는 동안 박스에서 리드미컬한 소리가 났다. 버스가 정류장에 가까워지고 있었고 나도 이대로 가면 시간 안에 도착할 것 같았다. 그런데 갑자기 발이 튀어나온 보도블록에 걸렸다. 넘어질 뻔하다가 다시 균형을 잡기는 했지만, 그러는 동안 들고 있던 박스를 손에서 놓쳤고, 박스는 보기 좋게 길 위를 슬라이딩했다. 이층버스는 옆으로 슈욱 지나가 버렸고, 남겨진 나는 바닥만 빤히 쳐다봤다. 나는 두 손을 엉덩이에 대고 크게 한숨을 내쉬었다. 어깨 너머로 방금 걸어온 방향을 돌아보았다. 직관이 시킨 건지, 술 때문이었는지, 아니면 버스를 놓친 짜증 때문이었는지는 모르겠으나, 나는 불쌍한 진공청소기를 질질 끌고 암표상에게로 돌아가고 있었다.

조시　얼맙니까?

나는 터무니없이 높은 가격에 암표를 산 다음 극장 로비로 들어가 휴대품 보관실 직원에게 진공청소기를 맡겼다. 북적거리는 로비는 짜릿한 흥분과 기대로 가득했다. 아름다운 샹들리에와 레드 카펫이 로비의 주인공이었다. 나는 공연 안내 책자를 휘리릭 넘기며 출연진 소개를 대충 훑어봤다. 감독이자 배우이자 이 공연을 이끄는 스타인 대프니가 책자 여기저기서 얼굴을 비치고 있었다.

탐정　　대프니가 데이트했다던 그 사람이 누군지 궁금한데?

침착이　상관없잖아. 안 그래?

탐정　　맞아. 그냥 궁금한 것뿐이야.

샘리　　인간적인 호기심이지.

공연 시작을 알리는 소리가 나자 안내원들이 일사불란하게 나타나 안내하기 시작했고, 관객들은 각자 자기 자리를 찾아갔다. 예상치 못한 건 아니지만 암표상이 내게 판 티켓의 자리는 높은 위치의 갤러리석이었다. 하지만 다행히 이 공연장은 한가운데 무대가 있고 객석이 무대를 빙 둘러싼 구조였다. 내 자리는 아주 높은 곳에 있었지만 그래도 무대가 아주 잘 보였다. 게다가 주변이 깜깜한 덕에 나는 몰래 가져온 슈퍼마켓 와인도 홀짝거릴 수 있었다. 연극이 시작됐다. 기대로 마음이 설렜다.

　대프니는 영혼을 사로잡을 정도로 굉장한 연기를 펼쳤다. 나는 연극을 보는 내내 입을 다물지 못했다. 대프니가 실제로 연기하는 모습을 두 눈으로 보는 것은 집에서 TV 앞에 널브러져 대프니의 영화를 보는 것에 비할 수 없었다. 몇 번은 상담실에서 내가 알던 대프니의 모습이 보이는 것 같기도 했다. 특히 대프니가 어두운 갤러리석 쪽을 볼 때 그랬다. 한번은 대프니가 나를 똑바로 쳐다보는 것처럼 느껴진 적도 있었다. 그 순간 나는 현재와 상담실 사이에 존재하는 중간 세계로 옮겨 간 느낌이 들었다.

극장을 나서는데 비가 억수같이 쏟아지고 있었다. 이래야 맨체스터지. 나는 시내를 좀 거닐기로 했다. 진공청소기는 밤새 휴대품 보관실 신세 좀 진다 해도 문제 되진 않겠지. 나는 비가 내릴 때 시내를 걸어 다니는 걸 좋아한다. 빗속 산책은 내가 좋아하는 필름누아르들을 떠올리게 한다. 이럴 때 난 종종 걱정을 다 놓아버리고, 내가 〈블레이드 러너〉나 〈L. A. 컨피덴셜〉이나 〈빅 슬립〉 같은 영화 속에 있다고 상상한다. 길을 거니는 동안 한 시간 정도 흘러갔다. 노점에서 팔라펠을 사 먹고 노던 쿼터를 거닐었다. 술집과 레스토랑의 불빛이 휘발유가 뒤섞인 길바닥 물웅덩이에 비쳐 물결무늬를 만들고 있었다.

피곤해져서 집으로 향하는 좁은 골목으로 들어섰다. 어두운 색의 우산들로 이루어진 벽이 내 앞길을 막고 있는 걸 보니, 이 길에도 잘 알려지지 않은 아늑한 술집이 있는 모양이었다. 화재 비상구 밖에서 한 무리의 사람들이 모여 우산을 나눠 쓰고 담배를 피우며 이야기를 나누고 있었다.

조시   실례합니다. 좀 지나갈게요.

우산들이 갈라지면서 진하게 무대 분장을 한 쾌활한 사람들의 모습이 드러났다. 한 사람이 다른 사람에게 담배를 건네주고 있었고, 또 다른 누군가는 뭔가 자기들끼리만 아는 재미있는 얘기로 다른 사람들을 즐겁게 해주고 있었다. 나는 천천히 틈새를 벌려주는 그 사람들 사이로 몸을 옆으로 돌려 지나가기 시작했다.

조시   고마워요. 즐거운 저녁 보내세요.

우산 하나가 빙글 돌면서 거의 내 얼굴에 부딪힐 뻔했다.

대프니   조시!

불안이   이건 예상하지 못 한 일인데….

조시   아…, 대프니….

대프니가 나를 조금 떨어진 곳으로 데리고 가더니 자신의 커다란 우산을 내게도 씌워주었다. 담배를 피우고 있었는데, 보기 드물게 쾌활한 모습이었다.

대프니   친구들과 한잔하러 나온 거예요? 이렇게 마주치다니 정말 기뻐요! 목소리 듣고 단박에 당신인 거 알았어요.

분석가   내담자와 밖에서 함께 있는 거야. 조시. 조심해.

다정이   예외적인 일이지만 조시가 잘 대처할 거야.

침착이   네 능력을 믿는다.

조시   아…, 저는 집에 가는 길이에요.

내게서 빗물이 뚝뚝 떨어지고 있는 걸 깨닫고 나는 이마를 닦았다.

침착이   지금 필요한 건 진실뿐이야.

조시   솔직히 말할게요. 당신의 마지막 공연을 보러 갔었어요. 순간적인 충동에 따른 결정이었어요.

우산이 내 어깨에 부딪히는가 싶더니, 대프니가 곧바로 내게 다가서며 등을 꼭 당겨 포옹해주었다.

불안이   어떻게 해야 할지 모르겠어.

엉뚱이   대프니가 널 안아줬어! 세상에 이런 일이!

직관   나 쳐다보지 마….

침착이   나도.

나도 조심스레 대프니를 포옹해주고는 미소를 지으며 포옹을 풀고 뒤로 물러섰다.

대프니   당신이 봐주러 왔다니 정말 기뻐요. 어땠던가요?

조시   정말 굉장하더군요. 축하드려요. 왜 모든 사람이 그 연극을 그렇게 좋아하는지 알겠습니다.

대프니   우리랑 합석할래요? 음식도 술도 끝내주고 이미 계산도 다 끝났어요. 우리 폐막 파티인데, 당신도

425

함께해준다면 영광일 거예요.

조시   아, 저도 그럴 수 있으면 좋겠지만…. 하지만 규칙
         아시잖아요.

대프니   네, 알죠, 바운더리….

대프니가 미소를 지었다.

다정이   당신이 자랑스러워요. 모든 면에서요. 용감하게 당신 자신
         을 드러내는 과감한 도전에 나선 것도요. 게다가 당신은
         놀랍도록 훌륭한 배우예요.

직관   그런 말 하지 마. 위에서 내려다보며 하는 말처럼 들려. 게
         다가 자부심은 대프니의 해로운 신념 체계에서 문제 요인
         이기도 했고.

다정이   하지만 난 정말로 자랑스럽다고! 무조건적으로.

침착이   적절치 않아.

분석가   게다가 관계 역학의 문제까지 끄집어 올릴 수 있지.

다정이   알았어. 자랑스러움은 그냥 속으로만 느낄게.

조시   저는 그냥 가는 게 좋겠습니다, 대프니.

대프니   가기 전에…, 잠깐만 기다려요.

대프니는 나를 우산 속에 남겨두고 화재 비상구를 통해 안
으로 들어갔다. 나는 잠시 어색하게 서 있었다. 배우 몇 사
람이 내 쪽을 쳐다보며 예의 바르게 미소를 지어 보였다. 내
가 누군지 궁금해하는 눈치였다.

대프니가 문에서 뛰어나오더니 다시 우산 밑으로 들어
왔다. 우산을 돌려주려고 팔을 뻗었지만 대프니는 내 팔을
밀어냈다. 그러곤 갑자기 옆으로 돌아서서 기계처럼 딱딱하
게 구부정한 자세를 취했다. 나는 무슨 장면인지 바로 알아
차렸다.

대프니　　지금 그 대사를 하진 않을 거예요. 나도 품위는 지
　　　　켜야 하니까. 하지만….

대프니는 오래된 은색 지포 라이터를 꺼내 뚜껑을 찰칵 열
면서 불을 붙였다.

엉뚱이　이 라이터로 태울 뭐 좋은 거 없을까?!

대프니　　이건 영화에 나온 것과 똑같은 정품이에요. 내 매
　　　　니저한테 찾아서 보내달라고 부탁했죠.

대프니는 라이터를 내 손바닥에 올리고는 내 손가락들을 구
부려 꼭 쥐여줬다.

대프니　　당신 거예요. 고마워요.

나는 그 자리에서 울 뻔했지만, 감사의 눈물은 일단 아껴두
었다. 집에 와서 저녁 내내 신난 어린애처럼 라이터를 열었
다 닫았다 할 때까지는….

# #
노아 5

나는 일정표에 '행정'이라고 표시해둔 시간에 할 일을 지독히 미루며 상담실에 앉아 있었다. 이날 오후 내가 선택한 무기는 심즈라 불리는 게임 속 사람들이 살아가는 일을 돕거나 아니면 가학적으로 수영장에 빠트릴 수도 있는, 심즈3라는 PC 게임이었다. 집배원을 가둘, 문이 없는 벽 네 개짜리 감방을 만드느라 여념이 없을 때 조심스러운 노크 소리가 들렸다. 나는 일어나서 문을 열었다.

조시   노아! …잘 지냈어요?

불안이   뭔지 기분이 꺼림칙한데….

도망이   노아는 지금 정신건강 전문가들의 보살핌을 받고 있는 상태야. 너는 긴 대화를 들어줄 필요가 없어.

다정이 나도 인간이고 노아도 인간이야.

노아 안녕하세요, 조시. 시간 좀 있으세요? 방해해서 죄송해요. 그냥 잠깐 들러 선생님을 만나면 좋겠다고 생각했어요. 혹시 시간적 여유가 좀 되신다면 말이에요.

나는 최대한 잘 둘러 말하려 했다.

조시 미안해요, 노아. 안타깝지만, 우리 둘 다 알다시피 저는 더 이상 당신의 심리치료사가 아니에요. 현재 당신의 치료진에 심리치료사가 배정되어 있잖아요. 마음에 걸리는 게 있다면 그분들과 의논하는 게 적절하답니다.

엉뚱이 기왕이면 네 손으로 노아에게 엄벌을 내리지 그러냐?

비평가 심지어 내 귀에까지 냉정하게 들리는 말이군.

노아 알죠…. 저도 알아요…. 그냥… 분명히 해두고 싶은 게 있어서요. 저 때문에 선생님이 너무 곤란해지는 거라면 그냥 갈게요. 죄송해요. 불편하게 할 마음은 없었는데….

나는 마음의 갈피를 잡을 수 없었다. 나의 내면에 자리한 선입견은 노아가 저지른 성폭행에 대해 강한 반감을 외치고 있었다. 더구나 이건 명백히 직업적 바운더리를 넘어서는 상황이기도 했다. 하지만 내면의 연민도 이 목소리들에 지지 않고 목소리를 높이고 있었다.

비평가 강간범.

다정이 우리는 단 하나로 이루어진 존재가 아니야. 단 하나의 특징으로 우리를 정의할 순 없다고.

비평가 노아는 말 그대로 19세 미성년자를 성폭행했어.

다정이 나는 그렇게 간단명료한 건 아니라고 생각해. 의도적으로 계획하고 한 일도 아니었고.

비평가 너 강간에 대해 변명하는 거야? 그게 그 행동을 용서할 핑계는 아니지. 노아는 성인이고 자기 행위에 대한 책임이 있다고. 강간은 어떤 식으로도 용납할 수 없어.

다정이 맞아. 그건 용납할 수 없는 일이지. 하지만 사람이 범죄를 저질렀다고 해서 영원히 그 사람의 인간성까지 말살해야 하는 거야? 어디까지가 경계선이지? 모든 연민을 철회한다면 속죄의 희망은 어디 있는 건데?

비평가 그는 어쩌면 또 강간을 저지를지도 몰라.

다정이 그건 모르는 일이야.

조시 그럼 들어와요. 몇 분 정도는 시간이 있어요.

우리 둘 다 자리를 잡고 앉았다. 나는 이전 세션들의 역학을 재현하지 않으려고 평소와 다른 의자에 앉았고, 노아도 그런 내 의도를 눈치챈 것 같았다.

노아 제가 경찰에 자백했다는 걸 선생님에게 알려드리고 싶었어요. 그리고 제이컵에게 편지도 보냈어요. 그가 읽을지는 모르지만요. 그에게 용서를 구하려는 게 아니에요. 제가 깊이 후회한다는 걸 보여주려고 쓴 편지였어요. 제이컵이 답장을 보내주리라고 기대하지는 않아요. 그가 왜 굳이 그러겠어요?

노아는 초조해 보였다. 눈을 빠르게 깜빡거렸고 가만히 앉아 있기가 어려운 것 같았다. 그런데도 여기까지 와서 하려고 했던 말을 꼭 하겠다는 단호함도 엿보였다.

조시 그래요… 노아, 당신이 깊이 후회하고 있다는 거 저도 알아요. 가능한 한 바로잡고 싶은 마음도 존중하고요. 그렇기는 하지만 제이컵에게는 더 이상 연락하지 말라고 강력히 권하고 싶네요. 제이컵이 먼저 연락하지 않는 한은요. 우리는 그 바운더리를 존중해야 해요.

노아 제가 그 바운더리를 침범했죠.

나는 자기 잘못을 인정하는 노아에 대한 존중의 표시로 고개를 끄덕였다.

탐정 노아가 왜 감옥에 있지 않은 건지 모르겠군.

조시 경찰에 얘기한 뒤로 어떻게 됐어요, 노아?

노아 며칠 뒤 정신병원에서 퇴원 날짜가 되었어요. 선생님이 오셨던 그 병원이요. 경찰이 저를 체포하려

431

고 기다리고 있더군요. 그리고 제가 구치소에 있는 24시간 동안 그들은 증거를 수집했어요. 제이컵과 파티에 왔던 다른 사람들을 면담하고, 저와도 면담했죠.

노아는 고개를 숙였고 수치심 때문인지 얼굴이 붉어졌다.

노아 제이컵이 고소하지 않기로 한 모양이에요. 저는 죄를 지었다고 분명히 말했어요. 그런데 제이컵은 제가 기소되는 걸 보고 싶지 않다고 했대요. 현재 제이컵은 원하는 증언을 해주지 않아서 검찰에게 '적대적 증인'으로 분류되었고, 저를 계속 구류해둘 충분한 증거가 없는 상태래요. 그들은 제 폭행이 공공에 대한 즉각적인 위협으로 볼 만큼 악의적이지 않다고 보았어요. 하지만 저는 고집을 굽히지 않았죠. 제발 저를 감금해달라고 애원했어요.

조시 왜요? 왜 그런 말을 하셨습니까?

노아 끔찍한 짓을 저질렀으니까요. 검사에게 제가 사회에 위험한 사람이고 처벌을 받아야 한다고 말했어요. 지금 저는 재판 때까지 보석으로 나와 있는 상태예요. 어머니가 저를 보석으로 꺼내주셨어요.

공감이 노아는 자기를 벌하고 있어. 자기만의 방식으로 속죄하고 싶은 거야.

분석가 왜곡된 논리로군.

조시 나름의 속죄를 하려는 거군요. 처벌을 받는다면 기분이 나아질 거라고 생각하세요?

노아 네….

조시 그중 얼마만큼이 범죄에 대한 속죄인가요? 그리고 얼마만큼이 당신을 벌하기 위한 건가요? 제이컵은 고소를 원치 않는다고 말했어요. 제이컵이 어떤 마음일지는 생각해보셨어요?

침착이 살살해….

노아 제이컵이 고소하지 않은 건 애초에 자기가 저한테 마약을 준 것에 대한 죄책감 때문이란 걸 알아요. 하지만 제 잘못이에요. 제가 그를 폭행했으니까요.

조시 당신의 행동에 대해 책임지려는 마음은 존중하지만, 제가 걱정하는 건 당신의 안위만이 아니에요. 훨씬 오래전부터 당신 내면에서 벌어지고 있던 혼란과 이번 일이 하나로 뒤섞여버린 게 아닌지도 염려돼요. 자신을 더 해하려는 데 이 상황을 이용하고 있는 게 아닌지 걱정된다고요. 심지어 자해의 또 다른 방식은 아닌지도요. 당신은 자신에 대한 감정들을 이 사건에 투사하고 있어요.

노아는 내가 한 말을 곰곰이 생각했다.

433

노아 복잡하네요. 제가 한 일을 털어놓았을 때 무거운 뭔가가 덜어진 느낌이 들었던 게 사실이거든요.

조시 그러면 당신이 사회에 위험한 존재라고 검찰에게 했던 말은요? 정말로 그렇게 믿으시는 거예요?

노아 아… 아뇨, 물론 아니에요. 저는 절대로 그런 일 다시는 하지 않을 거예요. 제게는… 제 자백이 기소하지 않겠다는 제이컵의 결정보다 무게감이 덜하다는 게 충격적이었을 뿐이에요. 검찰은 그냥 저를 보내려고 했다니까요. 무슨 말이라도 해서 그들이 제 죄에 대해 뭔가 조치를 취하게 해야 한다고 느껴서 그랬던 거예요.

조시 당신이 누구에게도 위험한 사람이 아니라고 믿는 다면, 당신이 감옥에 가는 건 누구에게 이로운 일인 거죠?

노아 아…, 선생님 말이 맞아요…. 전 지금도 그저 이기적으로만 굴고 있군요. 모든 게 제가 중심이네요. 제 감정이…. 그저 이제 더는 죄책감을 느끼고 싶지 않을 뿐이에요.

조시 죄책감은 뉘우침의 한 부분이에요. 그리고 당신은 진심으로 뉘우치고 있고요. 딱 봐도 알겠어요. 저로서는 당신이 자신에 대해 과한 벌을 내리려는 것

에 대체 무슨 의미가 있는지 모르겠어요. 안 그래
도 당신은 몹시 상처 입기 쉬운 마음 상태로 지내
왔는데 말이에요. 당신이 매일 감옥에 갇혀 지낸다
면 전 당신의 안위가 정말 걱정될 거예요.

노아의 얼굴에 걱정이 어렸다. 이런 생각은 깊이 해보지 않
은 모양이었다.

노아 선생님은 제가 나쁜 사람이라고 생각하세요?

다정이 아니.

비평가 응.

분석가 흠… 노아가 한 일은 나쁘지만. 우리는 가능한 한 확정적
표현은 피하도록 하자.

조시 사람이 자기 최악의 실수로만 정의된다고 믿었다
면 전 심리치료사가 되지 않았을 거예요. 전 도덕
의 심판자가 아니고 냉혹한 진실의 대변자도 아니
에요. 전 당신의 뉘우침에, 그리고 당신이 전체적
으로 친절하고 남의 마음에 잘 공감하는 사람이라
는 제 믿음에 초점을 맞추기로 했어요. 전 당신이
자신의 여러 문제로 힘겨워하면서도 인생을 잘 헤
쳐나가려 애쓰는 사람이라고 생각해요. 물론 죄가
없다는 말은 아니에요.

비평가 이 강간범의 동조자 같으니…. 너 이런 자들이 사람들에게

얼마나 큰 해를 입히는지 알아? 이들은 남의 인생을 파괴하는 자들이라고.

침착이   그만하면 됐어.

다정이   노아는 이 일로 더 성장할 수 있어.

조시   당신이 중범죄를 저질렀고, 그 일에 대해 책임지기를 원한다는 것도 알겠어요. 저는 벌받고자 하는 당신의 욕망 뒤에 어떤 이유들이 있는지 성찰해 보라고 말씀드리고 싶어요. 그 욕망을 당신 자신에 대한 무기로 사용하고자 한다면, 그런 일에서 누가 무슨 혜택을 입을 수 있는지 전 모르겠어요. 저에게는 그저 또 다른 형태의 자해로밖에 안 보여요. 당신은 자기 목숨을 끊으려고 했어요. 죄책감을 달래기 위해서 자기 처벌 행위로 위험에 빠뜨리기에는, 생명은 너무나 소중하잖아요. 당신이 무슨 일을 하든, 당신은 살아갈 자격이 충분해요. 당신이 그런 존재임을 꼭 기억하세요. 우울증은 당신에게 해로운 쪽으로 죄책감을 이용할 거예요. 그럼에도 당신 앞에는, 온갖 문제를 각각의 방식으로 바로잡을 수 있는 크나큰 기회들이 놓여 있다는 것을 기억하세요.

노아   제이컵에 대해서는 결코 바로잡을 수 없을 거예요.

조시   그건 그래요.

긴 침묵이 흘렀다. 나는 이제 떠나야 할 때가 됐다는 신호를 보냈다. 이 대화가 긴 치료 세션이 되는 건 원치 않았기 때문이다.

노아   저는 그냥 진실을 말하고 모든 걸 솔직히 인정할 거예요. 귀찮게 해서 죄송해요. 그리고 혹시 법정에서 선생님을 소환해서 선생님 일을 방해하게 된다면, 그 점에 대해서도 미리 사과드릴게요.

노아는 자리에서 일어났다. 나는 문까지 천천히 그를 따라갔다.

조시   당신 자신을 잘 보살피세요, 노아. 그리고 부디 당신의 정신건강팀과 의사 선생님과도 계속 연락을 유지하시고요.

노아   앞으로 상황이 어떻게 전개될지 선생님에게 소식을 전해도 될까요?

조시   그건 적절하지 않은 것 같아요. 우리의 치료 계약 범위에서 벗어나는 일이니까요. 제 개인적인 마음 때문은 아니에요.

노아   알겠어요…. 그간 상담 세션들 고마웠어요. 제게 정말 도움이 됐어요. 이제 더 나은 버전의 제가 되어볼게요.

조시 저도 그럴 거라 믿어요.

다정이 진심이에요.

조시 잘 가세요, 노아.

노아 잘 지내세요.

나는 노아가 복도를 걸어가 엘리베이터 단추를 누르는 모습을 지켜보았다. 그는 눈을 훔친 뒤 엘리베이터로 들어갔고, 이어서 부드럽게 문이 닫혔다. 나는 상담실 문간에 서서 관절이 튀어나오도록 손을 꼭 쥐고는 주먹 옆쪽으로 문틀을 가볍게 두들겼다. 내 감정은 연민과 걱정, 분노, 실망, 자기 비판적 분석의 소용돌이 속에서 빙글빙글 맴돌았다. 내가 달리 할 수 있는 일이 있었을까? 노아에게 너무 잔인했던 건 아닐까? 너무 비난했던 걸까? 최악의 실수가 곧 그 사람 자체인 경우는 없다. 하지만 누군가의 잘못된 선택에 대한 충격에서 아직 헤어 나오지 못했을 때는 그 사실을 기억해내기가 쉽지 않다. 분노와 충격의 렌즈는 상황을 너무 심하게 왜곡한다. 그럼에도, 나는 노아를 미워할 수 없었다. 노아 스스로 충족된 상태에 이를 수 있길, 자신의 아버지처럼 되리라는 저주를 받은 게 아님을 그가 굳게 믿게 되길 진심으로 바라고 또 바랐다.

# #
리바이 5

한 길거리 연주자가 내 상담실 창밖에서 연주하기로 작정했다. 처음엔 귀가 즐거웠다. 그런데 그가 다섯 곡을 연달아 반복해서 연주한다는 걸 알고 나서부터 생각이 달라졌다. 에드 시런의 노래에 감정을 과하게 실어 꺾어 부르는 목소리에 불편함을 넘어 이제는 짜증이 나기 시작했다. 며칠 전 내가 주크박스에서 저스틴 비버 노래로 장난을 친 데 대한 우주의 고소한 복수인 걸까? 창문을 닫아봤지만 내 상담실에는 에어컨이 없어서 몇 분 만에 땀이 줄줄 흘렀다. 잠시 후 〈골웨이 걸〉을 네 번째로 들으며 내 삶의 기반에 금이 하나 더 가는 걸 느낄 즈음, 우렁찬 저음의 목소리가 기타리스트의 연주를 끊었다.

리바이 실례해요, 젊은이. 당신 연주가 참 좋고, 난 에드 시런도 정말 좋아하는데, 요 위에 내가 곧 들어갈 심리상담실이 있소. 당신이 계속 연주하면 나는 상담에 집중하는 대신 당신 음악에 발로 박자를 맞추고 있을 것 같단 말이지. 당신의 재능에 대한 감사의 표시로 내가 5파운드를 줄 테니, 자리를 저리로 옮겨 주겠소?

악사 좋습니다. 그 제안 괜찮네요. 감사합니다.

나는 리바이가 평소처럼 '존 웨인이 살롱 문을 박차고 들어오듯' 나타날 거라고 각오하고 있었지만, 대신 사려 깊은 노크 소리가 들려서 살짝 놀랐다. 문 앞으로 걸어가는 동안 정말 리바이가 맞을지 궁금했다. 방금 밖에서 말하는 그의 목소리를 들었는데도 말이다.

리바이 잘 있었어요, 조시?

조시 안녕하세요, 리바이.

불안이 노크해줘서 고마워요.

직관 그 사실을 부각하지는 말자고.

우리는 각자 평소에 앉던 자리에 앉았다.

조시 이번 주에는 어떻게 지내셨습니까?

리바이는 손가락에 낀 여러 반지 중 하나를 빙빙 돌리다가 손가락 관절을 뚝 소리가 나게 꺾었다. 그러고는 신중하게 숨을 깊이 한 번 쉬더니 입을 열었다.

리바이 그리 잘 지내지 못했어요. 단도직입적으로 말할게요. 여기 와서는 에둘러 말하는 게 아무 소용 없다는 걸 깨달았거든요.

나는 의자에서 몸을 조금 앞으로 기울여 더 관심을 기울이는 자세를 취했다.

조시 무슨 특별한 일이라도 있습니까?

리바이 당신도 알잖소.

탐정 그 '공동체'. 그의 아내. 괴상한 의식들?

조시 성급한 추측은 하지 않겠습니다.

리바이는 할 수 없다는 듯, 어느 시점엔가는 이 이야기를 할 수밖에 없다는 사실을 받아들인 것 같았다. 그는 더 끌지 않고 말을 이어 나갔다.

리바이 지난 한 주 동안 나는 사피아와 공동체 사람들과 나 사이에 규칙들을…, 당신 표현으로는 바운더리를 설정하며 보냈어요. 나는 우리 공동체를 사랑하지만, 그 일부는 완전히 미친 것 같아요. 너무 기괴해요. 나이트클럽 동료 맨디는 계속 나한테 우리 공동체가 사이비 종교 집단 같다는 농담을 해요. 농담도 계속 들으면 언제부턴가 반쯤 진담처럼 들리게 되잖아요?

조시   그렇죠.

리바이   당신은 어떻게 생각해요?

분석가   그간 느꼈던 위험신호들에 관해 말해보는 건 어때?

조시   당신이 제게 했던 이야기 중에 염려스러운 것들이
         있었어요. 특히 그 의식 행위와 자기 처벌, 당신 표
         현으로 회개라고 하는 것과 관련해서요.

리바이는 내 말에 온전히 주의를 집중하고 있었다. 길을 잃
은 듯한 상황에서 명쾌함을 찾고 싶어 한다는 걸 알 수 있
었다.

조시   게다가 스스로 어떤 더 높은 존재나 신의 말을 전
         달하는 영매라고 믿고서, 당신의 행동에 영향을 미
         치는 주변 사람들을 편안하게 느끼고 인정하는 것
         도 어려운 일이죠. 저는 당신의 침투적 생각들이
         강박장애라고 믿지만, 사피아와 공동체 사람들은
         그 생각들을 악령이라고 해석했죠. 이 역시 당신이
         걱정되는 이유입니다.

리바이가 천천히 일어서더니 창가로 걸어갔다.

리바이   잠시만 이렇게 서 있어도 괜찮을까요? 말하기가 어
         렵네요. 얼굴을 마주 보고 말하려니 너무 버거워요.

조시   물론이죠.

리바이   수년 전부터 알고 있었어요. 하지만 말하기가 쉽지

않아서···. 내 아내 말이에요. 상태가 좋지 않아요.

나는 잠자코 있었다.

리바이 사피아가 항상 그랬던 건 아니에요. 샹탈도 그 사
실을 눈치챘다는 걸 난 알아요. 딸애는 그냥 나를
위해 평화를 유지하려고 애쓸 뿐이죠. 사피아에게
는··· 편집증이 있어요. 벌써 몇 년이 되었죠. 솔직
히 참기 힘들어요. 하지만 난 아내를 사랑하고, 부
부는 병들 때도 건강할 때도 항상 곁에 있겠다고
맹세한 사이잖아요? 문제는 사피아의 말이 너무
강력해서, 정말 솔직히 말하면···.

리바이는 멀리 있는 뭔가를 가리키는 것처럼 손가락 끝으로
유리창을 꾹 눌렀다. 목소리는 부드러웠다. 심지어 뭔가 사
과하는 것처럼 들리기도 했다.

리바이 난 아내가 무서워요.

그가 말을 멈췄다.

리바이 이번 주엔 침투적 생각들이 강력했어요. 그런데도
ERP 연습과 우리가 얘기했던 일들도 하지 않았죠.
미안해요. 너무 버겁더군요. 나는 다시 강박사고에
빠져버렸어요.

공감이 심한 스트레스와 실질적인 위협이 존재하는 공간에서 강박
장애와 침투적 생각에 대처하는 건 극도로 어려운 일일 거야.

조시   괜찮습니다. 그건 합격하거나 낙방하거나 하는 일
이 아니에요. 사피아가 무섭다고요?

리바이   네.

조시   왜요?

리바이   사피아는… 나를 지배하는 힘이 있어요. 아내의 말
과 눈빛이 나는 겁나요. 물리적 폭력을 넘어서는
것들로 나를 위협하죠. 이제 그런 일에 익숙하지
만, 그건 마치….

그는 얼굴을 찡그린 채 적합한 단어를 찾았다.

리바이   아내가 나를 그럭저럭 괜찮다고 여길 때면 나도 내
가 그럭저럭 괜찮다고 느껴요. 이게 말이 되는지는
모르겠지만요.

나는 리바이가 계속 말을 하도록 고개를 끄덕였다.

리바이   정화니 갱생이니 용서니 회개니 하는 그 모든 것.
그런 게 머릿속에서 떠나가질 않아요.

공감이   혹시 자신을 용서하기 힘든 걸까?

조시   사피아와 공동체가 당신이 구하고 있는 일종의 용
서에 대한 열쇠를 쥐고 있다고 생각하세요?

리바이   그런 것 같기도 해요.

조시   저는 침투적 생각에 관해서만 말한 게 아니에요.
전반적으로요. 지난 세션에서 사피아가 당신을 '구

원'했다고 말했었죠? 그건 무슨 뜻인가요?

리바이   난 과거에 문제 있는 인생을 살았어요. 떳떳하지 못한 일들을 했었죠. 이제는 입에 올리고 싶지도 않은 일들이에요. 사피아가 그런 어둠 속에서 나를 꺼내줬어요.

리바이는 그 점에 대해 강하게 확신하는 것 같았다.

리바이   이상하게 들리겠지만, 사피아가 내 어두운 생각의 조종자 같아요. 사피아가 화가 나 있거나 불만이 있을 때마다 사피아가 내 머릿속에 나쁜 생각들을 집어넣는 것 같다고요. 마치 텔레파시처럼요. 텔레파시로 벌을 준달까요? 이상한 소리로 들릴 거란 건 나도 알아요.

분석가   위협 반응의 파생물로 침투적 생각이 생겨날 수도 있다는 점을 고려하면 놀라운 얘기는 아니군.

조시   이상하게 들리지 않아요. 전에 위협 반응에 관해 나눴던 얘기 기억하세요? 그리고 침투적 생각이 위협으로 해석될 수도 있다는 이야기요.

리바이가 고개를 끄덕였다.

조시   침투하는 생각과 위협 반응은 닭이 먼저냐 달걀이 먼저냐 하는 문제와 비슷해요. 어느 쪽이 먼저라고 단정할 수 없죠. 때로는 침투하는 생각이 당신을 위협하고 불안을 촉발할 수도 있지만, 그 순서가 뒤바뀔 수도 있거든요. 다른 어떤 일로 놀라서 위협 반응이 일어날 때, 이 반응이 침투하는 생각을 일으킬 수도 있다는 겁니다. 위협 반응은 예전에 느낀 위협과 그때 침투한 생각을 하나로 묶어 기억하고 있기 때문이죠. 위협이 발생하면 그 생각을 마치 당신에게 제안하듯 또 들이미는 겁니다.

리바이 사피아가 내 위협 반응을 촉발한다는 말입니까? 그래서 내가 더 많이 불안해지니까 침투하는 생각도 더 많이 생기게 되는 거라고요?

조시 그런 가능성도 있지 않을까 생각해보는 거예요. 어떻게 생각하세요?

침착이 아, 지겨운 녀석! 너 또 '상대한테 떠넘기기' 전술 쓰니?

비평가 걸어 다니는 클리셰 같은 자식아.

그는 깊은 생각에 빠진 채 다른 창 앞으로 걸어갔다. 처음 몇 번의 세션 때에 비해 리바이는 더 신중하고 존중하는 태도로 바뀌었고, 나는 이 변화가 고마웠다.

리바이 당신 말이 맞는 거 같아요. 직장에서 모든 일이 계획대로 진행되고 있을 때는 침투하는 생각이 별로 들지 않아요. 하지만 차를 몰고 집으로 갈 때는… 불안하고…, 불안이 그런 생각들을 불러오는 것 같달까? 집에 가까워질수록 배 속이 딱딱하게 뭉치는 느낌이 들고요.

조시 집의 어떤 면이 그런 뭉치는 느낌을 만든다고 생각하세요?

리바이 침투하는 생각 말고요? 내 생각엔… 사피아인 것 같아요. 내 아내. 두려움이 점점 더 커져요. 더 시끄러워지고. 그래서 내가 그 끔찍한 생각들로 더 많은 벌을 받고 있다는 느낌이 들어요.

그의 얼굴에 충격적인 깨달음이 천천히 번져갔다.

리바이 악령은 내 안에 있는 게 아니었네요. 아니에요. 그 악령은 내 아내에게 있어요. 아내에겐 악령이 아주 많아요.

리바이가 표현할 단어들을 찾는 동안 나는 가만히 기다렸다.

리바이 지금 이 순간까지 나는 아내가 말하는 대로 하고 아내를 만족시키는 것이 아내를 돕는 일이라고 믿어왔어요. 그런데 그게 아니에요. 그건 전혀 아내를 돕는 일이 아니었어요. 처음에는 작은 변화였어요. 그렇게 변하기 전까지 사피아는 늘 이성적인 사람이었어요. 그 괴상한 사이비 종교가 사피아의 머릿속을 장악하고 있는 것 같아요.

리바이가 나를 향해 돌아섰다.

리바이 나는 멍청한 사람이 아니에요. 나는 사기꾼들을 바로 알아볼 수 있어요. 숨긴 의도가 보이거든요. 그리고 상당히 눈치가 빠르고 예민한 편이라고요. 그런데 이 공동체는 사람을 꼼짝 못 하게 해요. 사람의 슬픔을 파먹고 힘을 키우죠.

그는 다시 창 쪽으로 돌아섰다. 그러고는 한 손으로 문신이 새겨진 목덜미를 꽉 움켜쥐었다. 그의 반지 중 하나가 햇빛을 받아 반짝 빛났다.

리바이 몇 년 전에 우리는 아기를 잃었어요. 돌연사였어요. 일주일 정도밖에 못 살았죠. 우리 둘 다 그 일로 정말 크게 상처를 입었어요. 사피아는 의사들 말로…, 아, 뭐였죠? 여자들이 아기를 낳은 뒤 정신적으로 힘들어하는 거요.

조시 산후우울증이요?

리바이 예…, 그 비슷한 거요. 사피아는 편집증이 생기고 감정 기복이 엄청 심해졌어요. '천사들'의 목소리도 들었고요. 의사들은 그게 출산 후에 생기는 문제일 수 있다고 했어요.

그는 한숨을 쉬고는 손등으로 눈을 문질렀다.

리바이 그 후로 사피아는 전과 다른 사람이 됐어요.

다정이 아, 이 부부는 힘든 일을 아주 많이 겪었구나.

공감이　얼마나 힘들었을까? 아기를 잃었을 뿐 아니라 아내가 이상해지는 것까지 목격해야 했으니….

조시　정말 비극적인 일이군요. 저도 마음이 아프네요.

나는 진심 어린 애도의 마음이 잠시 허공에 맴돌게 두었다.

불안이　다음 질문은 하기가 좀 두려운데….

조시　그런 상실에 어떻게 대처하셨나요?

리바이　그냥 계속 살아가는 수밖에 없잖아요? 직장과 운동과 부업에 머리를 쿡 처박고 오직 내 일상에만 몰두했어요. 계속 바쁜 상태를 유지하려고요. 이따금 위스키에서도 위안을 찾았고요.

리바이는 창밖을 내다보며 커다란 주먹을 꽉 쥐었다.

리바이　사피아가 집에서 조용히 고통받고 있는 내내 말이에요. 내가 밖에 나가 나 자신을 불쌍해하고 있는 사이, 사피아는 혼자서 그 악령들을 키우고 있었나 보네요.

조시　충격과 슬픔에 사로잡힌 상태에서 자신의 가장 좋은 모습을 보일 수 있는 사람은 없을 거예요. 하지만 아내와 함께 있어 주었으면 좋았겠다는 당신의 마음은 잘 알겠어요.

리바이　맞아요.

리바이가 다시 자리에 앉았다.

리바이　난 아내가 무서워요. 어떤 날은 괜찮다가 어떤 날
　　　　은 자기가 우리 삶의 주인이고, 신이 보낸 사자라
　　　　는 확신을 심어줘요. 미친 소리처럼 들린다는 거
　　　　알아요. 사피아가 내 눈을 들여다보면서 무언가를
　　　　요구할 때는 정말… 꼼짝할 수가 없어요. 나도 마
　　　　음 깊숙이, 이성적으로는 아내가 병들었다는 걸 알
　　　　지만, 사피아가 그런 식으로 나오면 내 몸과 마음
　　　　이 굳어서 꼼짝도 못 하게 돼요.

분석가　트라우마 반응인가?

조시　　그럴 때 왜 당신의 위협 반응이 그토록 급격히 촉
　　　　발된다고 생각하세요?

그는 상담실 한구석을 바라보며 내 질문에 대해 곰곰이 생
각했다.

리바이　아내는 내 새엄마를 정말 많이 떠올리게 해요. 지
　　　　금은 세상에 없는 사람이에요. 하지만 어렸던 나에
　　　　게 정말 무섭게 굴었죠. 아무 이유도 없이 방 한구
　　　　석으로 몰아넣고 나를 때리곤 했어요. 나를 미워했
　　　　던 거죠. 못된 계모죠? 부모 문제를 너무 심각하게
　　　　다루지는 말아요. 당신은 그러고 싶은 것 같지만….

나는 아무 말도 하지 않았다.

리바이　아내가 그 여자를 상기시킨다는 건 분명 인정해요.

하지만 사피아는 내게 훨씬 강력한 영향력을 행사해요. 내가 하기 싫어하는 많은 일을 하게 만들어요.

조시　어떤 일을요?

리바이는 아랫입술을 깨물고 숨을 깊이 들이쉬어 가슴을 부풀리더니 곧바로 내뱉었다.

리바이　아내는 내가 나를 때리게 만들어요. 자기태형인가, 그거요.

그는 떨리는 손으로 물을 한 모금 마셨다.

리바이　내가 음식 먹는 것도 막아요. 공동체 의식에도 꼭 참석하게 만드는데, 거기 가면 사람들이 신에게 제물을 바치고 정말 괴상한 것들로 신과 서로에 대한 사랑을 표현해요. 피, 난교 같은 것들로요. 빌어먹을 미친 난장판이 따로 없어요. 미안해요. 욕은 하기 싫은데….

불안이　으아.

분석가　강압적 통제에 의한 학대로군.

리바이　나도 내 의지가 있다는 거 압니다. 사피아가 내게 그런 일을 하게 만드는 건 아니에요. 결국 그건 내 선택이죠. 하지만 그 위협은 정말 실질적으로 느껴지거든요. 내가 사피아의 심기를 거스르는 걸 두려

451

워하는 이유는 사피아가 나에게… 그리고 자기 자신에게 할 말과 행동들 때문이에요.

침착이 그에게 알려줘.

공감이 충격받지 않게 에둘러서 말해. 사랑하는 사람에 관한 나쁜 진실을 듣는 건 쉽지 않으니까.

조시 그건 강압적 통제에 의한 학대처럼 들리네요. 게다가 체계적 학대이기도 하고요. 당신이 제게 들려주신 말이 사실이라면, 당신은 학대적 공동체 내부에서 학대적 관계에 갇혀 있어요.

리바이는 이 말에 놀라는 것 같지 않았다. 최근에 생각과 성찰을 많이 해왔던 게 분명했다. 그는 괴로워 보였다.

리바이 알아요. 하지만 알다시피 그들은 단순한 학대자가 아니에요. 사피아는 내 아내예요. 아내는… 머릿속 어딘가가….

리바이는 관자놀이를 톡톡 두드리며 말했다.

조시 아까 집과 공동체에서 바운더리를 설정했다고 말씀하셨죠?

리바이 예, 그들이 하는 일과 의식에 더 이상 참석하지 않겠다고 말했죠. 그리고 회합에 참석하지 않으려고 일도 더 많이 하고 있어요. 그들이 그걸 고깝게 여겼고, 그래서 사피아가 화가 났죠. 하지만 결국 내 인생이잖아요? 자기네가 알아서 하겠죠.

조시 왜 떠나시지 않는 겁니까, 리바이?

리바이 난 아내를 떠날 수 없어요.

조시 사피아에게 공동체를 떠나라고 말해본 적은 있으세요? 더 안전한 곳에서 도움을 얻을 수 있다는 얘기는요?

리바이 물론 해봤죠. 거듭 말했지만 아내는 정말 무서워요. 나는 내 아내에 대해 걱정도 많이 하지만 두려움도 갖고 있어요. 사피아는 자기 정신이 병들었다고 생각하지 않아요. 오히려 병든 후로는 자신의 경험에 대한 확신만 더 강해졌죠. 그 어느 때보다 자기 확신에 차 있어요. 그게 잘못된 것들에 대한 확신이어서 그렇죠. 잘못된 믿음들. 눈을 보면 뭔가에 씐 것 같다고요. 내가 등에 채찍질을 할 때, 그 횟수를 세고 더 세게 치라고 명령하면서 내게로 다가오는 사피아를 당신이 봤어야 하는데….

공감이 옴짝달싹도 못 하는 상태로군.

다정이 이건 너무 잘못됐어. 리바이는 정말 끔찍한 상황에 놓여 있는 거잖아.

조시 이러지도 저러지도 못한다고 느끼시는 거 잘 알겠어요. 그 마음은 충분히 이해가 가요. 하지만 아내가 당신을 지배하면서 당신에게 자해하도록 요구하는 건 완전히 잘못된 일이에요. 그건 당신을 위험한 상태로 내몰기만 하는 게 아니죠. 당신은 몸소 위험을 겪고 계신 거라고요. 등이 감염되면 어떻게 합니까? 채찍질이 감당할 수 없이 과해지면 어쩌시려고요?

침착이 침착해.

나는 숨을 깊이 들이쉬었다. 리바이가 고개를 끄덕였다. 그는 축 늘어지듯 소파에 기댔다.

조시 당신은 언제라도 떠날 수 있어요. 말처럼 쉽지 않다는 건 저도 알아요. 당신의 안위가 너무나도 염려되고, 이제는 당신의 안전까지 걱정돼요. 강압적 통제에 의한 학대는 아주 불투명하고 혼란스러운 일이어서, 그런 상태에 있으면 사람은 자신의 의지마저 쉽게 놓아버릴 수 있어요. 심지어 당신처럼 잠재적 강박장애와 침투적 생각에 시달리기까지 하는 상태라면 더욱 그렇고요.

리바이 난 아내를 떠날 수 없어요! 그건 바뀔 수 없어요! 사피아에게 그런 짓을 할 수 없어요. 내가 맹세한 거라고요.

조시 당신의 그런 마음은 존경하지만, 전 이 관계를 유지하는 게 당신에게 안전하지 않다고 생각해요. 그 관계가 당신을 육체적으로도 감정적으로 해하고 있잖아요. 당신의 등을 보세요. 현실을 알려주는 신호로 보시라고요.

리바이 그래도 난 떠날 수 없어요! 내가 곁에 머물며 아내를 도울 수 있어요. 아내가 필요한 도움을 받게 할 수 있어요. 난 그저 더 이상 아내를 두려워하지 않는 법만 배우면 돼요. 그리고 그 공동체는 어찌 되든 내 알 바 아니에요. 그 작자들이 무슨 짓이든 하려 하면 이 주먹이 날아갈 테니까.

나는 리바이의 입장을 최대한 이해하고, 그가 아직 떠날 준비가 안 되었다는 것을 받아들이려 노력했지만, 그에 대한 걱정이 얼마나 큰지는 감추기 어려웠다.

조시 알았습니다…. 전 그저… 당신이 걱정돼요.

염려와 연민과 이해의 공감 속에서, 우리 둘의 눈이 몇 초 동안 서로를 바라보았다. 리바이는 아이 같은 웃음을 지으며 그 분위기를 깨고 소파에서 일어났다. 거구의 존재감이 상담실을 가득 채웠고, 한쪽 벽에 그의 거대한 그림자가 생겼다. 그가 일어선 것은 상징적인 선언이었다. 나의 직관은 미처 내가 그 생각을 하기도 전에 그 의미를 알아차렸다. 이제 곧 내가 그를 잃게 되리라는 것을.

리바이   당신은 내게 정말 큰 도움이 되었어요. 하지만 나에게는 여기까지예요. 당신이 도울 수 없는 일들도 있어요.

불안이   가지 마세요.

도망이   보내줘.

조시   가지 마세요, 리바이. 우리 함께 침투하는 생각에 대한 ERP 작업을 더 할 수 있어요. 벌어지고 있는 모든 일을 고려할 때, 당신이 올 수 있는 안전한 공간이 있는 게 중요해요. 제게는 가정폭력 대응 기관들의 전화번호도 있고요. 그런 단체에 도움을 요청할 수도 있어요.

리바이   당신은 좋은 사람이에요, 조시.

리바이가 가죽 재킷을 입었다.

리바이   심리치료가 또 필요해지면 연락할게요. 나는 상담이라는 게 마음에 들어요. 지금 내게 도움이 안 될 뿐이에요. ERP와 불확실성을 받아들이는 일에 관해서는 다 기억하고 있어요. 이제 나는 그 생각들이 떠오를 때 의지로써 불안을 참아내는 걸 아주 잘해요. 하지만 그건 이제 부차적인 문제가 됐어요. 더 긴급한 문제는 나 혼자 풀어야 해요.

불안이   잠깐만요….

침착이 존중해줘.

분석가 리바이는 상황을 잘 인지하고 있어. 어떻게 해야 할지에 대한 그의 판단력을 믿자고. 그는 이미 바운더리를 설정하고 자신에게 더 안전한 거리를 확보하기 시작했어.

불안이 하지만 리바이는 위험에 처해 있다고.

비평가 그만 칭얼대! 네가 그를 돕는 데 실패했어. 그냥 인정해.

침착이 보내주자, 친구.

나는 자리에서 일어나 손을 내밀었다.

조시 문은 늘 열려 있는 거 아시죠? 언제든 오세요.

리바이가 내 손을 꽉 잡았다. 손이 으스러질 것 같던 첫날의 악수와 달리 이번에는 훨씬 부드럽고 신중한 악수였다.

리바이 고마워요.

그리고 그는 떠났다. 리바이를 태운 엘리베이터의 문이 마지막으로 닫히는 소리가 들렸다. 내 상담실에서 다시는 그를 보지 못하리라. 할리우드 영화 같은 마무리는 없었다. 모든 걸 예쁘게 포장해 장식할 리본도 없었다. 내 손이 닿지 않는 책꽂이에 꽂힌, 반밖에 못 읽은 책 한 권뿐.

심리치료가 끝날 때

심리치료사가 내담자와 아무리 깊은 관계를 맺었다 한들, 끝을 완전히 준비하기란 불가능하다. 치료 관계의 종료를 원만히 처리하도록 훈련을 받는데도, 우리는 내담자가 상담실을 마지막으로 떠나는 순간에 경험하는 감정들에 대해 완전한 면역력을 키우지는 못한다.

치료 관계는 종종 기쁨과 축하와 함께 끝난다. 그런 종료는 내담자와 치료사가 함께해온 여정의 자연스러운 마무리처럼 느껴질 수 있다. 그러나 예상치 못하게 혼란과 슬픔을 안기며 치료 관계가 끝나기도 한다. 이런 일이 일어날 때, 나는 우리가 좋은 사이로 헤어진 것이기를, 치료사로서 내가 그들에게 긍정적인 영향을 미쳤기를 바란다. 이와 유사하게 갑작스럽게 혹은 아무 설명도 없이, 심지어 불편한 마음으로 끝나게 될 때는, 내가 뭔가를 더 해보거나 다른 말을 해볼 수도 있지 않았나 하는 후회나 의혹이 남는 경우가 많다. 어떤 조언을 했어야 하는 게 아닌지, 어떤 조언을 하지 말았어야 하는 게 아닌지, 내 의견을 더 밀어붙였어야 하는 게 아닌지, 아니면 그냥 입 다물고 듣기만 했었어야 하는 게 아닌지 자문한다. 나는 치료 관계가 항상 완벽하게 끝나지는 않는다는 걸 잘 아는 전문가이지만, 일이 순조롭게 마무리되지 않았을 때 전혀 걱정되지 않는다고 말한다면 거짓말일 것이다.

치료가 아름답게 마무리되는 때도 있다. 심리치료사가 되기 위한 공부를 시작할 때 우리가 상상할 만한 그런 종류의 마무리 말이다. 내담자는 당신에게 감사를 표하고 당신의 도움으로 갖게 된 내적 자신감과 명료함을 표현한다. 치료를 마무리할 때, 다른 상황에서 내담자를 만났다면 그와 좋은 친구 사이가 될 수도 있었을 거라는 생각이 드는 경우도 있다. 이는 두 사람이 함께 치료적 성장을 이뤄냈다는 증거로 볼 수 있다. 나는 내담자로서도 긍정적인 심리치료를 여러 차례 경험했는데, 이런 감정이 드는 것은 대체로 내가 나의 치료사를 신뢰하고 그와 함께하는 것을 안전하게 느꼈다는 신호였다. 안타깝게도 이런 관계에서는 작별을 고하기 어렵다. 이런 작별은 시원하면서도 섭섭하다. 그래도 치료 여정의 이야기는 시간과 익명성의 보호를 받는 상담실 안에 만 남아 있어야 한다. 그 관계는 기밀유지라는 신성한 원칙 에 기반한 것이며, 그 특별한 관계의 역학은 이 아름답고도 독특한 맥락 안에서만 존재한다.

치료의 마무리 단계에서는 심리치료사가 과묵하고 신중 하게 말을 가려서 해야 한다. 이런 태도는 친구 사이나 가족 관계에서는 거의 불가능한 태도다. 사랑하는 가족이나 친구 와 이야기할 때면 우리는, 그들의 직업이 나쁘며 그보다 더 나은 일을 할 자격이 있다고 생각할 때, 혹은 그 사람이 사 귀는 상대가 그에게 좋은 짝이 아니라고 생각할 때 그 말을 안 하고는 못 배긴다. 그리고 본인은 새로 산 옷이 자기한테 잘 어울리지 않는 것 같다고 생각해도 실제로는 아주 잘 어 울린다고 우리가 느낀 대로 말해준다. 우리가 가족과 친구 에게 들려주는 의견은 사랑과 배려로, 때로는 우리 자신이 제일 잘 안다고 생각하는 저항할 수 없는 감정으로 이루어 진 좋은 관계를 기반으로 한 것이다. 하지만 심리치료실에 서는 자신의 의견을 노골적으로 제시하면 각종 윤리적 딜레 마가 발생한다. 나에게는 '해결책'을 제시해주고 싶었던 내 담자들, 더 오래 함께하자고 고집하고 싶었던 내담자들이 아주 많았다. 심리치료의 한 가지 미덕은, 사실상 나의 방이

그들의 방이라는 점이다. 그 방은 심리치료사의 인생 상담
실이 아니다. 내담자들은 자신들이 원하는 대로 오갈 수 있
다. 그리고 나 역시 아직 내 인생의 문제를 풀지 못했다는
명백한 사실도 잊지 않는다. 그러니 불안에 관한 충고를 제
외하고, 내가 당신의 인생을 어떻게 만들어가라고 이래라저
래라 말할 수는 없다.

　좋은 마무리는 심리치료사의 일에서 가장 좋은 부분 중
하나다. 내담자가 자신에 대한 확신을 갖게 되었다거나 최
근 들어 행복해졌다거나 하는 말을 들려줄 때마다 내 뇌에
는 도파민과 세로토닌의 칵테일이 흘러넘친다. 이런 일은
무척 뿌듯한 마음을 안겨준다. 항상 그 과정의 속도를 높이
고 싶은 유혹이 있다. 성취감을 느끼고 싶은 나의 욕망을 타
고 해피엔딩에 도달하고 싶은 유혹, 만난 지 겨우 몇 시간
된 내담자를 이미 잘 안다고 확신하며 감에 따라 성급하게
조언을 늘어놓고 싶은 유혹이다. 하지만 심리치료란 그런
것이 아니다. 즉각적인 성취와 칭찬과 찬사를 얻고 싶은 내
욕구를 우선시해서는 안 된다. 심리치료에서 중요한 건 바
로 내담자다.

　좋은 심리치료사는 당신이 그의 상담실에서 마지막으로
떠난 뒤에도 당신에 관해 생각할 것이다. 분명 나는 여러 예
전 내담자에 관해 생각한다. 그 생각은 보통 진심 어린 호기

심과 그들의 행복을 바라는 마음, 그리고 언제나 그들의 삶에 내가 미친 영향에 관한 약간의 걱정 사이를 떠돈다. 내가 한 말이 올바른 것이었을까? 내가 일치성과 전문가적 성실성 사이의 균형을 잘 잡았을까? 내가 적용한 치료 양식이 그 사람에게 적합했을까? 때로 접근법을 선택하는 일이 도박처럼 느껴질 때도 있다. 치료사들은 훈련받은 심리치료 양식과 자신의 즉각적인 직관을 혼합하여 사용하는 경우가 많다. 우리는 심리치료실에서 내담자가 한 경험이 그의 인생에 방해가 되거나 해를 입히지 않았기를 바란다.

나는 당신이 심리치료를 받기로 한 자신의 용감한 결정에 자부심을 느끼면 좋겠다. 심리치료를 마치고 떠날 때는 힘과 권한이 더 강해진 느낌, 새로운 의욕이 차오르는 느낌이 들면 좋겠고, 자신과 자기 인생을 더 잘 이해하게 되었다고 느끼면 좋겠다. 세상에는 당신이 신뢰할 수 있는 사람들이 존재한다는 믿음을 갖는 데 내가 조금이라도 도움이 되었기를 바란다. 비록 직업적인 맥락에서라도 당신의 말에 귀 기울여줄 사람들은 분명 존재한다. 나는 당신이 우리가 함께한 시간을 회상할 때 기분이 좋아지면 좋겠다. 당신이 한 치료 경험이, 혹시라도 또다시 심리치료가 필요해질 때, 나와 함께든 아니면 다른 치료사와 함께든 기꺼이 다시 심리치료를 시작하겠다고 마음먹게 한다면 좋겠다. 전문가로

462

서 신중하게 말을 가려서 하고 표현을 자제해야 하기는 하지만, 치료사로서 나의 역할에 대한 당신의 생각도 중요하게 생각한다. 그것은 한 인간으로서 나를 이루는 한 측면이기 때문이다.

심리치료사의 자기 의심은 유익하다. 예전에 나는 이런 의심이 심리치료사의 약점이라고 생각했지만, 심리치료사로서 성장함에 따라 그것이 가치를 헤아릴 수 없이 큰 장점임을 깨닫게 되었다. 자신을 의심하고 비판적으로 분석하는 심리치료사들은 치료 관계가 끝날 때도 그렇게 자신을 분석한다. 그 관계를 그만큼 중요하게 여기고 신경 쓰기 때문이다. 자신의 취약한 면을 용기 내서 드러내고 있는 사람에게 가장 불필요한 것은, 과도한 자기 확신에 만족하며 모든 걸다 안다는 듯한 참을 수 없는 태도로 앞에 앉아 있는 사람일것이다. 만약 당신의 치료사가 자기 행동을 철저히 성찰하며 책임지려는 진지한 태도를 보이지 않는다면, 그들의 우선순위가 자신이 완전무결하다는 믿음을 유지하는 데 있다는 신호다. 그런 믿음을 유지하면서 동시에 내담자를 돌볼의무를 우선시한다는 것은 모순적으로 보인다. 그래서 나는치료가 만족스럽게 완료되지 않았다는 느낌이 들거나 기회를 놓쳐버렸다는 느낌이 들 때면, 이런 감정들을 아주 단순하게, 내가 내담자들을 소중히 여긴다는 신호로 받아들이고

포용하려고 노력한다.

당신이 심리치료를 그만두겠다고 결정한다면, 당신이 그 모든 복잡한 문제에 관해 들려주었던 심리치료사의 공간과 기억 속에 당신이 여전히 존재하리란 사실을 기억해주면 좋겠다. 당신의 취약한 면들은 당신이 이야기를 나눈 그 공간의 토대만큼이나 흔들림 없이 일관되게 배려와 연민과 비판 없는 태도로써 다루어질 것이다.

나는 치료의 종결을 내 일의 일부로 본다. 나의 내담자들도 내가 이해하게 된 바와 최대한 가깝게 치료 종결의 의미를 이해하며 바라보기를 진심으로 바란다. 물론 이것이 무리한 기대일 수 있음 또한 인정한다. 치료 과정을 거치는 동안 종결에 대한 기대의 틀을 잡고 형성해나가는 것은 심리치료사로서 우리가 책임지고 할 일이다. 원래 계약한 기간이 끝나서든, 아니면 자연스럽게 치료가 마무리되었든 당신은 치료의 끝에 도달한다. 어떤 식으로 종결되었든 나는 내담자에게 앞으로 줄곧 남게 될 인상이 긍정적이기를 바란다. 당신이 심리치료에 대해 갖게 된 인식이 더욱 긍정적으로 강화되었기를. 앞으로 살아가면서 감정적으로 힘든 경험에 마주치게 될 때, 기꺼이 그에 관해 말을 꺼내어 처리하도록 격려해줄 그러한 경험이었기를. 모든 마무리가 그러하듯, 작별 인사를 건네는 일은 어렵다.

# #
해리

2013년 6월, 잠시 멈춤

직관   일어나.

비평가   왜? 이제 겨우 눈 붙였는데….

직관   그냥 너 일어나야 할 거 같아. 날 믿어.

나는 침대에서 벌떡 일어났다. 에어컨이 가동되는 병실에서
잤더니 입과 눈이 건조했다. 약간의 햇살이 블라인드 틈을
뚫고 들어오려 애쓰고 있었다. 모든 게 정지해 있고 메말랐
으며 아늑함이라곤 없었다. 전날 나는 해리 옆에 앉아 밤을
새웠다. 직전에 한 화학치료가 해리에게 큰 타격을 입혔고,
나는 호전의 기미가 보이기를 갈망하며 밤새 해리의 바이탈
모니터만 응시했다. 옆에는 손도 대지 않은 채 식어서 딱딱
해진 피자 한 판이 놓여 있었다. 해리는 며칠째 아무것도 먹

지 못했고 나도 식욕이 사라졌다. 침대 옆에 놓인 유선 전화기가 날카롭게 울렸다.

조시　　여보세요?

간호사　조시, 저 조이예요. 지금 병동으로 빨리 와주셔야
　　　　겠어요.

불안이　아, 안 돼…, 안 돼, 안 돼, 안 돼….

분석가　넌 항상 최악의 상황을 상상하더라.

비평가　진짜 그래.

조시　　왜요? 무슨 일이에요?

간호사　빨리 와주세요. 지금 해리한텐 당신이 필요해요.

구원이　나한테 맡겨.

나는 침대에서 뛰쳐나와 급히 옷을 껴입었다. 그리고 미로 같은 복도들을 헤치고 84병동을 향해 달려갔다. 가면서 티셔츠를 거꾸로 입었다는 걸 알게 되었지만 신경 쓰이지 않았다.

생리　　난 어쩌라고? 내 니코틴과 카페인은?

침착이　지금 그럴 시간 없어.

직관　　정말 없어.

나는 쏜살같이 84병동의 긴 복도로 들어섰다. 해리의 병실 앞에 엄마가 막 도착하는 모습이 보였고, 해리의 아빠와 그의 파트너도 함께였다. 그분들 역시 비슷한 전화를 받았던 모양이었다. 해리의 병실에는 간호사들과 의사들이 있었고,

문의 유리창에는 들여다볼 수 없게 회색 스크린이 내려져 있었다. 심장이 갈비뼈를 뚫고 나올 듯 고동치기 시작했고, 이명이 두개골 전체에 비명처럼 울려댔다.

구원이　안 돼….

다정이　안 돼….

불안이　안 돼….

우린 지난 1년 동안 어린이 병동에서 충분히 많은 시간을 보내서 이 장면이 무엇을 의미하는지 이해할 수 있었다. 스크린은 최악의 상황을 맞아 긴급한 완화적 개입이 필요하다는 신호였다. 그 안에서 결코 좋은 일이 벌어지는 게 아니므로, 그 병실 가까이 다가오지 말라고 병동 전체에 보내는 신호였다. 이 스크린은 희망적인 환자들과 그 가족들을 암병동의 잔인한 현실로부터 보호하는 데 사용된다. 그리고 우리에게 그것은 최악의 신호였다.

간호사　오셨어요? 지금 전공의 선생님과 전문의 선생님, 간호사들이 안에서 해리를 살피고 계세요.

엄마　무슨 일이 벌어지고 있는 거예요?

나는 엄마가 그 답을 이미 알고 있음을 느낄 수 있었다.

조시　제가 안에 들어가서 해리를 보면 안 될까요?

나는 대답도 기다리지 않고 어두운 병실로 문을 열고 들어 갔다. 내가 들어가자 의사들이 돌아봤지만 나가라는 말은 하지 않았다. 해리는 의식이 없었고 호흡이 불규칙했다. 병실은 너무 어두웠고, 비참한 공기가 만연했다. 나는 블라인드를 열어젖혔다.

조시   이러니 좀 낫네.

전공의   해리에게 무슨 일이 일어났는지 들으셨어요?

조시   아니요, 하지만 좋은 일은 아닐 거라 짐작하고 있어요. 전에도 이런 상황 수없이 겪었고, 해리는 항상 이겨냈어요. 그렇지, 해리?

해리에게서 대답이 돌아오지 않았다. 해리는 계속 모로 누워 있었고, 머리를 반대쪽 벽으로 뉜 채 힘겹게 호흡하고 있었다. 나는 전날 밤새 들여다보던 바이탈 모니터를 확인했다. 익숙했던 숫자들이 어젯밤 이후 절반으로 줄어 있었다. 충격이었다. 해리의 산소포화도는 극도로 낮게 떨어져 있었다. 심박수도 위험할 정도로 낮았다. 아무렇지 않은 척하던 태도가 사라졌고, 내 끈질겼던 낙관적 환상도 박살이 났다.

조시   죽어가고 있는 겁니까?

간호사가 내게 걸어와 등에 손을 얹고 위로했다. 그것만으로 내게는 답으로 충분했다.

전공의   조시, 우리는 갈게요. 당신과 가족분들이 해리와 함께 있어주세요. 지금 해리에게는 당신이 필요해요.

엄마는 문 옆에 서서 대화를 듣고 계셨다. 의사들이 나가자

해리의 침대 반대편 늘 앉던 자리에 앉았다. 엄마는 공포 속에서도 한순간 내게 미소를 지어 보였고, 그런 다음 해리의 손을 잡았다. 해리의 아빠도 들어왔다. 우리 모두 함께 해리를 지켜봤다.

해리가 깊이 호흡했고 연약한 복부는 부풀었다가 강하게 수축되기를 반복했다. 해리의 상처 입은 창백한 몸에는 털이 한 올도 남아 있지 않았다. 하지만 해리는 아름다웠다. 해리는 내 동생이었다.

우리는 모두 잠시 침묵 속에 서 있었다. 바이탈 모니터를 어색하게 쳐다보는 것 외에 무엇을 해야 할지 알 수 없었다. 모니터에서 알람 소리가 울리기 시작하자 간호사가 들어와 소리를 껐다. 해리의 혈중 산소가 더 떨어졌다. 또 알람이 울렸다. 그리고 다시 정적. 해리의 심장이 힘없이 뛰었고, 그러다 심박수가 위험할 정도로 낮게 떨어졌다. 또다시 알람. 해리의 몸이 경련하기 시작했고, 호흡은 고통스러울 정도로 힘겨워졌다. 우리는 더 가까이 다가가 해리의 손을 잡았고, 엄마는 해리의 머리에 손을 올렸다.

엄마   우리 모두 널 위해 여기 있어. 우린 널 너무나 사랑한다.

해리 아빠 사랑한다, 해리.

도망이   도망가고 싶어.

다정이 아니. 우리는 도망 안 가. 이 모든 일이 시작된 뒤로 우린
한 번도 도망간 적 없었어.

침착이 우리는 끝까지 여기 있을 거야.

모니터의 알람이 다시 울렸다.

조시 이게 다 무슨 소용이야?!

나는 모니터의 전원 스위치를 뽑아버렸다. 반대하는 사람은
아무도 없었다.

불안이 이… 고통….

나는 해리의 심장 위에 손을 올리고 내 손에 닿아 더듬더듬
고동치는 움직임을 느꼈다. 해리의 머리는 한쪽 옆으로 돌
아가 있었다. 해리가 우리의 소리를 들을 수 있었는지는 모
르겠지만, 거기 있는 우리를 느낄 수 있었을 거라고 생각하
고 싶다.

조시 들었어, 해리? 여기 있는 모두가 널 사랑해. 널 아
주 많이 사랑해. 이제 거의 끝났어. 난 네가… 정
말… 정말… 자랑스러워.

한 박자 호흡이 멎은 듯하다가, 가볍게 떨리다가, 마지막으
로 공기를 빨아들였다. 베개 위에서 해리의 머리가 살짝 돌
아갔다. 가족들은 소리를 죽인 채 오열했다. 그리고 정적.

# #
자흐라 5

자흐라 이제는 사별의 슬픔에 관해 말할 준비가 된 것 같
아요. 아버지한테 일어난 일을 선생님에게 말씀드
리기는 했지만, 저 자신에게는 아버지를 잃은 상실
감을 진정으로 느끼는 걸 허락하지 않았던 것 같아
요. 그 상실감을 더 깊이 들여다보는 일을요. 아버
지가 칼에 찔려 돌아가신 일과 우리 가족에게 일어
난 일을 말씀드린 건 대화의 물꼬를 트고 말하지
못하던 것을 입 밖에 내는 데 큰 도움이 되었어요.
하지만 이제야 그 일의 감정적인 측면을 다룰 준비
가 된 것 같아요. 오늘 세션에서는 그 이야기를 해
보고 싶어요.

조시   그래요. 저도 그러는 게 좋겠다고 생각합니다.

트리거   아니, 너 그렇게 생각하지 않잖아. 넌 사별의 슬픔에 관해 얘기하는 걸 싫어해.

다정이   넌 이런 일을 하도록 훈련받았어.

분석가   예전에도 너는 수차례 사별의 슬픔을 다뤘잖아.

비평가   복잡한 감정을 품게 된 사람과 그랬던 적은 없거든.

다정이   그렇다고 네 할 일을 못 할 건 없어.

비평가   내기할래?

자흐라가 몹시 감정적인 주제에 관해 이야기할 준비를 하는 동안 긴 침묵이 흘렀다. 아래 길에서 누군가 웃는 소리가 들렸다. 근처 복도에서 문 닫히는 소리도 났다. 나는 두 손을 무릎 위에 포갠 채 잠자코 앉아 있었다.

자흐라   제 안에는 텅 빈 공백이 있는데, 전 그걸 무시하려고 애써 왔어요. 공황발작이 진정된 후에야 그 공백의 존재를 알아차렸고요. 이런 게 정상인가요?

조시   예, 그건 충분히 예상되는 일입니다. 불안과 위협은 항상 줄 맨 앞으로 튀어나와서 우리의 생각과 주의를 독차지해버리죠. 아주 오랫동안 그러는 경우도 많고요. 불안이 충분히 가신 다음에야 뒤에 남겨져 있던 감정들이 표면으로 뚫고 나올 수 있죠.

나는 차를 한 모금 마셨다.

조시   많은 경우 공황발작이 우리의 주의를 독차지해버린다는 점을 고려하면, 당신이 지금 이런 경험을 하는 게 제게는 놀랍지 않네요.

자흐라   네, 매 순간 공황에 대한 공포에 사로잡혀 살고 있을 때는 제 감정을 깊이 들여다보는 게 거의 불가능한 일이었어요. 오히려 공황을 촉발할 만한 감정들은 다 회피했었죠. 슬픔에 대한 두려움이 아니라 두려움 자체에 대한 두려움 때문에요.

탐정   "했었죠" 라고 말했어.

직관   그걸 지적해봐.

조시   '했었'다고요? 그 말, 참 듣기 좋은데요? 당신은 공황 치료와 노출 치료를 정말 훌륭히 해내셨어요. 오늘 우리는 어려운 주제를 탐색할 겁니다. 이렇게 할 수 있다는 건, 그만큼 자신감을 갖고 계시다는 거예요. 이 얼마나 큰 진전인가요? 이것이 그 증거임을 알아주세요.

자흐라가 미소를 지었다. 내 칭찬을 받아들인 것 같았다. 그러다 묻고 싶었던 질문이 기억났는지 표정이 달라졌다.

자흐라   선생님은 어떻게 해내셨어요?

조시   무엇을요?

자흐라   어떻게 사별의 슬픔을 이겨내셨어요?

분석가 조심해.

침착이 그래, 바운더리를 잘 지켜.

조시 누군가를 잃은 사람이 그 일을 '이겨내는' 일은 없다고 생각해요. 그저 사랑하는 그 사람의 부재 속에서 성장하고 적응하는 법을 배우는 것이겠죠. 당신과 비슷한 순서로 저 역시 불안장애가 생겼었고, 그걸 먼저 해결해야 했어요. 그런 다음에야 제게 사별의 슬픔을 직면할 공간을 허용할 수 있었어요. 사별의 슬픔은 사람마다 각각 주관적이고 사적일 수밖에 없습니다.

자흐라 지금도 여전히 그 슬픔 때문에 힘드세요?

조시 전 행복하게 살고 있어요. 때로 슬픔이 고개를 들 때도 있는데, 그러면 전 그대로 받아들여요.

자흐라 그렇게 되기까지 얼마나 걸리셨어요?

침착이 이제 방향을 바꿔.

엉뚱이 아예 서로 자리를 바꿔 앉지 그래?

조시 좀 걸렸어요. 저 자신을 더 돌보고 어려운 얘기를 회피하지 않았다면 아마 더 빨랐을 거예요. 당신이 제게 이런 질문을 하는 건 일종의 보장을 얻기 위해서라는 느낌이 드네요.

자흐라는 민망한 표정을 지었다.

474

자흐라   제가 그 얘기를 다 해버리면 슬픔이 저를 압도해서 감당할 수 없게 될까 봐 두려워요.

조시   흥미롭네요. 당신은 전에 엘리베이터에 타기 전에 도, 병원으로 운전해 가기 전에도, 심지어 이 방에 서 공황발작을 겪고 있을 때도 비슷한 말을 하셨었 죠. 하지만….

자흐라   네, 저도 알아요…. 하지만 이번엔 느낌이 다르달 까요? 고통과 불안이 동시에 나를 집어삼킬까 봐 두려운 것 같아요.

공감이   모든 감정이 한꺼번에 닥칠 걸 두려워하는 거야.

조시   그러지 않을 거예요. 제 말은, 당신이 둘 다 느낄 수 는 있지만, 통제를 잃지는 않으리라는 거예요.

나는 확신에 찬 표정을 보여주려 애썼다. 자흐라는 손가락 으로 초조하게 자기 무릎을 두드렸다.

자흐라   그 모든 일의 트라우마는 제쳐두고도…, 무엇보다 전 그냥 아버지가 그리워요.

트리거   나도 그리워.

다정이   괜찮아, 이리 돌아와.

분석가   최선을 다해 자흐라의 참조틀 안에 머물라고.

조시   특히 어떤 점이 그리운가요?

자흐라   아버지의 모든 면이요. 제가 짜증스러워했던 부분까지도 전부 다. 아버지가 곁에 존재한다는 사실, 아버지의 포옹, 아버지 품에 안길 때 나던 냄새까지. 아버지의 말투, 아버지의 강의, 아버지의 지도, 나에 대한 믿음….

말을 이어가며 자흐라는 울기 시작했다.

자흐라 어머니와 농담을 주고받으시던 아버지가 그리워요. 난처한 상황에서도 차분함과 침착함을 유지하시던 아버지를 사랑했어요. 지금 제게 그런 차분함과 침착함이 있다면 정말 도움이 될 텐데….

다정이 지금도 잘하고 있잖아요.

자흐라 아버지는 그 무엇도 개인적인 감정으로 받아들이지 않으셨어요. 동생을 그토록 참을성 있게 대할 수 있었던 것도 그 때문이었죠. 아버지는 정말 잘 참아내셨어요. 어머니와 전 바바크에 대해 너무 쉽게 참을성을 잃어버리곤 했거든요.

나는 이야기를 잘 따라가고 있다는 신호로 부드럽게 고개를 끄덕였다.

자흐라 전… 아버지가 좌중을 사로잡는 방식도 정말 좋아했어요. 어젯밤 유튜브에서 아버지의 강연 영상을 봤어요. 아버지는 동료들에게서조차 존중과 존경이 우러나게 만드셨죠. 저까지 그 강연에 빨려들어갔어요. 제가 그 강연장의 좌석에 앉아 있는 게 아니라, 아버지를 잃고서 침대에 앉아 노트북으로 영상을 보고 있다는 사실마저 잠시 잊을 만큼요.

자흐라는 두 손으로 얼굴을 감싸고 울기 시작했다.

자흐라   아버지가 너무 그리워요. 어떤 느낌이냐면…, 그 배와 관련된 오래된 표현이 뭐였죠?

조시   키가 없는?

자흐라   빌어먹을 제겐 키가 없어요. 저는 평생 한 번도 배를 타본 적이 없는데, 그런데도 제게 키가 없다는 느낌이 든다고요. 키가 뭔지도 모르면서….

조시   아버님이 당신의 인생에 나아갈 방향이 존재한다는 감각을 주셨던 거군요.

자흐라   맞아요. 저는 아버지가 되기를 열망했어요.

분석가   이 마음이 건강한 건지 아닌지 알아보자.

탐정   천천히 하세요. 선생님. 이 여성분은 돌아가신 아버지에 관한 얘기를 털어놓는 중이라고요.

조시   아버님이 정말 멋진 분이셨던 모양이군요. 아버지 같은 사람이 되고 싶다는 그 열망이 이해가 됩니다.

자흐라   지금 여기 아버지가 계셨으면 좋겠어요. 그래서 다음에 무엇을 해야 할지 얘기해주시면 좋겠어요.

자흐라는 티슈 한 장을 뽑아서 눈물을 닦았다.

조시   아버지라면 지금 당신에게 무슨 얘기를 해주실 것 같나요?

자흐라는 훌쩍거리다 코를 풀었다.

자흐라   뭐라고 말씀하실지 알아요. 제가 아주 잘하고 있다고, 슬픔은 아주 강력한 힘을 지닌 것이라고 말씀하실 거예요. 저 자신을 그렇게 가혹하게 평가하지 말라는 말도 하실 거고요. 아버진 구구절절 옳은 소리만 하시는 영감님이셨거든요. 어느 상황에서나 무슨 말을 해줘야 하는지 잘 아셨어요. 제가 실패하거나 스스로 세운 목표를 이루지 못했다고 해서 저를 비판하신 적은 단 한 번도 없었어요. 그건 어머니도 마찬가지셨고요.

조시   그렇다면 당신은 목표를 왜 그렇게 높이 잡는다고 생각하세요?

자흐라   왜냐하면…, 저도 모르겠네요.

조시   어쩌면 당신이 아버지를 중심으로 구축한 이상주의에서 안전함을 보았기 때문일까요?

자흐라가 인상을 찌푸렸다.

직관   너무 성급했어, 조시.

자흐라   아버지가 얼마나 훌륭한 분이셨는지에 관해 '구축된' 건 하나도 없어요. 아버진 믿을 수 없을 정도로 훌륭한 분이셨어요. 아버지는 그렇게 떠나시면 안 되는 분이셨어요. 아버지의 죽음은 우리 모두에게 상실이었어요. 저에게도, 우리 가족에게도, 의학계에도요.

조시 그 점에 대해서는 의심하지 않아요, 자흐라. 하지만 이야기를 듣다 보면, 당신이 겪는 고통의 일부가 당신 자신에 대한 답답함에서 오는 것처럼 느껴져서 드린 말씀이에요. 아버지의 업적과 인격을 틀로 삼고서 세운 이상 또는 엄격한 기준에 부합하지 못한 데서 오는 좌절감 말이에요. 아버님은 당신보다 나이도 경험도 더 많으셨고…, 아버지는 아버지셨어요. 아버님을 당신 자신의 성취에 대한 유일한 지표로 삼는 게 제게는 그리 건강하게 보이지 않아요. 게다가 아버님은 당신을 있는 그대로 자랑스러워하셨던 것 같은데 말입니다.

자흐라 무슨 뜻이죠?

직관 작작 해.

조시 자신을 그렇게 엄격하게 대하지 말라는 뜻이에요. 언젠가 당신이 자신의 모든 자질에 집중하게 된다면 이로울 거라고 생각해요. 다른 사람들과의 비교를 통해서가 아니라, 한 개인으로서 당신의 가치를 잘 아셨으면 좋겠어요.

비평가 그런데 너는 너의 그 자질들 다 잘 알고 있는 거지?

생리 자흐라는 정말 예뻐.

비평가 생리한테는 감출 수 없어. 네가 원하는 만큼 나를 무시할 수 있겠지만, 생리는 너와 완전히 일치된 존재잖아.

조시 아버지를 그리워하는 건 괜찮아요. 어쩌면 당신은 항상 아버지를 그리워하시겠죠. 그래도 괜찮습니다. 하지만 언제나 그 그리움에 반응해야 하는 건 아니에요.

자흐라가 나를 바라보았다.

자흐라 선생님 경험에서 하시는 말씀인가요?

트리거 넌 정말 동생을 그리워하잖아.

침착이 네 상담 시간이 아니야.

비평가 넌 자흐라에 대해 특별한 감정을 품고 있다고 의심하면서도 자흐라와 계속 작업하기로 한 순간, 이미 자흐라의 기대를 배반한 거야.

분석가 일이 아주 복잡하게 됐어, 조시.

조시 예, 그렇다고 볼 수 있죠. 하지만 지금 우리가 제 인생 얘기를 하려고 여기 앉아 있는 건 아니에요.

자흐라 선생님이 공개적으로 그 이야기를 하신 건 용감한 일이었어요. 감정에 관해 그렇게 솔직히 말하는 남

자는 많지 않죠. 제 인생에 함께하는 이들 중에 감
정에 솔직한 남자가 더 많으면 좋겠어요.

조시   그건 제가 다른 사람들에게 모범을 보여주고 싶은
일이기는 합니다. 그들에게 도움이 된다면 말이죠.

자흐라가 앞으로 몸을 기울였다. 단순히 상담의 초점을 자
신에게서 돌리려고 하는 것이 아니라, 진정한 관심에서 내
게 질문하려 한다는 것을 알 수 있었다. 그 모습에 나는 바
짝 긴장했고, 나의 자기 노출을 제한하려고 최선을 다해 노
력했다. 여기서 핵심 단어는 '노력했다'다.

자흐라   저는 제 슬픔을 묘사할 단어를 찾기가 힘들어요.
음… 선생님이라면 선생님의 슬픔을 어떻게 묘사
하시겠어요?

생리   자흐라의 얼굴은 마음을 참 편안하게 해줘.

불안이   뭔가 얘기를 좀 해도 좋을 것 같은데…. 네 친구들이나 가
족은 아무도 그런 질문을 하지 않았잖아.

침착이   아주 조심해야 돼.

조시   제 슬픔을 어떻게 묘사하겠느냐고요? 흠…. 어떤
때는 무거운 공백처럼 느껴지기도 해요. 항상 존
재하는 백색 소음처럼 느껴지기도 하고요. 제게 그
슬픔을 끌어내는 건 빈 자리들이에요. 일요일 저녁
식탁에서 빈 의자가 하나 더 생긴 거. 드라이브스

481

루에서 자기 걸 주문하겠다고 제 무릎 위를 가로질러 차창으로 머리를 내미는 사람이 없어진 거. 먼지만 쌓여가는 엑스박스 컨트롤러 하나. 때로 슬픔은 방 하나를 가득 채울 수도 있더군요. 또 때로 소중한 기억의 유령들이 어쩐 일인지 제게서 떨어져주기로 작정했을 때는 오히려 그 슬픔이 위로가 되어주기도 하고요. 시간이 흐르면 슬픔이 때로는 당신을 미소 짓게 할 수도 있어요.

나는 내 참조틀 속으로 뛰어들면서 자흐라의 참조틀을 놓치고 말았다. 이런 자신을 너무 늦지 않게 알아차리고 초점을 다시 자흐라에게 옮겼다.

조시　자흐라, 그 소중한 추억들이 당신이 어떤 사람인지를, 당신이 어떤 일들을 하는 이유가 무엇인지를 상기시켜준다는 걸 잊지 마세요. 또한 그 추억들은 당신을 통해 존재를 이어가고 있는 누군가의 기억을 존경의 마음으로 기릴 이유가 되어주기도 하죠. 그 사람을 기리는 가장 좋은 방법은 그를 모방하는 것이 아니라, 가능한 한 자기답게 계속 살아가는 거예요. 자신으로 존재하는 거예요! 그들이 사랑했던 그 사람으로 계속 살아가세요. 더 이상 전화 걸 수 없고 문자도 보낼 수 없고 우스꽝스러운 짤도 보낼 수 없을 때 힘들기는 하겠지만, 슬픔은 그 사람이 자신에게 얼마나 소중했는지를 되새겨주기 위해 존재한다고 생각해요.

자흐라는 아무 말 없이 나를 빤히 쳐다보았다.

비평가 이 멍청아. 네가 바운더리를 흐려놓았잖아.

분석가 지금 비윤리적 영역으로 진입하고 있어.

나도 자흐라를 계속 바라보았다. 자흐라가 따스한 미소를 지었다. 그러자 내 가슴속이 간질간질해졌다. 자흐라에게서 아름다움이 뿜어져 나왔다. 눈앞으로 흘러내린 머리카락 한 가닥을 뒤로 넘겼지만, 금세 다시 흘러내렸다.

생리 부신이 비비 꼬이면서 엔도르핀 두 배로 분비됐어.

비평가 진짜. 너 뭐 하는 거야?

침착이 ….

도망이 자흐라와 이야기하는 거 정말 기분이 끝내준다. 자흐라는 널 정말 기분 좋게 해줘. 너희 둘 서로를 도울 수 있어.

조시 아, 어…, 그러니까… 우리 어디까지 얘기했죠?

자흐라 제 슬픔은 손에 잡힐 듯 생생한 죄책감처럼 느껴져요. 사랑하는 아버지가 세상을 떠나시던 그 시간에 나는 왜 산책 따위나 하러 갔을까? 내가 뭐라고 이 식사를, 이 영화를, 이 아름다운 언덕길 산책을 누리는 걸까? 왜 내가 그런 걸 할 수 있는 걸까? 왜 내가… 내가….

조시   살아남았을까?

끼어들려는 생각은 없었다. 내 입이 먼저 움직여버렸다. 그 순간 나는, 내가 천천히 침착을 잃어가고 있다는 걸 느꼈다. 나를 추스르고 전문성을 되찾아야 했다.

자흐라   맞아요…, 살아남았죠. 전 죄지은 생존자예요.

조시   여기에 왜 죄책감을 느끼는 것 같으세요?

자흐라는 말을 멈추고 내 질문을 생각했다.

자흐라   아버지에게 작별 인사도 못 했고, 얼마나 사랑하는 지 말하지 못했으니까요. 그날 저녁 레스토랑에서 저는 토라져서 짜증을 냈어요…. 저를 중심으로 그 일을 해석한 거죠. 그날 저 혼자 자기 연민에 빠져 있지 않고 부모님과 함께 집으로 돌아갔다면, 상황 이 달라지지 않았을까 그런 생각을 해요.

조시   지금 이곳에 아버지가 계신다면 무슨 말을 하고 싶 으세요? 제게 말할 필요는 없고, 이 방에서 뭐든 골 라서 얘기해도 괜찮아요. 어떤 분은 전에 화분을 상대로 골랐어요.

자흐라는 미소를 띤 채 계속 나를 주의 깊게 살펴봤다. 우리 둘의 시선은 계속 서로에게서 떨어지지 않았다.

자흐라   이렇게 말할 거예요…. 아버지가 그렇게 멋진 사람이어서 감사하다고요. 저를 이끌어주시고 제게 영감을 주셔서 감사하다고요. 우리가 그렇게 어긋난 상태로 헤어진 것이 너무나 마음 아프다고요. 동생 일로 자신을 탓하지 마세요, 조시.

불안이 이게 무슨?

자흐라 바바크 일로 자신을 탓하지 마세요, 아빠. 아빠는 바바크를 돕기 위해 아빠의 마음과 영혼을 다 쏟아부었어요. 바바크는 그 사실을 알아요. 우리도 알아요. 바바크는 고칠 수 있는 상태가 아니었어요. 그리고⋯ 저도 그래요. 아빠는 우리를 자랑스러워한다는 걸 우리에게 알리기 위해 아주 많은 시간을 쏟으셨죠. 그 다정함의 표현들을 저는 아빠한테 똑같이 보여드리지 못해서 마음이 아파요. 그 표현들은 정말 따뜻했고 제가 생각했던 것보다 훨씬 더 큰 영향을 제게 주었어요. 그리고 제 걱정은 하지 마세요. 아빠는 걱정 대장이잖아요. 전 괜찮을 거예요. 엄마와 저는 괜찮을 거예요. 엄마도 해리를 그리워해요.

불안이 이거 내가 상상의 나래를 펼치고 있는 거야?

엉뚱이 이건 나조차도 정신 못 차리겠군.

자흐라 엄마도 아빠를 그리워해요. 아빠가 바바크를 염려

485

하고 제가 바바크에게 앙심을 품지 않기를 바란다
는 것도 알아요. 전 앙심을 품지 않아요. 바바크는
아픈 거잖아요. 제가 할 수 있는 모든 방법으로 최
선을 다해 바바크를 지원할게요.

자흐라는 말하는 내내 한 번도 내 눈에서 눈을 떼지 않았다.
마치 자흐라가 나에게 얘기하고 있는 것 같은 이상한 기분
이 들었다. 물론 이성적으로는 내게 말하는 게 아니란 걸 알
았지만. 아주 강렬한 느낌이었다. 그 열정을 고스란히 느끼
면서 나는 내 안에서 소용돌이치는 감정의 대혼란을 가라앉
히려 애썼다.

자흐라   어떤 후회도 하지 마세요. 사랑해요. 항상 사랑할
거예요. 제 아버지로 존재해주신 것에 감사해요.

아무 필터도 거치지 않고 아버지에게 감정을 그대로 표현한
자흐라의 진솔한 이야기는 감동적이었지만, 내 안에서 전문
가답지 못하게 자흐라에 대한 감정이 급속도로 커져가는 상
태였음을 고려할 때, 그 모든 감정을 고스란히 받아내는 일
은 나를 완전히 압도했다.

생리   자흐라를 안아주고 싶어.

조시   감동적이네요. 어떠셨어요? 소리 내어 말하니까?

자흐라는 내 눈에서 눈을 떼고는 부끄러워하는 듯한 미소로
자신의 감정 표현을 가볍게 떨쳐냈다.

생리 자흐라의 손을 잡고. 서로의 어깨에 기대 울면서 힘든 시간을 버텨내자.

도망이 퇴근해서 집에 갔을 때 이 정도의 따뜻함과 연민을 만난다고 상상해봐.

생리 미모도 빼놓으면 안 되지.

불안이 침착아! 어디 갔니?

탐정 생리한테 납치당했어.

자흐라 저…, 이상하게 생각할지 모르지만… 심리치료가 끝나면, 치료가 완전히 종료되고 나면, 우리 가끔 커피 한잔할래요? 의사와 심리치료사로서 만나 쌓인 소식들을 주고받는 자리 말이에요. 물론, 저도 직업적 바운더리는 알아요. 당신이 그러리라고 기대하지는 않아요. 그래도 그냥… 그러면 좋을 것 같다는 생각이 들어서요.

생리 그럼 좋지. 정말 그러고 싶어.

도망이 커피는 내가 살게!

비평가 내가 그랬지? 이 녀석은 사기꾼이라고. 나약한 데다 팔랑귀에 한심하기 짝이 없는 놈!

불안이 다정이야 어딨어? 분석가야 도와줘!

생리 지금 쇼의 호스트는 나라고!

도망이 난 생리한테 아무 불만 없어.

자흐라   그리고… 혹시라도 당신이 해리에 관해 이야기할 안전한 공간을 원한다면…. 그 일이 어려우리란 거 전 이해해요. 저도 힘들어하고 있으니까. 그런데 당신도 여전히 힘들어하고 있다는 거 알겠거든요.

생리   내 모든 세포가 이 아름다운 사람을 원하고 있어.

도망이   자흐라는 나를 기분 좋게 만들어. 모든 나쁜 감정을 쫓아 버릴 수 있다고.

비평가   그만해라.

트리거   해리.

나는 몸서리를 치며 정신을 차렸고, 재빨리 환상에서 빠져나왔다. 나는 다시 내 상담실로 돌아와 있었다. 내가 돌아왔다. 내 심장은 왜 쿵쿵거리고 있었지?

침착이   깨어나! 잠시 휴식 시간을 갖고 정신을 추슬러.

분석가   대체 왜 여기서 이렇게 직업윤리에 어긋나는 일이 벌어지고 있는 거지?

불안이   만세! 기병대가 돌아왔다!

조시   지금, 특히 이렇게 섬세한 주제를 이야기하고 있을 때 멈추자니 정말 실례입니다만, 잠시 화장실 좀 급하게 다녀와도 될까요? 제 신경이 온통 방광과 실랑이하는 데 다 쏠릴 듯해서 말입니다.

자흐라는 어색하게 움찔거렸다. 내가 제안에 답하지 않았음을 의식하고 있었다.

자흐라   그럼요, 당연히 괜찮죠.

밖으로 나와 문을 닫고 나니 긴장이 풀리며 온몸이 후들후
들 떨려왔다. 땀이 쏟아지기 시작했고 숨을 고르기가 힘들
었다. 나는 화장실을 향해 서둘러 복도를 걸어갔다. 다행히
도 화장실은 비어 있었다. 나는 물을 세게 틀고 차가운 물을
얼굴에 뿌려댔다. 거울을 들여다보고서야 내가 울고 있다는
걸 알았다.

조시   내가 대체 뭘 하고 있는 거지?

다정이   심호흡을 해. 모든 시나리오에는 다 나름의 복잡성이 있는
거야. 이번 일도 잘 풀어내보자. 지금까지 넌 훌륭하게 일
해왔잖아.

분석가   내담자에 대한 네 감정이 개인적인 영역으로 넘어간 것 같아.
감정적 끌림과 육체적 끌림이 합세해서 네가 충분히 감정이
입하고 자흐라의 참조틀로 들어가는 걸 방해하고 있는
것 같아. 넌 자흐라가 널 이상화하고 있다는 걸, 권위를 가
진 인물에게서 위로받고자 하는 욕구를 너에게 투사하고
있다는 걸 알아차리지 못했구나. 깊은 사별의 슬픔 안에서
그런 투사는 아주 흔히 일어나. 넌 그걸 놓친 거야.

공감이   맞는 말이야.

탐정   그리고 그게 네 판단력을 흐리고 있어. 조시, 너 자흐라 좋

아하잖아. 그 감정을 없앨 순 없어.

도망이　이번만은 놓치고 싶지 않은걸.

나는 세면대 위로 상체를 숙인 채 울었다. 어쩌다 이런 상태가 된 걸까? 수돗물 흐르는 소리를 뚫고 삐걱하며 화장실 문 열리는 소리가 들렸다. 거울을 보니 닥터 파텔이었다. 그도 나를 보았다. 즉시 그의 얼굴에 걱정스러움이 번졌다.

탐정　젠장. 이 사람은 왜 맨날 위층 화장실을 쓰는 거야?

나는 몸을 세워 바로 섰다.

조시　선생님은 왜 이 화장실을 쓰십니까? 선생님 진료실 바로 옆에도 화장실이 있잖아요.

파텔　아, 그건 제 징크스 때문이라고 해야 할까요? 예전에 제가 그 화장실에 가 있는 동안 환자 한 명이 쓰러진 적이 있거든요. 그날 이후로 그 화장실에는 도저히 못 가게 됐죠.

조시　정말 말도 안 되는 이유네요.

파텔　다른 사람은 몰라도 선생님은 불안이 이성을 현명하게 활용하지 못한다는 걸 잘 아실 텐데요.

나는 고개를 끄덕이며 미소를 지어 보였다.

파텔　그런데 무슨 일 있으세요? 괜찮으세요? 마음이 많이 힘들어 보이시는데…. 자, 여기 종이 타월.

그는 내게 얼굴과 눈물을 닦으라고 종이 타월을 건넸다.

조시   제 얘기로 선생님을 따분하게 만들고 싶지 않습니다.

파텔   저를 따분하게 하는 건 그런 겉치레예요. 선생님은 원래 감정을 감추는 걸 적극적으로 반대하시잖아요, 안 그래요?

조시   어떻게 아세요?

파텔   선생님 강연회에 한 번 간 적이 있거든요.

조시   아… 정말 감사한 일이네요. 놀라운 일이기도 하고요. 감사합니다.

파텔   흥미로운 강연이었어요. 개인적으로 공감도 되었고요. 그런데 왜 화장실에서 울고 계신 거예요?

나는 한숨을 쉬었다. 그에게 말하기에는 너무 두려웠다. 그가 어떻게 판단할지가 무서웠다.

다정이 마음을 터놓아도 괜찮을 것 같아.

침착이 너에게 효과가 있을 방식으로 해.

조시   취하면 안 되는 걸 취하려고 하고 있었어요. 그게 저한테 좋을 거라고 생각했는데 그렇지 않다는 걸 금세 깨달았죠. 서서히 줄여가야 하는데 알고 보니 쉽지가 않네요. 갑자기 끊어버리면 제가 너무 아플 것 같아서 겁이 나요.

파텔   흠, 무슨 약이죠? 처방받으신 거예요?

491

조시	아뇨, 처방받은 건 아니고요. 그게… 일종의 마약이기는 한데, 말씀드리기 부끄럽네요. 기분을 좋게 만들어주기는 하는데, 저에게 유익한 건 아니에요.
파텔	아, 알겠어요….

그는 마치 내가 코카인 중독자인 걸 이제야 알게 되었다는 듯 나를 안쓰러운 눈빛으로 쳐다봤다.

파텔	그런데 그걸 복용한 지 얼마나 되셨어요?
조시	얼마 안 돼요….
파텔	뭐, 시작하고 얼마 안 돼서 금방 끊기만 한다면, 큰 손상을 입힐 만한 마약은 별로 없어요. 물론 전 지금 선생님의 모호한 설명만으로 짐작해서 말씀드리는 거예요. 선생님은 저한테 얘기하고 싶지 않으신 것 같으니 말이에요. 어쨌든 시작한 지 얼마 안 되셨다면, 가능한 한 빨리 멈추는 게 선생님을 위한 최선이에요. 중독은 소모적이고 생명을 위협하는 고통이에요. 선생님은 좋은 심리치료사예요. 스스로 위험에 빠뜨리지 마세요. 원하신다면 도움이 되는 서비스를 소개해드릴까요?
침착이	가능한 한 빨리 멈춰.
다정이	넌 좋은 심리치료사야. 네 직업을 위험에 빠트리지 마.
조시	염려해주셔서 감사합니다. 근데 선생님 방광이 너

492

무 힘들지 않을까요? 이제 내보내세요.

파텔   자신을 소중히 보살피세요, 조시. 제 문은 언제든
       열려 있어요.

나는 한 손을 상담실 문에 대고 깊이 숨을 들이쉰 다음 안으
로 들어갔다. 자흐라는 나를 기다리고 있었다. 자흐라는 매
혹적이고 환상적인 인물이 아니라 다시 나의 내담자로 돌아
와 있었다. 자흐라는 나의 내담자였다. 나는 자리에 앉아 따
뜻하게 미소를 지었다.

조시   미안해요.

자흐라   제가 했던 말 때문에 나갔다 오신 건가요? 그게 바
       운더리를 침범하는 일이었다면 정말 미안해요.

조시   자흐라가 사과하실 일은 하나도 없어요.

분석가   일치성과 진정성은 심리치료사로서 너의 주된 강점 중 하나
       야. 용기를 내. 그 힘을 활용하라고.

다정이   이런 상황에서 적절하게 빠져나가는 방법은 교육 과정에
       서도 배우지 못했는데….

조시   제가 나갔다 왔던 건 잠시 제가 당신의 심리치료
       사 역할을 제대로 수행하지 못했기 때문이었어요.
       주의가 산만해졌고 정신이 혼미했어요. 사과드립
       니다.

자흐라   전 전혀 그런 느낌 받지 못했어요. 괜찮아요.

493

조시 자흐라…. 우리는… 이제 함께 작업할 수 없을 것 같아요. 제 한계 때문이에요. 제 전문가적 판단을 방해하는 감정이 생겨났어요. 심리치료실에서는 마음들이 만나 연결될 수 있다는 점을 고려하면 충분히 일어날 수도 있는 일이죠. 그 일이 여기서 일어났어요.

자흐라는 내 말을 믿을 수 없다는 눈치였다.

자흐라 하, 그 진부한, "당신 때문이 아니라 나 때문"이라는 그 말씀을 하시려는 건가요? 지금 저, 제 심리치료사에게 버림받고 있는 거죠?

조시 아니에요. 제 개인적인 감정과 제 인생에서 처리하지 못한 감정들이 우리의 치료 관계로 침투해 들어왔음을 인정하는 말이에요. 이렇게 당신을 실망시켜서 정말 미안해요. 결코 제가 의도한 바는 아니었습니다.

자흐라 제가 당신에게 어떤 감정들을 촉발하고 있다는 말인가요?

조시 아직 제대로 처리하지 못했음을 깨닫게 된 감정들이 올라오고 있다는 말씀입니다.

자흐라 솔직하게 말해주세요. 치료를 끝내시려고 하는 이유가 뭐예요? 전 아주 잘해왔는데요. 선생님이 제게 얼마나 큰 도움이 되었는데요! 왜 멈춰야 하죠?

조시   전, 이제 당신을 도울 수 있는 한계에 도달한 것 같습니다.

도망이   슬프잖아.

조시   당신은 정말 잘하고 있어요. 사별의 슬픔과 트라우마를 전문으로 다루는 치료사들을 적극 추천해요. 그분들이 저보다 더 세부적인 훈련을 받았을 거예요.

자흐라   하지만 전 선생님과 함께 치료하고 싶어요. 이번 주만 잠시 쉬어가면 안 될까요? 휴식을 취하고 다시 시작하는 건 어떠세요? 선생님은 지금 너무 모호한 태도를 보이고 계세요. 제가 커피 마시자고 해서 그러시는 것 같은데, 아니에요?

나는 한숨을 쉬고는 빠져나갈 방법을 정신없이 찾았다. 자흐라의 마음을 상하게 만들고 있는 내가 너무 싫었다. 나 역시 너무나도 속이 상했다.

자흐라   이유를 말해주세요.

침착이   이유를 말하지 마.

분석가   말하지 마. 전문가적 성실성을 지키라고.

공감이   지금 자흐라의 인생에 복잡한 일을 또 하나 더하는 건 최악이야. 심리치료사한테서 사랑 고백을 듣는 일 같은 거 말이야!

다정이 하지만 자흐라는 진실을 알 자격이 있어. 안 그래?

침착이 아니. 밝히지 않아도 괜찮은 일도 있는 거야. 심리치료에서
라도 말이야.

조시 솔직히 말씀드릴게요. 내담자에게 솔직함을 기대
하면서 전 자기 보호를 위해 거짓말을 한다는 게
끔찍하네요. 우리가 치료를 종료하는 건, 전문가로
서의 제 판단 때문이에요. 당신이 제게 커피를 마
시자고 제안해서가 아니에요. 그 말씀은 친절한 표
현이었고, 우리가 여기서 일궈온 진심 어린 관계에
대한 찬사였어요. 그 초대 때문이 아니에요. 제 아
주 커다란 부분이 그 초대를 받아들이고 싶어 했기
때문이에요. 그 점이 염려스러워요, 자흐라. 자신의
직업적 바운더리를 지키지 못하는 심리치료사는
더 이상 심리치료사 자격이 없어요. 그런데 전… 제
가 심리치료사인 게 정말 좋거든요. 정말 미안해요.

자흐라가 미소를 지었다.

자흐라 이해했어요. 솔직하고 분명하게 말씀해주셔서 고
마워요.

자흐라는 소파 옆쪽으로 몸을 기울이더니 선물 봉투를 집어
들었다.

자흐라　가기 전에, 부디 이 선물을 받아주실래요? 선생님에 대한 감사의 선물로 산 거예요. 롤렉스 같은 대단한 건 아니고, 그냥 화초예요. 여기 있는 화초들한테 친구가 있으면 좋을 것 같더라고요. 받으실 거죠?

조시　그럼요. 창틀에 놓아둘게요. 정말 고마워요.

자흐라는 당장이라도 울음을 터뜨릴 것 같은 얼굴이었다. 나는 몸을 앞으로 기울이고 자흐라의 눈을 마주 보았다.

조시　저를 신뢰해주서서 고마워요. 당신은 정말 훌륭했어요. 앞으로도 계속 그러시리라고 믿어 의심치 않아요. 당신 삶의 모든 측면에서요.

자흐라는 억지로 미소를 지었다. 내 눈에서도 눈물이 솟으려 해서 필사적으로 눈물을 억눌렀다. 자흐라가 자리에서 일어났다. 내 상담실에서 마지막으로 일어나는 순간이었다. 나는 자흐라가 공황발작으로 바닥을 기어왔던 첫 세션과 지금의 경이로운 대조를 떠올렸다. 자흐라는 등을 곧게 펴고 선 채로 자신감과 굳건함을 뿜어내고 있었다. 자흐라가 그리울 것이다.

자흐라　안녕히 계세요, 조슈아.

자흐라가 나간 뒤 나는 살며시 문을 닫았다. 자흐라가 주고 간 칼라데아는 커피 테이블에 놓여 있었다. 나는 칼레데아

를 남아 있던 장식용 화분에 담은 뒤, 내 눈높이에 딱 맞는
창틀 위로 살며시 옮겨다 놓았다. 앞으로도 오후에 수시로
볼 수 있도록….

침착을 유지하고
하던 일을 계속하자

엄마 점심 잘 먹었어.

조시 저 보러 시내까지 와주셔서 제가 감사하죠!

엄마 너 괜찮니? 너 항상 이날엔 힘들어하잖니?

조시 저 아시잖아요, 엄마. 전 괜찮아요. 엄마는 괜찮으
세요?

엄마 응, 괜찮아. 오늘 해리가 우리와 함께 있는 걸 느낄
수 있었어.

나는 미소를 지으며 고개를 끄덕였다. 이렇게 세월이 흐른
뒤에도 나는 아직 이런 말에 어떻게 대답해야 할지 알지 못
한다.

엄마 난 이제 돌아가는 버스를 타야겠다.

조시　　버스가 올 때까지 저랑 같이 기다려요.

어머니와 만난 건 해리의 생일을 기념하기 위해서였다. 비싼 점심을 먹었지만 생각만큼 맛이 좋지는 않았다. 요리사 잘못이 아니라 침울한 혀가 문제였다. 엄마는 당신의 신앙 때문인지 해리의 죽음에 대해 마음이 좀 더 편해진 것처럼 보였다. 나는 해마다 이맘때가 되면 항상 힘들어지는 것 같다. 하지만 엄마를 걱정시키고 싶지는 않았다. 버스가 멀어지는 동안 엄마에게 손을 흔들어 인사하는데 배 속에서 무겁게 퍼져나가는 슬픔이 느껴졌다.

도망이　　오늘은 네 동생 생일이야. 슬퍼하면 안 된다고. 고통을 달래보자.

비평가　　얘 또 이러네. 슬픔을 핑계로 나쁜 선택을 정당화하지 말라고.

나는 비교적 한산한 거리를 골라서 걷다가 가장 슬퍼 보이는 술집을 발견했다. 음침한 바에서 바텐더가 내 앞에 비터 한 잔을 놓았고, 점심시간이 끝나가자 마지못해 직장으로 돌아가는 사람들이 창밖으로 보였다. 주머니 속에서 휴대폰이 진동했다. 엄마가 보낸 문자가 도착했다.

엄마　　만나서 기뻤어. 해리가 널 사랑했다는 걸 기억하려무나. 사랑한다. 포옹을 보내며.

난 미소를 지었다. 그리고 위스키 한 잔을 주문했다. 그런 다음 비터를 한 잔 더. 그다음엔 또 위스키. 나는 이 자기 파괴적 패턴을 반복하다가 주변 환경이 지겨워져서 비틀거리며 그곳을 빠져나와, 좀 더 세련된 지역으로 걸어갔다. 이번엔 크라운 앤드 앵커라는 음식점을 피난처로 삼았는데, 여기서는 늦은 오후의 손님들 앞에서 기타 연주자 한 사람이 어쿠스틱 기타로 인기곡들을 연주하고 있었다. 나는 그 근처에 앉아서 오아시스와 스톤로지스, 제임스, 데이비드 그레이 같은 맨체스터 출신 뮤지션의 인기곡들을 시끄럽게 따라 불렀다.

다정이   조시, 이제 집에 가기 딱 좋은 시간이란 생각 안 들어?

도망이   쟤 말은 무시해. 넌 즐길 자격 있어. 해리도 네가 그러길 원할 거야.

불안이   우리가 지금 집에 가면 정적과 우리의 생각들 말고는 아무것도 없을걸.

도망이   내 말이.

생리   그렇게 때려 부은 맥주랑 위스키를 흡수하려면 음식도 좀 먹어야 하는 거 아니냐?

연주자가 연주를 멈추고 휴식을 취하자 나는 큰소리로 그에게 야유를 보냈다. 고맙게도 그는 장난으로 받아주었다. 음악이 끝난 뒤의 정적이 너무 부담스러워 나는 그 술집에서 나와 먹을 것을 찾으러 갔다. 테이크아웃 케밥 가게에서 끔찍한 뭔가를 사서는 상점 유리창에 기대어 먹었다.

　다음 정거장은 오후부터 밤늦게까지 라이브 음악을 연주하는 근처의 블루스 바였다. 이제 맥주로는 성에 안 차 위스키만 마셨다. 나는 의자 하나를 발견하고 거기 털썩 주저앉아 블루스 밴드의 음악을 들으며 정말 훌륭한 연주를 들려주는 색소폰 연주자를 감탄스럽게 바라보았다. 그리고 즐겁게 낄낄거리다가 울다가 하기를 반복했다. 유난히 감정을 자극하는 음악이었던 건 아니고, 그냥 내가 맛이 간 상태였다.

　화장실 문을 벌컥 열고 들어가다가 한 중년 남자와 부딪혔는데, 그 때문에 남자가 엉덩방아를 찧고 말았다.

남자　　어이! 조심 안 해?

조시　　죄송합니다. 어, 제가 균형을 잃어서….

소변기 앞에서 흔들흔들하고 있는데 화장실이 빙글빙글 돌았다. 경비원 한 명이 들어와 나를 아래위로 훑어봤다.

경비원　이 정도로 취하기엔 너무 이른 거 아뇨? 집에 가는 게 좋지 않겠어요?

조시　　(목청껏) 정말, 전 괜찮아요. 우리 둘 다 괜찮아요. 우릴 봐요, 우리 괜찮죠? 어, 혹시 포털 게임 해보셨어요?

경비원은 나를 부드럽게 안내해 밤의 길가로 내보냈다. 게

다가 기대하지도 않았던 친절함으로 나를 택시 안에 태우더니 안전하게 집으로 가라고 말했다.

택시 기사 어디로 갈까요?

조시　　어…, 어떤 사람한테로… 어딘가로…, 아, 거기가 어딘지 제가 딱 알아요!

주변의 불빛들이 흐릿하게 초점이 잡혔다 풀렸다 했고, 나는 균형을 잡기 위해 억지로 몸을 한쪽으로 기울여야 했다. 사람들이 길게 줄 서 있는 인기 있는 바 옆을 휘청거리며 지나갔다. 길 건너편에 벤치가 하나 있었고, 다리가 젤리처럼 느껴지는 사람에게 그 벤치는 아주 매력적으로 보였다. 꼭 나만큼 취한 것 같은 어떤 젊은이한테서 담배 한 대를 얻어서 불을 붙이고, 벤치에 기대앉아 사람들을 구경하기 시작했다. 나는 바 앞에 줄 선 사람들의 웃음소리에 귀를 기울였다. 그들은 내 눈에 모두 옷을 이상하게 입은 것처럼 보였고, 내가 늙은 사람처럼 느껴졌다.

　　그 건물의 옆면을 훑어보다가, 맞은편 아파트 옆면 벽에 그려진 굉장한 벌 벽화를 바라보았다. 벌은 산업혁명 시기부터 맨체스터의 상징이었다. 당시 맨체스터의 노동자들은 일벌이라 불렸다. 그 예술적 기량에 감탄하며 바라보고 있었는데, 뭔가가 몹시 눈에 거슬리며 내 즐거움을 망쳐놓았다. "침착을 유지하고 하던 일을 계속하라KEEP CALM AND

CARRY ON"라는 글귀가 새겨진 커다란 파란색 포스터가 벌의 날개 아래쪽에 붙어 있는 게 아닌가?

조시   저거 뭐야?! 누군가 정리해줘야겠는데….

구원이   네가 그 사람이 되는 게 좋겠어. 넌 영웅이니까.

조시   나는… 영웅이다!

술집 앞에 줄 선 사람들은 이제 그 벽화와 흉물스러운 포스터가 있는 골목의 입구를 막아설 정도로 늘어나 있었다. 나는 몸으로 사람들을 뚫고 골목 안으로 들어가 그 괴물 같은 걸 올려다보았다. 아주 거대한 포스터였다.

조시   이 아름다운 벽화에 누가 저렇게 멍청한 소리를 갖다 붙인 거야?

술집 손님 (웃으며) 당신이 없애버려요.

조시   내가 없애야지!

그 포스터는 벽의 3.5미터쯤 되는 지점에 붙어 있었지만, 옆에 바퀴 달린 대형 쓰레기통이 놓여 있어서 그 위로 올라가면 닿을 수 있을 것 같았다. 그 쓰레기통에만 올라가면 되는 거였다. 그래서 나는 올라갔다. 술이 떡이 된 멍청한 놈 하나가 술 취한 젊은이들에게 웃을 거리를 만들어주고 그들에게 격려를 받으며 바퀴 달린 쓰레기통으로 기어오르고 있었다.

구원이   내가 널 없애줄게.

쓰레기통 위에 똑바로 서니 포스터와 얼굴을 마주 보는 상태가 됐다.

구원이　잡았다. 요놈.

포스터 모서리에 손을 댔지만, 종이가 벽에 너무 찰싹 달라붙어 있었다. 난 조금이라도 들리는 부분을 찾아 가장자리를 따라 손을 더듬거릴 수밖에 없었다. 아래에서 웃음소리가 들려왔다. 격려하는 웃음이기를 바랐다.

비평가　저 사람들이 널 비웃고 있어. 너 뭐 하는 거야?

화딱지 나게 포스터는 거의 벽에 페인트로 칠해놓은 것만 같았다. 어느 부분에서도 손에 잡히는 자리가 하나도 없었다. 나는 미친 듯이 그 표면을 손톱으로 긁기 시작했다.

비평가　아, 이거, 좋지 않은데….

나는 계속 손톱으로 벽을 긁었다. 손가락 끝부분에 따가운 통증이 느껴지기 시작했다.

구원이　거의 다 됐어. 넌 이 흉물로부터 벌 벽화를 구할 수 있어!

불안이　난 못해!

아래에서 조롱과 걱정이 뒤섞인 웃음소리가 들려왔다. 지나가던 사람들도 무슨 일인가 하고 멈춰 서면서 구경하는 사람의 수는 점점 더 늘어났다. 손에서 피가 나기 시작했다. 나는 발을 헛디뎠지만 다행히 떨어지지는 않고 쓰레기통 뚜껑 위에서 무릎을 꿇고 앉은 자세가 되었다. 모든 게 빙글빙글 돌고 있었다. 나는 실패했다. 고개가 푹 꺾이고 턱이 가슴에 닿았다. 나는 딸꾹질을 하고 화가 나서 고함을 지르다가 울기 시작했다.

비평가 이게 무슨 꼴이야?

도망이 넌 도망가려고 했던 건데, 운이 없네.

나는 그냥 거기 무릎 꿇고 앉아서 울었다. 어떻게 해야 할지 알 수 없었다. 사람들이 갑자기 휴대폰을 꺼내 이 우스꽝스러운 비극을 촬영하기 시작했다.

탐정 조시, 일어나. 이 일이 널 망칠 수도 있어. 네 경력에 영향을 미칠 수 있다고.

다정이 말 좀 들어!

다리가 납처럼 무거웠다. 나는 움직이지 않았다. 그냥 촬영하도록 내버려뒀다. 갑자기 군중이 갈라지더니 술집에서 경비원 둘이 나타났다. 나를 향해 다가오는 그들의 윤곽이 점점 더 커졌다. 그들은 내 양팔을 단단히 붙잡고 나를 쓰레기통 위에서 끌어내리더니 골목으로 데려갔다.

비평가 성가시게 소동을 피웠다고 너를 때려주려나 보다.

도망이 이제 어찌 되든 상관없어.

그들은 방화문을 통과해 나를 주방의 작은 방으로 데려갔다. 나는 그들이 말로든 완력으로든 나를 몰아세울 거라 각오하며 고개를 떨어뜨리고 신발만 쳐다보고 있었다. 얼굴

밑으로 블랙커피 한 잔이 불쑥 들어왔고, 정신을 깨우는 커피 향이 콧속으로 밀고 들어왔다. 나는 고개를 들고 쳐다보았다.

리바이   받아요! 나도 여기 종일 서 있을 수는 없으니까.

너무 놀라 어안이 벙벙했다. 나는 어리둥절함과 창피함과 안도감을 동시에 느끼며 커피를 받았다.

리바이   술이 좀 과했네요?

리바이는 동료를 보며 턱으로 가보라는 신호를 보냈다.

리바이   잠깐만 시간을 주겠나? 금방 나가겠네. 밖에서 보세. 급히 필요한 일이 생기면 소리쳐서 부르고.

동료 경비원은 고개를 끄덕이고는 뜨거운 커피가 든 보온병을 두고 나갔다. 리바이는 내 옆으로 의자를 당겨다 놓고 앉았다.

리바이   무슨 일이 있었는지는 모르지만, 그게 뭐든 문제가 있는 것 같네요. 당신은 이런 모습 보이지 않을 만큼 똑똑한 사람이잖아요.

조시   어… 제가….

리바이   설명하려고 하지 마요. 술 취한 당신 얘기를 들으면 짜증 날 테고, 당신에 대해 그런 기억을 남기고 싶지는 않으니까.

나는 고개를 끄덕였다.

리바이　무슨 일을 겪고 있는지는 모르겠으나…, 당신도 도움을 받아도 된다는 거… 그거만 알고 있어요. 뭔 말인지 알죠?

리바이가 커피를 한 모금 마셨다.

리바이　당신이 나를 도왔던 것처럼 당신을 도와줄 사람을 찾아보라고요.

리바이의 윗옷 주머니에 든 무전기에서 소리가 났다.

무전기　리바이, 지금 여기 줄 선 사람들 중에 한 무리가 난동을 피우고 있어요.

리바이는 한숨을 쉬고 눈을 굴렸다.

리바이　(무전기에 대고) 알았어, 갈게.

리바이는 일어나서 문으로 걸어갔다. 그러더니 멈춰서 다시 내 쪽으로 돌아섰다.

리바이　술 깨요. 난 이 방으로 다시 안 올 거예요. 오늘 당신을 못 본 걸로 칠 거고요. 좀 잘 지내요. 그리고… 고마워요.

리바이는 문을 열고 발을 내디뎠다. 그러다 다시 한번 걸음을 멈췄다.

리바이　아, 그리고 난 언젠가 아내를 떠날 거예요. 이제 달라졌고… 앞으로는 절대 예전과 같지 않을 거예요. 다만 떠나기 전에 내가 모든 노력을 다 해보았다는 확신이 필요해요.

리바이 뒤로 문이 부드럽게 닫혔고, 리바이는 다시 소란스러운 밤 풍경 속으로 들어갔다. 나는 커피를 홀짝거리며 마시고는 나를 집으로 데려다줄 택시를 불렀다. 내가 가장 한심한 상태였던 그날 밤의 리바이에게 나는 영원히 감사를 느낄 것이다. 그의 연민, 판단하지 않는 태도, 예의는 모두 훌륭한 심리치료사에게서 기대할 만한 특징들이었다.

심리치료의 아름다움

심리치료가 효과가 있을 때, 다시 말해 당신과 심리치료사와 치료 양식이 잘 맞을 때는 아름다운 일이 일어날 수 있고 실제로도 종종 일어난다. 당신은 그저 몇 주에 한 번 가슴속 힘든 마음을 털어내려고 심리치료사를 만나는 것뿐이라 해도, 그 사이에 감정이입과 일치성과 무조건적인 긍정적 관심이 존재한다면 정말로 좋은 일들이 일어날 수 있고, 그런 일은 놀라울 정도로 큰 도움이 될 수 있다.

당신이 이렇게 상상해보면 좋겠다. 우리가 각자 자기만의 특별한 거품 방울 속에 담긴 채 모두 함께 삶 속을 둥둥 떠다닌다고. 그 거품 방울은 우리를 위해 우리가 창조한 것으로, 우리의 경험, 믿음, 두려움, 희망, 꿈으로 만들어졌다.

당신의 거품은 당신이 존재하는 곳이자 당신이라는 존재다. 당신은 그 거품을 타고 시간과 공간을 누비며, 때로는 기쁨과 고요함을 느끼고, 때로는 삶의 거친 흐름에 실려 이리저리 굴러다닌다. 좋은 심리치료, 아름다운 심리치료란, 때때로 당신의 거품을 다른 사람의 거품 속에 주차해두라는 초대 같은 것이다. 좋은 심리치료는 모두가 환영받는 안전한 공간이다. 좋은 심리치료는 판단의 대상이 되리라는 두려움 없이 열고 들어갈 수 있는 장소다. 당신의 가장 귀한 생각과 감정과 경험을 저장할 수 있는 보관실이며, 당신이 다시 돌아올 때까지 그것들은 외부 세계로부터 보호받으며 거기서 기다리고 있다. 이런 일이 일어나는 건 정말 경이로운 일이다.

좋은 심리치료는 신뢰의 산물이다. 내가 처음 심리치료를 받으러 갔을 때, 경계를 풀기까지 어느 정도 시간이 걸렸다. 당시 나는 모든 사람과 모든 것을 위협으로 느끼며 살고 있었다. 하지만 얼마 후 내 심리치료사를 신뢰하기 시작했고, 그와 하는 치료 세션들은 나에게 매우 특별한 장소와 시간이 되었다. 나는 마음을 여는 법을 배웠다. 내가 했던 어떤 말들은 아직도 그 문이 잠긴 성스러운 보관실 안에 남아 있다. 그리고 나는 건강하고 유익한 방식으로 다른 사람들에게 마음속 이야기를 털어놓을 줄도 알게 되었다. 그 경험은 경이로웠다. 강력했다. 내가 자주 쓰지 않는 단어이기는 하지만, 거의 영적인 경험이기까지 했다.

다양한 심리치료 방식에 관해 상당히 많은 연구가 수행됐다. 그에 따르면, 몇 가지 핵심 조건만 충족되어도 거의 모든 형식의 심리치료가 어떤 식으로든 '효과'를 낸다고 한다. 그러니까 감정이입을 잘하고, 진실하고 진솔하며, 모든 면에서 내담자를 완전히 수용하는 심리치료사를 찾는다면, 그 심리치료사의 이론적 성향이 무엇이든 관계없이 그와의 심리치료에서 내담자가 혜택을 얻을 가능성이 매우 높다. 물론 특정한 치료 양식에서 더 좋은 효과가 나오는 문제들도 있지만(예컨대 불안장애의 경우 인지행동치료가 잘 맞는다), 내담자인 당신과 당신을 진심으로 돕기 원하는 전문가가 서로 잘 맞을 때 심리치료의 잠재적 장점이 실현된다는 것을 연구 결과들이 보여준다. 이 근본 원칙들을 바탕으로 한 견고한 치료 관계라면, 대부분의 경우 어떤 식으로든 유익한 결과를 낼 것이다. 그것이 경이로운 점이다. 심리치료는 효과가 있다. 두 사람이 서로 수용과 이해의 정신으로 함께 노력한다는 데서 나오는 힘 자체가 강력하기 때문이다.

심리치료에는 장점이 있다. 그렇다면 심리치료의 장점 및 이로움은, 당신의 인생에 좋은 친구와 가까운 가족이 존재하는 일의 장점 및 이로움과 어떤 차이가 있는 걸까? 때로 무조건적인 수용과 공감과 진실함이 있는 개인적 인간관계를 꾸릴 수 있는 운 좋은 사람들도 있다. 그런 일도 분명 있을 수 있다. 하지만 삶이란 복잡하며, 우리 모두에게는 각자의 신념, 경험, 문제, 자기를 가치 있게 느끼기 위해 충족해야 할 조건들이 있다. 우리는 자신의 개인적인 렌즈를 통해 세상을 본다. 당신이라면 가장 친한 친구가 자신의 문제와 힘든 일은 완전히 덮어둔 채 당신의 문제와 힘든 일을 우선시해주기를 기대하겠는가? 물론 그러지 않을 것이다. 우리가 친구 사이에서 원하는 건 그런 게 아니다. 당신의 형제나 자매가 항상 자신의 경험과 신념을 모두 덮어둔 채 아무 충돌 없이 무조건 당신을 수용할 거라고 기대하는가? 그런 기대는 현실적이지 않다. 우리는 누구나 친구들, 가족들과 갈등을 겪는다. 당신과 특별한 관계에 있는 사람들이 언제나 당신에게 완전히 진실하고 투명할 거라는 생각으로 자신을 속이고 있는가? 물론 진실하고 투명하려 노력할 수는 있다. 하지만 우리와 가까운 사람들은 모두 각자의 삶을 꾸려나가고 있고, 따라서 자신이 받은 영향과 자기의 우선순위로 이루어진 망토를 두른 채, 아니면 적어도 그 구름에 감싸인 채 우리를 만난다.

이 모든 건 정상적이며 예상할 수 있는 일이다. 그건 좋은 일이다. 인간관계가 이런 기준틀 안에서 작동하는 것은 전혀 잘못된 일이 아니다. 우리는 완벽하지 않고 그저 인간적인 한 사람으로서 서로 함께해도 괜찮다. 가까운 사람들에게서 존중과 사랑을 받으면 좋겠지만, 개인적 인간관계에서 항상 무조건적인 긍정적 관심과 공감과 진실성을 찾을 수 있다고 생각하는 건 한마디로 불가능한 기대다. 심지어 모두가 선의만을 가지고 있고 그런 관심과 공감과 진실성을 이끌어내려 노력할 때조차 말이다. 우리의 가까운 인간관계들에도 장점이 있지만, 그 방식은 각자 다르다.

좋은 심리치료의 장점과 효과는 개인적 인간관계의 장점과 효과와는 완전히 다르다. 그건 모두 명확하고 중요한 바운더리들과 함께 시작된다. 당신의 심리치료사는 당신을 돕기 위해 존재하는 사람이다. 당신이 그들을 도우리라는, 혹은 개인적 수준에서 그들에게 신경을 써주리라는 기대는 전혀 없다. 당신은 당신의 심리치료사를 사랑하거나 심지어 좋아할 필요도 없다. 둘 사이에 좋은 연결점이 존재한다면 당연히 도움이 되겠지만, 심리치료사는 당신에게 배려나 호감이나 인정을 받기 위해 그 자리에 있는 게 아니다. 친구들이 자신의 힘든 문제를 덮어두고 우리의 문제를 먼저 염려해줄 거라고 기대하지 않는다는 말을 기억할 것이다. 그런데 심리치료 시간에 심리치료사가 당신을 위해 하는 일이 바로 그런 일이다.

심리치료사는 당신의 참조틀 안에 머무는 법을 배우기 위해 상당한 시간 동안 훈련을 받은 사람이다. 그건 친구에게 해달라고 요구하는 일이 아니며, 요구해서도 안 되는 일이다. 친구는 당신과 상호작용하는 동안에도 자신의 참조틀 안에 머무르며, 따라서 친구는 당신이 자신에게 느끼게 하는 감정을 검토할 수밖에 없다. 심리치료사도 치료 세션 동안에 모종의 감정을 경험할 수 있지만, 자신의 감정은 넣어두고 당신이 어떤 감정을 느끼는지에 계속 초점을 맞추려 노력한다.

심리치료는 일종의 거래다. 이건 나쁜 일이 아니다. 이 관계의 장점과 긍정적 결과는 바로 그 거래적 성격에서 나온다. 당신은 심리치료사에게 돈을 지불함으로써 신뢰를 표현한다. 이에 대한 대가로 심리치료사는 당신을 진실하고 솔직하게 대하고, 당신에게 감정이입하며, 무조건적인 긍정적 관심으로 당신을 대한다. 물론 그들은 자신이 받은 훈련과 교육받은 전문지식을 당신의 문제와 걱정에 적용하기도 하지만, 그 점에 관해 이야기하기 전에 우리가 분명히 하고 넘어갈 점이 있다. 좋은 심리치료사는 자신이 오직 당신을 위해 그 자리에 있다는 점을 완전히 받아들이는 것으로써 모든 세션을 시작하며, 이에 대해 합의된 비용 외에는 다른 어떤 것도 당신에게 기대하지 않는다는 것이다.

타인에게 감정이입하고, 진실하게 대하며, 온전히 몰두하고, 그 사람을 완전히 수용한다는 것은 쉬운 일이 아니다. 그건 사람을 지치게 하는 일이며, 노력과 헌신이 필요한 일이다. 훈련을 받아야 할 수 있는 일이다. 그건 괜찮다. 그것이 심리치료사들이 존재하는 이유이니 말이다. 그건 상황에 따라 1~2주에 한 번, 정해놓은 한 시간 동안 당신을 위해, 당신과 함께 그렇게 하기로 그들이 선택한 일이다. 좋은 심리치료사는 전적으로 당신에게 신경을 쓰지만, 그들이 당신의 친구가 되려고 그 자리에 있는 건 아니라는 것이 이 관계의 본질이다. 오히려 좋은 심리치료는 당신이 친구들과의 관계에서 얻지 못한 바로 그 지점을 채워준다고 할 수 있다. 좋은 심리치료는 당신이 개인적 관계에서 얻는 지지를 강화하고 증대한다. 좋은 심리치료는 안전하고 지지적이기도 하지만, 동시에 전적으로 당신의 필요에만 초점을 맞추고 헌신한다. 바로 거기에 좋은 심리치료의 아름다운 장점이 있다.

이제 심리치료사와 친구가 된다는 것에 관해 이야기해보기 적합한 시점인 듯하다. 한 사람을 내밀한 감정적 수준에서 잘 알게 되었을 때, 그 사람과 우정어린 유대감을 형성하기 쉽다. 심리치료사들도 사람이다. 내담자들이 우리와 친구가 되고 싶어 하는 경우도 종종 있다. 자신의 심리치료사를 좋아하게 되는 일은 정상이다. 바로 이 지점에서 좋은 심리치료사의 훈련과 윤리적 관행이 중요해진다. 나는 내담자와 이른바 '이중 관계'가 형성되지 않도록 최선을 다해 피하도록 훈련받았다. 심리치료사이면서 동시에 친구라는 이중 관계는, 우리가 앞에서도 이야기한 중요한 바운더리를 넘어가는 데서 시작된다. 내담자에게도, 심리치료사에게도 바운더리가 필요하다. 우리가 바운더리를 지키려고 노력하는 이유는, 심리치료가 친구 사이에서는 불가능한 방식으로 효과를 내려면 바운더리가 필요하기 때문이다.

잘 훈련되고 윤리적인 심리치료사는 내담자와 친구가 되는 일을 피한다. 친구란 감정적으로 당신의 기분이 좋아지도록 돕는 걸 중요시하는 존재이기 때문이다. 심리치료사는 많은 경우 기분을 좋아지게 하는 것보다 더 어려운 과제, 즉 당신이 나아지도록 돕는 일을 중요시해야 한다. 우정이라는 감정적 유대감은 심리치료사가 당신에게 필요한 어려운 일을 행하는 걸 더 어렵게 만든다. 우리가 명확하게 정의되고 바운더리가 설정된 조력자의 역할에 단단히 뿌리내리고 있을 때라야, 우리도 당신도 최선의 결과를 얻을 수 있다. 친구는 당신을 지키고 도와주기를 바란다. 친구는 당신이 실패자가 아니며 완전히 사랑스러운 사람이라고 말해줄 것이다. 심리치료사는 친구들이 피하고 싶어 하는 일을 기꺼이 하면서, 당신이 사랑스럽다고 말해주지 않고, 대신 당신이 왜 스스로 사랑스럽지 않다고 생각하는지 자세히 말해보라고 요구한다.

치료 관계가 종료되고 당신이 더 이상 심리치료사의 도움이 필요하지 않다고 느낄 때 당신은 떠난다. 때로 이는 당신과 치료사 두 사람 모두에게 슬픈 순간이지만, 동시에 자랑스러운 순간이기도 하다. 좋은 심리치료사는 때때로 당신을 생각하며 어떻게 지내는지 궁금해하겠지만, 당신이 소식을 전해주어야 한다고 생각하지 않으며 또한 자신이 아무리 그러고 싶다고 하더라도 결코 당신에게 연락해 소식을 묻지 않을 것이다. 당신이 2년 동안 치료사와 연락을 완전히 끊고 지내다가 어느 날 갑자기 전화를 걸어 치료 세션을 예약하더라도 치료사는 어떤 질문도 하지 않고 어떤 설명도 요구하지 않는다. 치료실 문은 어떤 조건 없이 언제나 열려 있다. 친구들에게 그런 식으로 행동하면 아마도 상당히 다른 반응이 돌아오는 걸 확인하게 될 것이다.

만약 당신의 치료사가 친구 관계를 맺으려는 당신의 시도에서 뒤로 물러섰다면, 그 일을 불쾌하게 받아들이지 마시라. 그건 그들이 당신에게 관심이 없다는 뜻이 아니다. 그들이 오직 돈 때문에 당신의 심리치료를 맡고 있다는 뜻도 아니다. 당신에게 뭔가 잘못된 점이 있다는 뜻도 아니다. 단

518

지 당신의 치료사가 당신과의 치료 관계를, 당신이 안전하고 지지받으며 오직 당신과 당신에게 필요한 것에만 초점이 맞춰지는 특별한 장소에 남겨두려고 노력하고 있기 때문이다. 좋은 심리치료를 경험한 사람이라면 뒤를 돌아보며 이렇게 생각할 것이다. "내 치료사와 친구가 될 수도 있었을 텐데, 하지만 그러지 않았던 게 잘한 일이야." 이것이 바로 심리치료의 신성함을 그토록 특별하게 만드는 것이다.

내 뜻대로 할 수 있다면, 나는 나의 가족과 친구들에게도 심리치료를 받게 하고 싶다. 그들이 어딘가 고장이 나고 수리가 필요해서가 아니다. 심리치료라는 경이로운 일은 우리가 고장 나고 수리가 필요할 때만 하는 것이 아니기 때문이다. 훌륭한 심리치료, 아름다운 심리치료는 치료와 호전을 위한 경험이기도 하지만, 인생을 더욱 향상시키는 경험이기도 하다. 좋은 심리치료는 선물이다.

# #
면접

2015년 5월

우리는 긴 복도에서 기다려야 했다. 복도 벽면은 학문의 역사에서 중요한 인물들이라고 짐작되는 사람들의 유화 초상화들로 장식되어 있다. 그들은 우리를 교회 신도석처럼 생긴, 쿠션을 댄 긴 의자에 앉혀두었다. 나는 차분히 앉아 있기가 어려웠다. 이것은 내가 심리치료사가 되기 위한 석사과정에 들어갈 수 있는 기회였다. 내 옆에 있는 조지 왕조풍의 커다란 문이 끼익하는 소리를 내며 열리고 나와 비슷한 또래로 보이는 여자가 면접을 마치고 안도한 표정으로 걸어나왔다. 그는 복도를 걸어가기 시작하면서 마치 내게 "행운을 빌어요"라고 말하는 듯 안심시키는 눈빛을 보냈다. 한 중

년 여성이 미소 띤 얼굴로 문간에 나타났다.

필립스 조슈아?

조시 접니다.

필립스 지금 면접 보러 들어오겠어요?

나는 닥터 필립스를 따라 화려하게 장식된 커다란 방으로 들어갔다. 벽마다 오래된 책들이 꽂힌 책꽂이가 자리하고 있었다. 커다란 마호가니 테이블 너머에 앉은 교수님 두 명이 나를 보며 자기들 맞은편에 앉으라고 손짓했다. 닥터 필립스도 면접관 자리에 앉았다. 그들은 친절해 보였고, 내 심장은 쿵쿵거리고 있었다. 나는 말이 꼬이거나 샛길로 빠져 엉뚱한 말을 늘어놓는 일이 생기지 않기를 바랐다. 또 어린 시절부터 갖고 있던 손을 꼼지락거리는 버릇도 최대한 감추려고 노력했다. 나를 위한 물이 한 잔 놓여 있길래 나는 떨리는 손으로 목을 축였다.

퍼베시 환영해요, 조슈아.

조시 안녕하세요.

필립스 우리는 당신의 지원서를 흡족하게 보았어요. 여기까지 온 것 대단해요. 올해는 지원자가 유달리 많은데, 그러니까 오늘 결과가 어떻든, 면접까지 온 것만으로도 당신의 지원서가 경쟁력이 있음을 보여주는 증거라는 걸 잊지마세요.

나는 고개를 끄덕이고 어색한 미소를 지었다. 또 한 명의 교수는 아무 말 없이 노트패드에 뭔가를 적고 있었다.

퍼베시 그러면 바로 시작합시다. 첫 질문은 서면 지원서에도 있던 질문이지만, 우리는 지원자에게 직접 그 답을 들어보고 싶어요. 혹시 서면 지원서에 있는 내용과 좀 다르게 대답한다 해도 걱정 마세요. 이건 기억력 테스트가 아니니까요.

말 없는 교수는 고개를 들더니 문서 하나를 집어서 가져갔는데, 보아하니 내 지원서를 프린트한 것인 듯했다.

퍼베시 자, 시작할까요. 심리치료사가 되고 싶은 이유를 우리에게 얘기해주시겠어요?

나는 의자에 얼어붙은 것 같은 느낌으로, 가장 적절하게 느껴질 대답을 찾아 내 정신의 동굴을 뒤졌다. 익숙한 몇몇 목소리가 묻지도 않은 의견을 주제넘게 내놓으며 끼어들었다.

불안이 내가 심리치료를 공부하는 이유는 그 공부가 내 불안을 통제할 수 있다는 느낌을 주기 때문이에요. 게다가 세상이 망해가고 있으니 세계 종말을 향해가는 동안 내담자가 부족할 일은 없을 거고요. 나에게 불안장애 전문 심리치료사가 된다는 건 내가 붙들고 씨름하고 있는 상대에 관해 공부할 수 있고, 내 경험을 활용해 다른 사람들을 도울 수 있음을 의미하죠.

침착이 심리치료를 공부하고 싶은 이유는, 더 이상 큰 변화를 이
루는 걸 망설이며 이러지도 저러지도 못하고 안달복달하는
대신, 충분한 조사와 고민 끝에 스스로 내 인생에 대해
단호한 결정을 내리고 싶기 때문입니다. 이 일을 하려면 나
의 진정한 자아가 되어야 하죠. 짜증스러운 상사들의 지
시를 받지 않고 혼자서 일하면서 내 일에 관해 스스로 선
택할 수 있다는 점도 또 하나의 장점이고요.

분석가 내가 심리치료사가 되기 위한 훈련을 받은 건 아주 탁월한
선택이라고 생각합니다. 나는 이 일을 하기에 필요한 점수
와 의지와 삶의 경험과 갈망을 갖추었으니까요. 남의 말을
듣는 역할에 끌리는 사람이 그렇게 많지는 않은데, 나는
그 방향으로 끌리는 것 같거든요. 그러니 내가 그 일을 하
는 건 아주 적절한 것 같습니다.

탐정 나는 사람들에 관해 자세히 알아내는 일을 좋아해요. 게
다가 난 좋은 파트너와 함께 어떤 일을 해결해나가는 걸
정말 좋아하죠. 물론 여기서 파트너는 내담자일 테고요.
또 나는 긴 코트와 페도라를 좋아하고 증거에 집착하는
성향도 있습니다.

다정이 내가 심리치료사가 되고 싶은 이유는 힘들어하는 사람들
에 대해 크게 연민을 느끼는 성격이기 때문입니다. 다른
사람에게 연민을 보여주는 것은 누구나 할 수 있는 가장

아름다운 일에 속한다고 생각해요. 특히나 너무 분열되어 있고 개인적 선입견과 구조적 선입견이 가득한 사회에서는 더욱 그렇죠. 나에게 연민은 감정적으로 힘들어하는 사람들에게 따뜻한 관심의 손을 내미는 일입니다. 불안은 무척 무서운 것이 될 수도 있거든요. 나는 내 일이 연민이라는 초석을 기반으로 이루어지기를 바랍니다.

구원이 내가 심리치료사가 되고 싶은 건 사람들을 구하고 싶기 때문이에요. 그보다 더 중요한 건, 사람들이 스스로 자신을 구원하도록 돕고 싶어요. 스스로 자신의 구원자가 되도록 힘을 주는 거죠. 아인슈타인이 한 말처럼, "다른 사람들을 위해 산 삶만이 가치 있는 삶"이니까요. 단지 내 동생을 잃었기 때문에 구원 욕구를 투사하는 것이 아닙니다. 물론 분명히 그 일도 한 역할을 하기는 했지만, 그건 언제나 내가 하고 싶었던 일이었어요. 동생을 잃은 일은 나에게 과감히 도전할 추진력을 주었습니다.

비평가 나는 사별의 슬픔과 어설픈 인생의 선택들이 남긴 공허함을 채우기 위해 심리치료사가 되고 싶어요. 열심히 공부하고 다른 사람들을 돕는 일은 내게도 가치라는 게 있다고 나 자신을 설득하는 데 도움이 될 테니까요. 또 내가 매일 견디며 살고 있는 살아남은 자의 죄책감을 치유하는 데도 도움이 될 거고요. 게다가 나는 육체노동과 진부하게 반복되는 일, 누가 나에게 이래라저래라 하는 걸 정말 싫어 하거든요. 그러니 종일 앉아 있을 수 있는 이 일은 나에게 완벽한 직업이죠.

생리 내가 심리치료사가 되고 싶은 건 이 일이 나뿐만 아니라 다른 사람들의 육체적·심리적 안녕에 자양분이 될 거라고 믿기 때문이에요. 또 사람들에게 그들의 몸이 감정을 처리 하고 표현하는 것이 문제가 아니라는 것을 알려주고 싶습 니다. 게다가 나는 이 일이 아주 재미있어요. 그리고 남자 들이 그리 많이 하지 않는 직업이기도 하고요.

공감이 나의 공감 능력을 더욱 키울 수 있는 일이므로 나는 아주 좋은 심리치료사가 될 겁니다. 어려서부터 나는 늘 다른 사 람의 입장에서 생각하는 일을 잘했어요. 새로 전학 온 아이 에게는 먼저 다가가서 인사를 건네고 그들이 안전하다고 느끼게 해주고 싶었죠. 그리고 항상 마음이 상한 사람을 보면 관심이 생겼고, 그들을 도울 방법을 찾아내기 위해 그 들의 경험을 알고 싶어 했어요. 이런 성향을 활용하고 발달 시킬 수 있는 직업을 가지면 아주 좋을 것 같습니다.

도망이 내가 심리치료사가 되고 싶은 이유는, 다른 사람들의 세 상이라는 매혹적인 장소로 들어갈 수 있게 해주는 일인 데 다가, 동시에 내 세상에서 탈출할 수 있는 보너스까지 얻 을 수 있는 직업이기 때문입니다. 물론 그 탈출은 생산적인

방식으로 이루어지고요. 역설적인 건, 나의 직업이 내 삶의 일
부가 되기를 원한다는 점이에요. 또한 내가 성취감을 전혀
느끼지 못하는 현재의 직업에서도 달아날 수 있게 해주죠.
나의 심리치료실을 스스로 운영한다면 나의 행위 주체성은
더 커질 것이고, 근무 외의 시간도 더 행복해질 거예요.

엉뚱이 심리치료사가 되고 싶은 이유는 파티에 가서 내 직업에 관
해 거짓말할 수 있기 때문입니다. 그래야 술이 떡이 된 사
람들이 화장실 앞에 줄 서 있는 나한테 자기 트라우마 이
야기를 처음부터 끝까지 털어놓는 걸 막을 수 있죠. 거기
오른쪽 교수님, 옷깃에 겨자 얼룩이 묻었네요.

트리거 내가 심리치료사가 되고 싶은 건, 불안의 트리거를 향해
다가가도 괜찮고 그런 트리거를 피하는 걸 중심으로 인생
을 구성하지 않아도 괜찮다는 걸 배웠기 때문이에요. 불안
장애를 극복한 이후로 나의 일부는 기꺼이 용인하고 인정
하는 도전을 즐기게 되었어요. 이런 깨달음을 심리치료사
라는 역할에 활용하고 싶습니다.

직관 넌 할 수 있어, 조시.

시간이 느려졌다. 늦여름의 소나기가 부드럽게 창을 두드리
는 소리가 이 방에서 들리는 유일한 소리였다. 햇빛이 빗방
울을 통과하여 굴절되면서 면접관들 뒤로 무지갯빛의 작은
고리를 던지고 있었다. 나는 그 밝은 빛의 고리를 응시하며

거기서 무언가 혹은 누군가가 나타나 나에게 답을 주기를 바랐다. 하지만 그 고리는 잠시 부드럽게 떠 있다가 사라졌다. 내 안에서 따뜻한 환희의 감정이 피어나며 불안을 잠재웠다. 나는 미소 짓지 않을 수 없었다. 나는 직관을 따르기로 했다.

조시   제 동생을 위해서입니다….